GERMANY'S LIGHTNING WAR
FROM THE INVASION OF POLAND TO EL ALAMEIN

视觉历史

闪 击 战
从入侵波兰到阿拉曼战役

[英] 阿德里安·吉尔伯特（Adrian Gilbert） 著

孔娅妮 等 译

上海三联书店

图书在版编目（CIP）数据

闪击战：从入侵波兰到阿拉曼战役 /（英）阿德里安·吉尔伯特著；孔娅妮等译 . —上海：上海三联书店，2024.1 重印

（视觉历史）

ISBN 978-7-5426-7139-4

Ⅰ . ①闪… Ⅱ . ①阿… ②孔… Ⅲ . ①德意志第三帝国—闪击战—史料 Ⅳ . ① E516.9

中国版本图书馆 CIP 数据核字（2020）第 147026 号

闪击战
从入侵波兰到阿拉曼战役

著　　者 / [英] 阿德里安·吉尔伯特
译　　者 / 孔娅妮　等

特约编辑 / 舒　沁
责任编辑 / 李　英
装帧设计 / 西风文化
监　　制 / 姚　军
责任校对 / 张大伟　王凌霄

出版发行 / 上海三联书店
　　　　　（200030）中国上海市漕溪北路 331 号 A 座 6 楼
邮购电话 / 021-22895540
印　　刷 / 固安兰星球彩色印刷有限公司

版　　次 / 2021 年 1 月第 1 版
印　　次 / 2024 年 1 月第 3 次印刷
开　　本 / 710×1000　1/16
字　　数 / 328 千字
印　　张 / 20
书　　号 / ISBN 978-7-5426-7139-4/E·12
定　　价 / 88.00 元

敬启读者，如发现本书有印装质量问题，请与印刷厂联系 0316-5925887

CONTENTS 目 录

1 GERMANY'S LIGHTNING WAR

战争的临近 1

20世纪30年代的欧洲大陆处在希特勒和墨索里尼侵略扩张的阴影之下。伴随着法西斯政权势力的增长，德国纳粹开始伸展羽翼。

2 MANY'S LIGHTNING WAR

波兰的沦陷 25

《苏德互不侵犯条约》的签订让波兰人震惊不已，他们奋起反抗两个大国对其领土的瓜分。在欧洲，波兰是第一个遭遇闪击战打击的国家。

CONTENTS 目 录

战争风暴到来之前   55

对西方盟国来说，战争是一个最令他们扫兴的结局。虚假战争的双方都在其各自精心设防的阵地后面密切地注视着对方的一举一动，期待着有人会先开始下一步行动。

希特勒对北欧的打击   79

当大部分盟军的武装力量正在法国等待德军进攻时，希特勒却做出了一个大胆的决定：移师北进并攫取丹麦以及挪威的港口和自然资源。

CONTENTS 目 录

1

战争的临近

20世纪30年代的欧洲大陆处在希特勒和墨索里尼侵略扩张的阴影之下。伴随着法西斯政权势力的增长，德国纳粹开始伸展羽翼。

1933年1月，阿道夫·希特勒当选为德国总理，他向本国人民许诺：他将废除《凡尔赛条约》，雪洗该条约强加给德国的耻辱，并将德国变成一个主宰欧洲的国家。希特勒大肆扩充常规军队，开始了重整军备的过程；此外，他还鼓动集中生产为战争服务的进攻性武器：坦克、轰炸机和潜艇。

到了1936年，由于德国武装部队的实力日渐增长，希特勒大胆地采取了愈益好战的外交政策。尽管当时尚存在国际联盟，但由于主要大国拒绝承认国联，导致国联处理国际事务的能力极其有限（例如，苏联和美国都不是国联成员，而两国也都采取了不干涉国际事务的外交政策），这无疑也助长了希特勒扩疆拓土的野心。虽然英国和法国是国联的主要国家，但它们在第一次世界大战中均遭到了严重削弱，所以两国都不愿下决心采取行动反对希特勒。

事实证明，希特勒的外交政策大获成功：1936年，德军在英、法没有干涉的情况下，重新占领了非军事区莱茵兰；接着德国向西班牙派军，帮助佛朗哥将军的军队对付西班牙共和国政府。西班牙内战（1936—1939年）在如何进行现代战争方面为德国陆军和空军提供了宝贵的经验。1938年3月，德国军队进驻奥地利，奥地利成为德意志帝国的一个组成部分。

←一名德军装甲兵指挥官从IV型坦克中观察地形。早期的IV型装甲车是用一门75毫米的低速炮武装起来的，目的是为III型坦克为主的装甲部队提供支援

1938年晚些时候，希特勒又向捷克斯洛伐克政府施加压力，要求它将苏台德区割让给德国，理由是该地区聚居着很多日耳曼族人。

慕尼黑

中欧日益发展的紧张局势使英国首相内维尔·张伯伦感到非常不安，他担心这会导致欧洲的全面战争，所以他主张英国必须不惜一切代价遏制战争的爆发。1938年9月，张伯伦试图说服捷克斯洛伐克政府把苏台德边界地区割让给德国，以此来满足希特勒的要求。9月29日，为了解决这一问题，希特勒、张伯伦、法国总理达拉第和意大利的墨索里尼召开了慕尼黑会议。在这次会议上签订了臭名昭著的《慕尼黑协定》，该协定是摧毁捷克斯洛伐克的第一步。西方大国直接告知捷克斯洛伐克，逼迫其接受德国占领苏台德地区的事实。如果拒绝接受，捷克就将独自面对德国。

希特勒有能力迫使英、法对其做出让步，这也使得他更加为所欲为。以前希特勒的要求仅是把那些德语居民聚居区并入德意志帝国的版图，现在他的这一要求已经得到了英、法的勉强同

←←1938年捷克步兵在捷德边界举行军事演习，捷克军队训练有素，装备精良，部署在坚固的边境防御工事之后。这可能会给德国军队带来严重问题

意。在跨越这一雷池后，1939年3月，希特勒又把已经分裂的捷克斯洛伐克剩余地区强行分成了独立的捷克和斯洛伐克。尽管斯洛伐克享有有限的自治权，但德国军队还是进驻了布拉格，并建立起"波希米亚-摩拉维亚保护国"。希特勒的这一行动给西方大国敲响了警钟，让它们看到了希特勒外交政策的实质：主宰欧陆。

尽管张伯伦仍然在企盼和平，但他也已经开始采取一项更为积极的政策，希望能够阻止德国的进一步侵略。随着希特勒对波兰施加压力要求其让出前德领土，1939年3月31日，英国无条件地向波兰许诺，如果波兰遭到德国袭击，英国将向波兰提供援助。法国很快也向波兰做出同样的许诺。但是西方与波兰的联盟并没有在遏制希特勒的野心方面起到其预期的作用。希特勒认为，英、法两国不会为解救波兰而冒险加入战争。同年4月，德国将领们开始拟订入侵波兰的行动计划。

苏联对希特勒的威胁

在希特勒的心中，最主要的问题是苏联的态度。他很清楚，德国在东欧的扩张已引起了斯大林的注意，德国对波兰的入侵势必会引起苏联的干预。因此希特勒先把他对苏联的病态仇恨放在一边，而命令他的外交官们与斯大林进行谈判并达成一项协议，即在东欧划定相互承认的势力范围。1939年8月23日，苏德两国在莫斯科签订了《苏德互不侵犯条约》，该条约包括一项同意在苏、德两国之间瓜分波兰的秘密条款。希特勒的所作所为显然是要走向战争。

→←1934年，德国总理阿道夫·希特勒在纽伦堡的群众集会上发表长篇演说。到1939年，希特勒对自己有能力冒险参加欧洲战争充满信心

↓德国Ⅰ型坦克车在战争爆发时就已经过时了。第一批大量生产的坦克于1934年服役，并参加了西班牙内战。该型坦克只装备了两挺口径为7.92毫米的机关枪。尽管如此，1 445辆Ⅰ型坦克车在1939年仍在使用，直到1941年才从前线退役

德国Ⅰ型坦克

↑ 英国首相内维尔·张伯伦挥舞着1938年在慕尼黑签署的协议，他希望这份协议将会带来"我们时代的和平"，希特勒在夺取苏台德后没有尊重捷克的主权，而是很快开始侵占捷克斯洛伐克剩下的领土

以陆军为主力的德国军队是希特勒外交政策的坚实基础。陆军是德国最强大的部队，希特勒对其放心不下，他想尽办法来最大限度地限制陆军的潜在独立行动能力。自1933年上台以来，希特勒一直致力于削弱陆军部队的政治影响。1938年希特勒以莫须有的性丑闻指控解除了国防部原部长维尔纳·冯·勃洛姆堡的职务并解散了国防部，取而代之的是国防军最高统帅部（OKW，或武装部队最高指挥部），他本人则亲自出任最高司令官。虽然国防军最高统帅部负责整个武装部队，但在遇到情况时，陆、海、空三军的头目直接向希特勒汇报，却不在一起工作、制定政策，因此国防军最高统帅部只不过是为希特勒控制德国武装部队而特别设立的一个机构。

1938年，所有有个人独立见解的军官不是被解职就是被调往其他岗位，而很多没有主见但听话的指挥官则被任命接替他们的职位。这些人当中就包括威廉·凯特尔将军和阿尔弗雷德·约德尔将军，前者被提拔为国防军最高统帅部参谋长，后者负责作战计划部。这两个人都让希特勒的野心冲昏了头脑，并对他的所有命令言听计从、不计后果。

希特勒之所以能在陆军中一手遮天，主要有三方面的深层原因：第一，德国陆军有一项传统，即只关心它自己的军事战术和作战策略，而很少过问全局战略和国际性问题，因此这些陆军军官们对希特勒的战争动机和所采取的行动反应迟钝或理解不够。第二，坚定不移地效忠君主的普鲁士军队传统一直影响着德军各级指挥官的思想。在魏玛政府时期，士兵们宣誓效忠于国家，而在1934年，他们则直接宣誓效忠希特勒。对希特勒的个人崇拜在德军内部产生了巨大的影响，即使军队指挥官清醒地知道希特勒将把德国引向毁灭，也依旧效忠于希特勒。第三，希特勒在拉拢高级军官方面很有一套，他以提拔重用为诱饵，甚至用金钱和土地来收买他们。

↓一名党卫军士兵在布拉格的大街拐角处站岗，这是1939年3月德军接管了捷克剩余领土后的场景。这标志着欧洲国际关系的转折点，由于西方盟国开始勉强接受战争，因此战争很可能是不可避免的

陆军的建制

　　陆军有自己的高级指挥部门——陆军总司令部（OKH），沃尔特·勃劳希契上将任最高指挥官，弗朗茨·哈尔德任总参谋长。在陆军总司令部下面有6支集团军群，它们控制着各个军事区，负责全军各大军区的征兵及训练工作。师是陆军部队最基本的组成部分，在德军中，师除了是一种有组织的军事实体以外，还是凝聚团结信念的一种手段，因而它常常有很强的地域性（与英国军团的建制相似）。德军的师被命以不同名称，如装甲师、轻装师、摩托师、山地师和步兵师，其中，步兵师占了陆军的很大部分。在发动入侵波兰的战争前夕，德国陆军已可以从250万训练有素的士兵中，迅速集合起100多个现役师和后备师。

　　1939年，德国陆军采用了梯队体系来招募和部署步兵师。不同梯队师的规模、装备、素质和潜在部署能力都有所区别。第一梯队的35个师规模最大（每师大约有18 000人），装备最好，而且因为机动部队打前锋，

←←一名纳粹冲锋队员正护送一名德国警察穿过柏林的街道。截至1939年，纳粹党已经牢牢地控制了全德国的政府机构

↓纳粹狂热分子们在一次战前集会上向纳粹旗列队行举手礼

所以该梯队将是最先投入战斗的梯队。第二梯队的16个师各有大约15 000人，该梯队士兵来自预备役部队。由21个师组成的第三梯队是一些仅接受过有限训练的预备役士兵或年龄偏大的士兵，该梯队缺少足够的大炮供给和其他兵种的支持。第四梯队由14个师组成，其成员主要是从常规部队中的加强营中招募的。第三梯队和第四梯队的师将作为增援部队跟在主攻部队之后，或被用于二级防御作战行动中。

《凡尔赛条约》规定德国陆军士兵总数不得超过10万人，这项规定对德国来说，既有有利的一面，也有不利的一面。规模上的限制确保了只有优秀人才才能入伍，而前魏玛政府留下来的军官能为希特勒训练出大量军队。但是从1934年开始，陆军迅速、大规模的扩充也带来了一些问题，尤其是大批机械化部队的装备供应不足，摩托化部队车辆短缺，大部分陆军仍然依靠马匹作为主要运输工具。

武器和装备的匮乏让一些瞅准时机的武器供货商大发横财。如在1939年，捷克斯洛伐克的斯柯达武器工厂就经常向新组建的德国轻装师提供坦克（这些轻装师在1940年的战斗中升级为装甲师）。但是武器的获得并没

有成为德国军事体系的强项，因为总有太多彼此竞争的小方案要求生产出各式各样的武器装备。而这反过来给德军供应体系造成了很大压力，使它很难随时将这些武器配置给各个部队，更难将其有效地安排于多种用途上。

↑西班牙内战期间，一架德国亨克尔He－III型飞机正向靠近瓦伦西亚的共和国军事基地投掷炸弹

先进的德军训练机制

德国陆军的力量基础来自它的人力。尽管同盟国的宣传声称德军士兵是一些毫无想象力的半机器人，他们只知道服从命令，但事实上，德军士兵既纪律严明，又富有想象力，他们能够应付各种复杂的局面或突发的事件。受腓特烈大帝时代战斗传统的影响，普通的德军士兵比其对手的士兵更加训练有素，其中关键是他们懂得"领袖原则"，这一原则已成为20世纪20年代德军基本训练的一部分。这种制度鼓励士兵能够在比自己高一两个等级的士兵中接管指挥权。这样，如果上一级指挥官战死沙场或无法指挥，下级士兵就能够接管指挥权，从而圆满完成任务。

德军军官层也被期望表现出高度的主动权——与波兰、英国和法国盟

军中的机制全然不同。一项普通计划一旦通过，低级军官就被赋予相当高的裁决权限。下级军官在任何时候都要表现出主动进取的姿态，把总目标不断推向深入。这种激励个人进取心的机制被称作"目标导向型策略"，它是闪击战理论实际操作时的核心部分。

战场上的军官都有一个高级参谋体系来协助工作，这就确保了整支部队在条件许可的情况下，能够最有效地投入战斗。这一机制的基础最初形成于普鲁士军队的参谋本部，此后在1935年柏林军事学院成立后得以继续发展。西方国家里参谋军官与陆军士兵之间的对立情况在德国陆军中比较少见，这保证了德国陆军军官之间能够进行高质量的合作。

与陆军关系不大好的是党卫军（1940年成为武装党卫军或战斗党卫军）。海因里希·希姆莱组建的武装党卫军最初是希特勒的警卫队，但随着战争的进展，武装党卫军不断膨胀，直至成为德国陆军的主力。1939年，党卫军只有几个步兵营，其主要任务是协同陆军作战。引起陆军不满的是，党卫军有权直接向希姆莱请示，并无视军纪。此外，党卫军的特殊地位也引来了陆军方面的嫉妒，因为陆军不得不面对一个强有力的竞争对手，而且这个对手能够获得更为高级和先进的武器装备。不过随着战争的推进，陆军在同党卫军合作方面做得比从前好多了，并开始尊重其作战能力。

德国空军的职能

另一个德国陆军的建制性难题是空军在地面作战行动中所起的作用。20世纪30年代，随着赫尔曼·戈林在纳粹党内的影响日益扩大，德国空军在军队中起的作用越来越与其地位不符。空军掌管全部伞兵部队，控制着防空军种的大部分力量（在后来的战争中空军甚至拥有了自己的步兵师和装甲师）。尽管在真正的战场上空军受到陆军名义上的限制，但它仍然保留了自己的指挥链，并有权直接向戈林或空军最高指挥部反映意见，进行汇报。

尽管空军在组织上拥有绝对的自主权，但它仍然要受地面军事行动的制约。这一点从战争爆发之前德军飞机的发展，以及空军所采取的战术都可以清楚地看出。德国空军力量的组成是以轻、中型轰炸机为主，由战斗机护航。它的目标是在战术上协助陆军完成地面军事行动，同时通过对城区的轰炸在民众中间制造恐慌。德国空军从不发展像美国的B-17型或英国

一一1939年3月德国入侵捷克，图为装配着Ⅱ型坦克的德军装甲部队穿越布拉格街道，在图中可以看到捷克总统官邸

↑ 战斗中的德国
Ju-87型"施图卡"
俯冲式轰炸机，由于
装甲师的坦克部队缺
乏足够的重炮来摧毁
敌人的阵地，所以德
国武装部队使用"施
图卡"作为空中炮兵
直接支援装甲师

的"兰开斯特"型那样具有远程轰炸能力的轰炸机，因为它的主要作用就是要完成希特勒提出的短期战和速决战。

在20世纪30年代，德国空军优先生产大批武器装备，到入侵波兰前夕，德国空军的作战飞机已经达到2 564架这一惊人的数量。这支空军的机群由轻型轰炸机、中型轰炸机、俯冲式轰炸机和战斗机组成。戈林认为他的部队是国防军中的一支精锐部队，当然，那些在德国空军部队中服役的士兵受到了很好的训练和管理。在战争刚开始的几年里，德国空军的士气极为高涨，这得益于机组人员知道他们的飞机通常远远优于德国敌人的事实。

闪击战的理论基础

德国军事哲学的核心就是把所有的军事力量，尤其是空军和陆军组合成一个紧密的整体——这种通力合作构成了闪击战的基础。闪击战是德国军队在第二次世界大战爆发伊始采用的战术，它用来指代高度成功的进攻性战术。但要论及闪击战术的起源可以追溯到第一次世界大战即将结束的时候，当时德国军队率先利用了渗透战术，避实就虚，从而保持了其向前挺进的势头。

在拥有10万名士兵的陆军总指挥汉斯·冯·塞克特将军的指导下，机动突袭战术的训练在20世纪20年代有了进一步发展。塞克特将军具有一种长远的战略眼光，他特别强调在使用摩托化装备作战的情况下，机动性与突袭行动的作用。他还曾把坦克手和飞行员派往苏联进行秘密训练（根据《凡尔赛条约》的条款，这在德国是禁止的）。从理论层面上来说，德军深受两位英国"异端"军事思想家——J. F. C.富勒少将和巴塞尔·亨利·利德尔·哈特的影响。这两位军事思想家都赞成运用灵活机动的机械化部队达到长驱直入、深入敌后的目的。

闪击战不仅是一个实际作战系统，还是以摧毁敌军全部防御能力为目标的广义军事哲学的一部分。1935年，希特勒在一次政治讲话中用到了"闪击战"这一表述。对于纳粹而言，闪击战还包括在公开宣布对手之前，首先在敌人的领土上进行秘密活动。在这一思想的指导下，当时很多生活在捷克斯洛伐克和波兰的德裔少数民族就常常从事颠覆活动。这些活动包括进行破坏、散布谣言、制造恐怖气氛等。

恐惧战作为军事手段最早是在第一次世界大战时期的德国军队中广为使用的，其目的是威慑已被他们征服的平民百姓。恐惧政策和闪击战经常会造成这样一番景象：村镇和城市被蓄意炸毁，成群的难民加重了整个入侵造成的混乱，从而可以打乱敌军的行动。

闪击战的另外两个特点是行动出其不意和迅速快捷。为了获得出其不意的突袭效果，必须对行动严格保密，尽可能避免直接宣战。行动快捷则是通过以坦克为先锋的快速移动的机械化部队来实现的，它不需要炮兵部队预先轰炸，而只需要空军的密切配合。

闪击战要在战术上获得成功，装甲部队和空军的结合是至关重要的。要做到这一点，就需要拥有良好的通信设备和灵活有效的指挥，提供这些保障主要靠轻便的无线电收发报机和懂得装甲战的新一代军官。每辆坦克上都装有无线电，坦克兵不仅能够保持相互之间的联系，还能始终与指挥车辆保持联系。此外，无线电通信也使指挥官们能够离开后方的总指挥部到前线去。在那里他们能够亲临战场，对军事形势进行判断，而且他们还可以与其他单位或后方的指挥部取得联系。因此，著名的德国装甲部队先驱海因茨·古德里安将军能从一名信号兵开始他的军事生涯也就绝非偶然了。

德国的计划

进攻波兰的战役是对闪击战的首次检验。波兰大部分领土地势平坦、开阔，这正是机械化战争的理想地形，尽管道路通常很差，穿过波兰的大河可能成为真正的障碍。然而更严重的还是天气问题：每年的10月和11月，秋雨总会把波兰大部分乡村变成一片沼泽，地上的软泥非常黏稠，常常会使军事行动陷于停滞。所以，当希特勒命令陆军总司令部准备一项在1939年4月发动进攻的计划时，陆军总司令部的将领们都知道对波兰的入侵最迟不能晚于8月，因为一旦延误时日，这场战役就不得不拖到1940年春天再进行了。

德军的战争策划者们从一开始就在地理上占据了很大的优势，到1939年为止，德国控制的领土已经几乎从三面把波兰包围了起来。这样有利的地理条件使得德军能够随意选择地点发起一连串的进攻，而这样一来波兰军队就必须在广阔的前线地区进行防卫。只有在波兰与苏联接壤的东部，波兰人才能感到免受攻击的安全。

1939年夏，陆军总司令部开始起草入侵波兰的计划，负责该计划的小组被称作"龙德施泰特工作组"，这是以轻装师上将格尔德·冯·龙德施泰特的名字命名的。龙德施泰特在1939年是德军最高将领，但他把制订计划的具体工作交给了他手下两个杰出的参谋军官——埃里希·冯·曼施坦因少将和古恩特·冯·勃鲁门特里特上校去完成。曼施坦因少将在成为东线的最高指挥官之前，还曾在策划1940年针对西方盟军的计划中发挥过重要作用。

↓身背重负的德军士兵步行穿过一座奥地利小城

波兰TKS坦克

"白色方案"

在德国入侵波兰的计划中，最关键的一点就是要迅速而彻底地打败波兰。倘若英、法两国真的援助波兰，那德军就必须在盟军有能力从西线发动进攻之前征服波兰。避免两线作战的威胁向来是所有德军战略政策制定者们首先考虑的问题。在部署大量陆军（共有55个中等素质和高素质的师）进攻波兰的同时，德国还将后备编队安排到齐格菲防线进行防御，以应付西部盟军可能采取的干涉行动。

德国对波兰的入侵是由5个（后来是6个）装甲师（德军号称每个师有560辆坦克，但在战场上每个师只有大约300辆坦克）、4个轻装师（开始只有少量坦克，但很快就变成了全装甲部队）和4个摩托化师（步兵编队全部由摩托化运输系统装备）完成的。这些师将在突破波兰前方防线之后深入波兰本土，并全面包围缓慢移动的波兰军队。

代号为"白色方案"的作战计划的大致设想是：由两个德国陆军集团军群共同对波兰发动打击，这样一来，在纳鲁河、维斯杜拉河和桑河一带的波兰西线军队就会因为遭受重创而损失掉其绝大部分兵力。

由费多尔·冯·博克将军指挥的北方集团军群的兵力包括两个集团

↑这辆波兰TKS型坦克车只能容纳两个人，而且装甲太轻，任何一种威力大于德国I型坦克的装甲车都会很容易地将其击毁。此外，这辆坦克只装备了一部口径为7.9毫米的机关枪军：部署在东普鲁士的第3集团军由格奥尔格·冯·屈希勒尔中将指挥，包括1个装甲旅、1个骑兵师和8个步兵师；驻扎在波美拉尼亚的第4集团军由汉斯·冯·克卢格将军指挥，包括4个步兵师、两个摩托化师和1个装甲师。这两支军队将在战争中协调一致，铲平波兰走廊（该走廊把波美拉尼亚与东普鲁士分割开来）的阻碍，在前进过程中尽量消灭波兰军队。除此之外，第3集团军还有两项任务：一是从北线挺进华沙；二是切断波兰军队从西线的撤退路线。

大突袭前的双方军力

南方集团军群（由龙德施泰特指挥）是德国军队突袭行动的主力，它有3支集团军分别部署在西里西亚、波希米亚和斯洛伐克的部分地区。其中，第8集团军（由约翰内斯·希拉斯科维茨指挥）由5个步兵师组成；第10集团军（由沃尔特·冯·赖歇瑙中将指挥）由6个步兵师、两个装甲师、两个摩托师和3个轻装师组成；第14集团军（由齐格蒙德·李斯特指挥）由5个步兵师、两个装甲师和1个轻装师组成。由于第10集团军规模较大，因此它在其他两支部队的侧翼保护下成为直接向华沙挺进的中坚力量。机械化编制的第14集团军负责从南部包抄波兰军队，然后向北方挺进，与从东普鲁士向南方开进的第3集团军的先遣部队会师。

德国空军部署了两支飞机编队，每支飞机编队将协助两个集团军群参与战斗。这次空中打击除了有大量侦察机、地空合作和运输飞机配合作战之外，还有897架轰炸机和426架战斗机。德国空军的任务是摧毁波兰空军，炸毁波兰的公路和铁路交通设施，消灭波兰的军事指挥部门以及在民众中间制造恐怖气氛。德国海军将在此次战役中起辅助作用，它的力量非常强大，它能在几乎不受干预的情况下协助陆军进行海岸线上的军事行动。

陆军是波兰的主要武装力量，而且它在波兰社会中的影响也很大（很多波兰政界领导人都曾是陆军的高级将领）。波兰陆军为爱德华·斯密格莱·利兹元帅一手控制。在和平时期，波兰陆军由30个常规步兵师（此外还有9个后备师）、11个骑兵旅、两个摩托旅和一系列的炮兵部队、坦克部队、工程兵部队、通信部队组成。波兰和平时期的军力总数在28万人左右，在全部动员后备军队后，部队人数会增加300万。但在危急情况下，与德国迅速动员部队相比，波兰军队的动员体系就显得缓慢、笨拙多了。

而在战争爆发时，德军正是利用了波兰的这一劣势。

波兰的军事部署

  波兰的空军部队处在陆军部队的直接指挥之下，由15架战斗机、12架侦察机、4架中型轰炸机和12个陆军合作中队组成。波兰空军共有400架飞机，但其中大多数都已经过时了。面对德国空军的强大威胁，波兰飞机根本不能进行有力的反击。波兰海军只有4艘驱逐舰、5艘潜艇和6艘扫雷舰，这显然也无法与其强大的对手——德国海军相抗衡。

  尽管波兰有着很好的军事传统，但军事将领们却对高级指挥的技巧不甚精通，他们根本不知道德国机械化部队将会给波兰带来多大的灾难。波兰陆军是一支主要由步兵和骑兵组成的军事力量，在20世纪30年代末它曾试图使其装备机械化（波兰军方优先发展的是用以对付飞机、坦克的高射炮和反坦克炮，其中很多反坦克炮都已实现机动化），但从数量上看，与能够迅速集结起来的德国步兵师的强大火力相比，波兰军队中每个步兵师所配有的48门火炮就显得少得可怜了。而且，德国军队还有更多大口径、

↓在战争间歇时期，英国的坦克在进行军事演习。与法国一样，英国军队也觉得没有必要全副武装。因此像英、法两国的这些缺乏武器装备、装甲低劣的坦克根本不是德国新式装甲坦克的对手

射程远的大炮。

　　当时波兰的骑兵部队正处在由山地骑兵和侦察职能部队向机械化部队的转型过程中，由于这一改革1939年才刚刚开始，因此波兰军队只具备部署几辆TP型坦克的进攻能力，大多数波兰小型装甲部队依靠的都是早已过时而又打不了胜仗的TK型和TKS型坦克。

　　波兰军队在全部重要的通信手段方面也远不及对手。尽管波军已引入了无线电通信系统，但各单位之间的通信主要还是靠信号兵和侦察兵来传递，师部与指挥总部之间的通信则主要依靠民用电报和电话网。在这种通信条件十分落后的情况下，波兰军队根本不可能在即将到来的突袭中发挥作用，因为面对德军数小时的进攻，编制大小不同的部队之间通信不畅，很难对德军的入侵采取统一行动。

　　1939年，在希特勒开始发表一些直接威胁波兰的言论之前，波兰与德国仍然保持着友好关系。波兰总参谋部一直认为其最主要的潜在敌人是苏联。所以直到1939年3月，波兰才起草出一份对付德国潜在入侵威胁的具

↓埃里希·冯·曼施坦因（中间坐者）是第二次世界大战期间德国最杰出的战略问题专家、波兰战役的主要策划者之一，并提出了激进的"镰刀"计划，该计划是1940年德国在西欧取得成功的基础。在斯大林格勒战役之后，他在重建德军防线方面发挥了重要作用

体防御计划（"Z"计划）。波兰的军事高参们意识到了德军具有超强的军事实力，因此他们在"Z"计划中暗示说波兰需要国外的援助。

1939年5月，斯密格莱·利兹声称："这（'Z'计划）是一项防御计划，它的目标就是防止我们的军队在盟国从西线对德军发起摧毁性打击之前覆灭……我必须承认在战争开始的时候，波兰会失去一些领土，但在以后的战争中将会收复这些土地。"然而对波兰人民来说，不幸的是盟国的援助犹如杯水车薪——其对战争的结果影响甚微——而且为时已晚。

波兰的防御计划

波兰的防御计划以固守西部地区为基础，因为西部是波兰人口最稠密、经济最发达的地区。从纯军事的角度来看，波兰军队最好能在本土采取纵深防御。然而，在波兰，却是政治因素决定了前线防御。

影响防御计划制订的另一个因素是突出了保卫但泽和波兰走廊的部分地区的重要性。在波兰领导人看来，德军很可能在夺取了一些边境地区之后就会依仗军事实力谋求谈判解决。结果，大部分波兰军队都被调到波德边界。事后看来，当时波兰的防御措施对德国陆军总司令部制订的计划恰恰是有利的，因为驻扎在边境附近的波兰军队越多，德国的装甲部队就越容易从侧面包抄，进而围剿他们。

保卫波兰走廊的任务由波莫瑞集团军（由沃尔特诺夫茨基指挥）的5个步兵师、1个骑兵旅来承担。南线由4个步兵师和两个骑兵旅组成的波兹南集团军（由库特尔泽巴指挥）守卫，同时还有库特诺集团军的两支后备师予以协助。负责在西里西亚对付德军主要兵力的两支部队分别是罗兹集团军和克拉科夫集团军：前一支部队由4个步兵师和两个骑兵旅组成，后一支部队由7个步兵师、1个骑兵旅和1个机械化旅组成。负责南翼防卫任务的是喀尔巴阡集团军（由范伯里希指挥），它由两个山地旅和包含两个步兵师的塔尔努夫后备军组成。

在波兰与东普鲁士的交界地带部署着莫德林集团军，这支部队由两个步兵师和两个骑兵旅组成。再往东，是拥有两个步兵师和1个骑兵旅的纳鲁战役集群。这两支队伍的后备部队是拥有3个步兵师的战役集群。波兰陆军的核心后备力量是部署在华沙南部、支援罗兹和克拉科夫部队作战的普鲁士集团军（由斯蒂芬戴伯指挥），该军团是一支有战斗力的集团军，它由8个步兵师、1个骑兵旅和1个坦克旅组成。鉴于东面有苏联的存在，

波兰军方为了遮人耳目，在东线驻扎了很少几支战斗力不强的部队和国民自卫队。

战争的准备

1939年夏，希特勒不断对波兰施压。戈培尔（德国宣传部部长）开动宣传机器对波兰人进行恶意攻击，他将所有的怨恨都集中在波兰对但泽这个自由城市的控制上。但泽作为国际关系的一个特例始于1919年，居住在该市的大部分是德国人，但货物的出入却要依靠波兰。波兰政府决心要避免重蹈捷克斯洛伐克亡国的覆辙，所以坚决拒绝德国的所有要求。波兰宣布，在但泽争端问题上，德国的任何直接干预都将被视作一种战争行为。

尽管英、法两国已经对希特勒外交政策的实质有所警觉，但两国仍旧希望能以外交手段解决危机。它们的调解努力仅是让希特勒更加确信"来慕尼黑的这些人"在全面战争面前将会继续退缩。西方政治家们千方百计地想把苏联拉到盟国一方，但斯大林却对英、法两国提出的条件不感兴趣。相反，他把目光转向了德国。尽管斯大林并不信任纳粹德国，但纳粹向他奉上的一份厚礼——由苏联控制波兰的东半部分和罗马尼亚的比萨拉比亚省，并在爱沙尼亚和拉脱维亚建立势力范围——却似乎要比西方大国提出的条件更为诱人，而且这也正中斯大林的下怀。

入侵波兰的日期被定在8月26日，但就在即将展开进攻的前一天，希特勒却接到消息说墨索里尼不支持德国发动攻打波兰的战争，并且英、法两国已经正式保证与波兰结为盟国，三国已在伦敦签订了条约。对希特勒来说，这表明西方有可能要实践其援助波兰的诺言。他震惊不已，立即取消了入侵波兰的命令。然而，希特勒的惊慌失措只是暂时的，他很快就定下了一个新的进攻日期——9月1日。该命令于8月31日得到确认：对波兰的入侵将于第二天开始。

←←《苏德互不侵犯条约》签订后的情形：一名苏联军官正在向一队德国礼仪兵还礼

2

波兰的沦陷

《苏德互不侵犯条约》的签订让波兰人震惊不已，他们奋起反抗两个大国对其领土的瓜分。在欧洲，波兰是第一个遭遇闪击战打击的国家。

1939年9月1日凌晨4时40分，德国空军开始轰炸波兰的空军基地。5分钟之后，德国地面部队越过德波边境，进入波兰境内。与此同时，一艘旧式的德国战列舰"石勒苏益格-霍尔斯泰因"号则出现在清晨的薄雾中，开始轰炸位于韦斯特普拉特的波兰要塞。第二次世界大战爆发了。

事实上，早在前一天夜里，战争的灾难就已开始降临了。在靠近波兰边界的格莱维茨，一名德国集中营里的囚犯因为对一个电台进行袭击而被党卫军突击队杀害。其实由盖世太保头目莱因哈德·海德里希组织的这次行动完全是一个阴谋，德国企图以此为希特勒无端袭击波兰寻找一个冠冕堂皇的理由。

一小队身穿波兰军队制服的党卫军队员捣毁了这个偏僻的电台，他们向空中鸣枪，并接管了电台。收听广播的听众们听到了枪声和一个操波兰口音的噪音宣布："波兰人民！波兰和德国之间的战争快要开始了，团结起来，打倒德国人，打倒所有强迫你们进行战争的德国人！"为了掩人耳目，这名不幸的集中营囚犯（党卫队强迫他穿上平民衣服装扮成一个电台工作人员）在被杀害后，其尸体又被放在事发现场，以供全世界媒体进行检查。第二天，希特勒就宣布德、波两国进入战争状态，格莱维茨事件就是他入侵的一个借口。

←←PZL P.37B中型轰炸机正在飞行跑道上，停在它旁边的是一队PZL战斗机。在与德国空军的战斗中取得了成功，许多波兰飞机被德军在地面上炸毁了

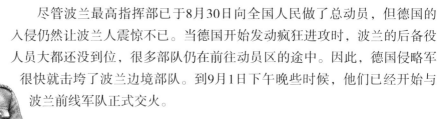

尽管波兰最高指挥部已于8月30日向全国人民做了总动员，但德国的入侵仍然让波兰人震惊不已。当德国开始发动疯狂进攻时，波兰的后备役人员大都还没到位，很多部队仍在前往动员区的途中。因此，德国侵略军很快就击垮了波兰边境部队。到9月1日下午晚些时候，他们已经开始与波兰前线军队正式交火。

德国空军的打击

战争爆发伊始，德国空军就已积极行动起来。在此次战役中，德国空军的第一个任务就是彻底摧毁波兰的空军力量。波兰所有的主要军事基地都遭到了猛烈轰炸，德国空军所到之处的所有地面目标也都遭到了重创。尽管有些波兰飞机已经起飞，但它们在战斗中却要么被击落，要么就被逐出德军控制区。波兰军队的旧式战斗机比起德国空军的"梅塞施密特"109型战斗机来说，简直是不堪一击。据德国低空侦察机报告，波兰的轻型防空武器和小型炮火的威力还是相当强的，但德国空军只要在中高空飞行就会比较安全。

与德国人预料的相反，波兰空军在第一天里并没有被德军打垮，他们继续竭尽全力发动反击，保卫华沙的战斗机持续抗击了3天。波军的巡逻战斗机则飞过了西里西亚和波希米亚-摩拉维亚去轰炸东普鲁士。但是9月3日波兰空军开始溃败瓦解，此后德国轰炸机才真正没有阻碍地横扫整个波兰。

在击败波兰空军后，德国空军抽出精力集中研究打击地面目标的问题。德军地面打击的重点是摧毁公路、桥梁、铁路和其他交通设施。后来，德军轰炸机还轰炸了波兰的政府机关、厂矿企业。大批波兰军队试图抵挡德军的地面进攻，却遇到了德国空军几乎一刻不停的轰炸。德国空军也没有放过波兰的民用目标，华沙在战争爆发当天就遭到狂轰滥炸。德国闪击战理论的核心就是要在广大民众中间传播恐惧和惊慌。成群的难民排着长长的队伍逃往波兰中部，这也使得德国空军部队极易将他们作为打击的对象，尽管公平地说，通常很难区分撤离人员和合法的军事目标。

9月1日清晨，北方集团军群的两支部队在采取行动时遇到大雾，这样的天气状况虽然有助于掩护行动，却在战争伊始造成了军队内部相互开火的混乱局面。第4集团军从波美拉尼亚直接向东推进，以阻断波兰走廊，而第3集团军则兵分两路，一路进攻西南部（与第4集团军在波兰走廊会

↑一位波兰第7山地步枪师的上校。他身着标准军官卡其布制服，头戴传统的四边平顶帽。从帽带的颜色和三角旗形状的领饰可以看出他所在的部队。他获得的奖牌是波兰勇士奖

合），一路挺进南部，攻打波兰首都。在波兰走廊更往北的地方，尽管沿波罗的海海岸线有波兰强大的军事力量在继续抵抗，但在但泽波兰军队却几乎没有进行什么抵抗。但泽很快就被德国的一个步兵旅给拿下了。

德军迅速取得胜利

在入侵的第一天，在海因茨·古德里安将军的第19装甲军的带领下，德国第4集团军遇到的反击十分有限。德国统帅部预计波军将会撤退到布雷德河并在那里建立起防线，但当9月2日德军坦克穿越布雷德河时，却只遭到了微弱的抵抗。在此期间，德军出现的唯一一个问题就是第19装甲军的坦克燃料和弹药已经用光，并在波兰前线的废墟后面滞留了一段时间。

北方集团军群就像上了发条的表针一样一路向前推进——这对德军的最终胜利是一大贡献，而对先锋部队来说，第一次参加战斗碰到了许多问题。后来成为豪斯第3军（属第4集团军）情报军官的冯·梅林津记述了这

↓聚集在但泽的党卫军士兵在这座自由之城里是不受欢迎的人。早在德军入侵之前，党卫军就已向但泽秘密派遣了军队，准备一旦战争开始就夺取主要目标

一一斯密格莱·利兹元帅是波兰军队的总指挥官，尽管他是一位英勇无畏的军官，但他却不是一位军事战略家。他在波兰边境上部署的军队太没有纵深了。结果，大部分的波兰军队在进攻的开始阶段就被击溃了

样的事：

> 战役一开始，我才知道在真正的战争条件下，即使一个受过良好军事训练的人也会感受到激动和紧张。有一架低空飞行的飞机在战地司令部的上空盘旋，每个士兵都顺手抓起武器朝这架飞机开火。一位空军联络官跑过来，要求停止射击，他对这些激动过头的士兵说，那是一架德军的指挥飞机——一架老牌的菲泽勒 Fi-156 "鹳"式飞机。飞机着陆后，从里面走出了直接指挥我们的空军将领，但他并不感到这件滑稽的事情有什么好笑。

面对德军的无情打击，惊慌失措的波兰波莫瑞集团军只能零散地发动反击。在9月1日的交战中，一支德军步兵遭到了波兰第18骑兵团的袭击。在战斗过程中，波兰军队很快就发现自己已被德军的装甲部队包围。经过激战，波军伤亡惨重，在波军指挥官马萨特勒兹上校阵亡之后，剩余人员仓皇撤退。

后来，这次战斗也就演变成了波兰骑兵反击德军坦克的传奇故事。不过在这场战役的后期，波兰山地部队曾多次与德军步兵交火，而且也确实有过波兰骑兵进攻德国坦克部队的事发生。尽管波兰人有鲁莽勇敢的名声，但他们的士兵没有愚蠢到直接用血肉对抗坚硬的钢铁。但鉴于民族刻板印象的性质，这个故事迅速获得了广泛的认可。

波兰军队的英勇抵抗

进攻华沙的德国第3集团军的先头部队遭到了莫德林集团军的暂时阻拦。莫德林集团军在姆瓦瓦地区拥有防御阵地，波兰军队在那里坚持抵抗了3天，直到被德军迂回包抄后才不得不向南撤退。此时负责其他地区军事行动的军队都已被派给第3集团军，但是该集团军在向西进攻波兰走廊时，却在维斯杜拉河的一个城镇格罗坦兹遭遇了波兰军队的猛烈攻击。再往北，德斯查河附近的一座大桥也被波兰军队拆毁了。但是，德军对使用浮桥已经练习了很长时间，他们很快就在维斯杜拉河畔的梅威又架上了桥。

9月3日，第3、第4集团军会师诺因比格，包围了波兰走廊北部的波兰军队。与此同时，德军将溃不成军的残余的波莫瑞集团军推回至布罗比格。在布罗比格市聚居着很多德国人，当德国入侵的消息传到这里的德国

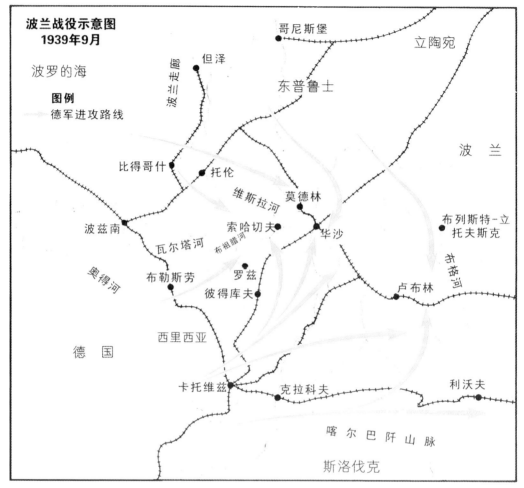

波兰战役示意图
1939年9月

波罗的海

图例
德军进攻路线

哥尼斯堡
立陶宛
但泽
波兰走廊
东普鲁士
比得哥什
托伦
维斯拉河
莫德林
波兰
布列斯特 - 立
托夫斯克
波兹南
瓦尔塔河
索哈切夫
华沙
布祖腊河
奥得河
布勒斯劳
罗兹
彼得库夫
布格河
卢布林
西里西亚
德 国
卡托维兹
克拉科夫
利沃夫
喀 尔 巴 阡 山 脉
斯洛伐克

↑1939年9月1日，德国开始入侵波兰。在此次入侵中，德国仅投入了9个装甲师（其中包括第4坦克师）的兵力，就在短短的18天中横扫波兰。这是德国第一次使用装甲武器和闪击战术

人聚居区后，他们发动了起义。波兰军队和其他波兰人民在镇压这次起义的过程中，不乏一些流血事件。这次镇压行动几乎成为所有德国媒体和电台的头条消息。

这次战争重新点燃了德、波两国之间由来已久的积怨，希特勒和纳粹的宣传机器更是竭力往这种敌对关系上火上浇油。在德国入侵波兰的前一周，希特勒对他的高级将领发表了一次演说，具体说明了他将怎样派遣党卫军部队到波兰"毫不怜悯地杀死所有波兰的男女老幼"。希特勒对斯拉夫民族的仇恨注定了这场即将在东线开始的战争将是极端残酷的。

9月4日和5日，沃尔特诺夫茨基指挥的波莫瑞集团军的剩余人员开始向华沙撤退。在3天时间里，这些筋疲力尽的军人们第一次没有遭到德军

的围追阻截而安全后撤。德国第4集团军的大部队没有沿维斯杜拉平原继续追击波兰军队，而是重新向东进行部署——他们紧跟在第3集团军的先头部队之后，开始进军东普鲁士，从北面和西北面向波兰逼近。

　　龙德施泰特将军率领的南方集团军群负责消灭驻守在西里西亚边界的波兰军队并从南部夺取华沙。9月1日上午，整个波兰南部地区晴空万里，所以德军侦察飞机可以毫不费劲地看到被部署在西里西亚边界上长长的德国军队。处在军队中间的是赖歇瑙将军的第10集团军，从它的7个机械化师（跟在6个步兵师之后）的强大阵容可以看出，这是入侵波兰的部队中最为强劲的一支，同时也反映出它是领导德军先遣部队进攻华沙的核心力量。从左翼保护第10集团军的是第8集团军，它的目标是攻占罗兹。德军先遣部队的右翼是第14集团军，它的任务除了要保护德军入侵部队的南翼之外，还负有攻克克拉科夫和加利西亚工业区的任务。

德军继续取得胜利

　　在战争爆发的第一天，南方集团军群的先头部队就已深入波兰境内24

↓德国军队在入侵开始时进入波兰境内。尽管波兰最高统帅部意识到攻击迫在眉睫，但波兰军队在边境上受到了空袭，使得德国军队得以在最小的抵抗下挺进波兰

德国 I 型坦克车

↑在波兰战役中，由于坦克大量紧缺，德国使用了很多I型坦克。图中是一辆指挥车。在这辆坦克一侧印有一个白色的"十"字符号，这是为了战场区分之用（这一设置仅用于波兰战役中）。这辆坦克可以承载3人，它里面的固定上层装有2部无线电话，一张地图和其他电子设备。这种坦克仅装备有一支口径为7.92毫米的MG34型机关枪

千米。由汉斯·冯·卢克率领的侦察连就是这些率先跨越德波边境的先头部队之一（这支侦察连属于第14集团军的第2轻装师）。下面这段话描述了德军进入波兰境内是何等地轻松：

> 我们与装甲兵侦察连一起行动，边境上只有一个海关官员在防守。当我们的一个士兵走近他时，这个吓得半死的人打开了国界栅栏。我们没有遇到任何抵抗，就这样踏进了波兰国土。方圆数里，看不到一个波兰士兵的影子，尽管他们可能一直在为反击德国"入侵"做准备。

但是第二天德国入侵部队遭到的反抗就增多了，德军前进的速度也开始慢了下来。波军原想在沿着瓦尔塔河向南到钦斯特切斯一带建立防线，但是德军突袭所造成的混乱和对德军强大力量的恐惧，使这一设想变得不可能实现了。9月3日清晨，钦斯特切斯就被第10集团军占领了，德军机械化部队还夺取了架在瓦尔塔河上的桥头阵地。向南，第14集团军已对克拉科夫发起了进攻。其余的山地部队则开始穿越斯洛伐克境内的喀尔巴阡山脉中的关隘，德军包围了防卫克拉科夫的波兰军队。

波军总撤退

波兰最高指挥部意识到波军在南、北两线都有全军覆没的危险，于

是在9月5日下达了向维斯杜拉河总撤退的命令。但到第二天，这一命令又被改成进行新防御的政策，这条新的防御线是从东北方向的纳鲁河到维斯杜拉河，最后到桑河。斯密格莱·利兹元帅不得不面对这样一个事实：边境之战是一场彻底的灾难，他唯一的希望就是在波军被德军肆虐的坦克纵队和德国空军碾成碎片之前，把尽可能多的军队撤退到相对安全的东部地区。前三天的战斗对波兰最高统帅部来说，无疑是一次让人痛心的打击。如果要挽救波兰这个国家，此时西方盟国的支援比任何时候都显得重要。

德国入侵波兰的消息传到世界各国后，法国继续指望通过调解的方式来阻止战争蔓延，它甚至要求请墨索里尼主持一次国际会议来解决波兰危机。英国政府认识到德国对波兰的进攻即意味着战争，9月1日和2日，英国首相内维尔·张伯伦试图说服法国下决心对德国发出最后通牒。9月2日晚，张伯伦在本国议员的集体施压下，命令英国驻德国大使内维尔·亨德森爵士于次日上午9时向希特勒递交一份最后通牒。这份通牒要求德国必须立即停止战争，并于当日上午11时以后开始从波兰撤军。否则，英国将向德国宣战。

当亨德森的最后通牒被送到希特勒那里时，一位在场人士注意到这

↓波兰骑兵在战争爆发前不久进行军事演习。德国入侵时，波兰军队正处于装备机械化的过程中，但大量的士兵仍然骑在马上

位德国元首"面色铁青"，而后他对其外交部部长冯·里宾特洛甫大发雷霆。随后他又简单问道："现在几点？"但那时已过了英国提出的最后时限，希特勒决定孤注一掷。9月3日上午11时，张伯伦通过广播向英国人民宣布了一个悲哀的消息：英、德两国已处于战争状态。当天晚些时候，法国也跟随英国之后发表了声明，宣布法国对德宣战。中欧地区的一场边界争端就此开始发展成为一场欧洲大战。

1939年5月，法军总司令莫里斯·甘末林将军曾向波兰最高指挥部保证，一旦德国进攻波兰，法国军队将在战争动员开始后不迟于15天的时间里进攻德国。但对波兰来说，十分不幸的是，按照德军入侵的速度，即使法国真正履行诺言对波兰提供援助，恐怕也已为时已晚。

法国对德国发动进攻

为了在表面上做做样子，9月7日，法国军队开进德国境内的萨尔地区。为了避免人员伤亡，法军的这次进攻行动非常缓慢而且非常谨慎，以便留出时间让德国前线军队有序地后撤。到12日萨尔"进攻"停止时，法军仅前进了8千米。在萨尔，法国军队在10月4日撤退之前，一直采取防御策略。尽管波兰最高指挥部对盟国的援助也并未抱有多大期望，他们认为盟国不可能在几天之内就会提供援助，而是要等数周之后，但是1939年9月英、法两国的无所作为，只能让波兰吞掉被灭亡的苦果。

英、法两国对德宣战影响到了此后德国对波兰的战略部署。德国陆军总司令部的首脑们担心英法盟军可能会在西线发动进攻，因此他们不想让大批德国军队深入到波兰境内。陆军总司令部认为，如果英法盟军真的发起进攻，那么德国的精锐部队必须尽快向西转移。但与陆军总司令部意见相左的是，德军地面部队的指挥官则希望在华沙以西的地方对波兰军队实施围而歼之的策略。

北方集团军群总指挥博克将军就持这种意见，他准备重新部署第4集团军，使其越过东普鲁士，到达第3集团军左翼（东面）的新阵地，以阻止波兰军队在华沙以东建立新的防线。博克将军的提议非常大胆，但陆军总司令部认为在西线德国后方地区面临新的威胁的情况下，这样做过于冒险，因而否决了该计划。接下来，在经过一番激烈的争论后，双方终于在9月5日达成了一项妥协方案。陆军总司令部同意由古德里安率领第19装甲军越过东普鲁士，从纳德河方向进攻波兰军队；第4集团军的其余部队将沿维斯杜拉河右岸把波军赶向华沙。

不可一世的古德里安装甲集群

　　古德里安直接指挥着4个机械化师：第3、第4装甲师和第2、第20摩托化师。古德里安的机械化部队是一支极富战斗力的军队，由于博克在战术实施和后勤管理上都放权给古德里安，因此这支部队比其他部队具有更强的战斗力。第19装甲军不受步兵拖沓的供给影响，它可以像一支完全独立的机械化部队那样行动，这样的部队在战争史上还是第一支。对古德里安来说，这样的部队也是保持德国入侵势头的"撒手锏"。

　　南方集团军在战争的头两三天内突破了波军的警戒线后，已经开始准备夺取胜利果实。原本在先头部队中间位置的第10集团军的机械化师，也开始绕过坚固的防守点和大批向华沙方向撤退的波兰步兵，全速行进，并超过了前面的步兵部队。让波兰最高统帅部惊慌的是，德国坦克部队总是

↓在波兰的一支德军运输部队正在过河。德军拥有技术娴熟的工兵部队，这些部队都曾在很宽的河上受过渡河训练。在德军的军事计划中，速度是取得胜利的关键因素，因此必须在进攻开始之前扫清所有障碍

抢先行进在波兰撤退的步兵前面。这样一来，波兰指挥官根本没有足够的时间去重新组织他们的逃军。

跟在坦克部队后面或旁边的是战地工兵，他们的任务是排除一切障碍，包括拆除敌军布置的陷阱和搭建桥梁。波军原以为本国境内的许多大河会减慢德军先头部队的前进速度，但他们没想到德军的战地工兵个个都是建造浮桥的高手。保罗·施特斯曼就是这样一位工程师。尽管他并不想参军，但建筑师的身份却使他成了一名工兵军官。每当需要渡河时，他就必须赶在先头部队的前面组织架桥。下面是施特斯曼记述第一次在敌人的炮火下建桥的情景：

↓成列的波兰TP型坦克在前进：波军仅有很少的坦克，所以很难扭转战局，而且它们的使用效率也不如战场上的德国坦克

我们带着木材，坐着橡皮艇前行，各式的枪炮向我们袭来。即使是我们自己人向隐蔽在树林或村庄里的残垣断壁中的波兰军队射击时，我们也感到十分恐惧。我们冲向河中央，用许多绳子捆缚住漂浮不定的树干和木排搭建浮桥。这时，炸弹、枪炮激起的尘土在我们的头顶上飞扬。在我们的步兵过河之后，我们又必须为坦克搭建一座更结实的桥。但当我们刚刚前行到深水域的时候，一挺机枪突然向我们猛烈开火，离我最近的一个人被打死了。我看见他掉进水里，漂向远处，但我却无能为力。我们跳进

水中抓住橡皮艇的两舷，这些橡皮艇有些地方已经被打穿，正在一点点下沉。我不知道过了多长时间，但我害怕极了，几乎说不出话来，耳边只有巨大的声响。

　　过了一会儿，敌人的炮火逐渐减弱，我知道一定是我们的"施图卡"俯冲式轰炸机收拾了敌军。我们继续架桥，终于建好了一座能够让士兵通过的桥。我们刚刚放好最后一块木板，士兵们就冲上了桥，迅速过了河。就在那时，我朝四周一看，才发现我们的指挥官和其他几个人都不见了（在搭桥过程中阵亡了）。对我们这些战地工程兵来说，面对着敌军的猛烈进攻，建造一座浮桥是多么困难呀！

9月5日，德军渡过了皮利察河。第10集团军开始改变前进方向，转向东北方向的华沙和维斯杜拉河。就在这时，德军接到情报说，波兰军队在

↑一队德军坦克在一片战争废墟中停止行进，图中前面的是一辆I型坦克，只装备有两挺机枪；后面的是II型坦克，它有一个稍重的武器装备，一门安装在炮塔上的20毫米口径加农炮，旁边有一挺机关枪。即使在1939—1940年，这两辆坦克的火力都很弱，但它们能对主要由步兵组成的反坦克部队造成很大的破坏

德国Ju-87型"施图卡"俯冲式轰炸机

↑ 容克Ju-87型"施图卡"俯冲式轰炸机是战争中最有效的支援飞机之一。然而"施图卡"俯冲式轰炸机易受敌方战斗机攻击，需要空中战斗机支援

一片混乱之中组建了一支新军队，以拉多姆（位于华沙南面）为基地。这支杂牌军队来源多样，其中包括从克拉科夫撤下来的军队和普鲁士集团军的总预备役部队。

包围拉多姆

龙德施泰特命令第10集团军总司令赖歇瑙将军从北、南、西三个方向包围拉多姆附近的波兰军队。赖歇瑙的意图十分明确，他要摧毁横挡在德军前进道路上的主要目标——部署在华沙和维斯杜拉河之间的最后一支波军主力。9月8日晚些时候，战斗正式开始，第4、第14和第15集团军参加了此次战斗。波兰军队奋起反抗，但在德国空军的帮助下，装备精良和训练有素的德国军队毫不留情地打垮了波兰军队。9月11日，德军占领了拉多姆，同时还俘获了6万名波兰战俘（尽管有几支波兰部队设法突围，逃到附近的森林地带，并在那里又继续顽强抗击了数日）。

进攻拉多姆的战斗仍在进行中时，第10集团军的坦克部队于9月8日抵达维斯杜拉河，夺取了位于布莱威的一个重要桥头，紧接着他们又夺取了古拉卡卢瓦桥头堡——波兰最高统帅部试图在这条主要河道上建立一条防线的希望又一次破灭了。当德军步兵赶上坦克部队（由于燃料短缺，坦克暂时不能行动）时，装甲部队显然要在维斯杜拉河东岸继续采取行动。

攻占华沙的殊荣落在了莱因哈特将军率领的第4装甲师的头上。莱因哈特的坦克已于9月8日晚抵达波兰首都郊区，他下令于次日进攻华沙。从第二天上午7时开始，德军坦克在炮兵师的协助下开始攻入华沙，但他们遭遇到波兰军队的猛烈抗击。经过3小时的战斗，先头部队才停止前进，这时德军指挥官下令撤退。通过此次进攻使德军认识到，在没有装甲部队掩护的情况下硬攻难度很大的目标是件十分危险的事情。

波兰军队的反击行动

9月6日，第14集团军群向南攻陷了克拉科夫。该军群机动部队经过重组之后，机械化装备的第22军越过杜纳耶茨河向东进军以阻拦向维斯杜拉河东岸逃跑的波兰军队。9月9日，陆军总司令部下令第22集团军（第14集团军的剩余部队紧随其后）突破波军在桑河一带的防线，北征海乌姆，以期最后与从东普鲁士向南进攻的古德里安第19装甲军会师。这样一来，第22集团军和第19装甲军就形成了钳形攻势，可以完成对华沙东面波军的共同包围。

位于德国第10集团军北面（左面）侧翼的第8集团军向前顺利推进，直逼罗兹。但这样一来，第8集团军的左翼部队就很危险地暴露在波兰波兹南集团军（在正北方）的面前。德军前线部队奉命保护第8集团军暴露

↓在波兰战场上，一门口径为88毫米的德军防空炮正在发射炮弹。德国人很快意识到，他们的高速高射炮对地面目标也很有效，尤其是坦克

在外面的侧翼部队，后来又有2个后备步兵师前来增援第8集团军，从而组成了希南斯集群。但是尽管如此，陆军总司令部和德军先头部队都没有充分认识到来自波兹南集团军的潜在威胁。

当前线战斗席卷波兰边界地区时，只有库特泽巴将军指挥的波兹南集团军尚未投入战斗。德国陆军总司令部的指挥官决定绕开这支波兰军队，迅速插入到波兰的心脏地区。在波兰军队搞清了德军先头部队的真正意图以后，库特泽巴请求波兰最高统帅部允许他的部队从南侧袭击正在东进的德国第8集团军。库特泽巴的这一请求遭到了斯密格莱·利兹元帅的拒绝，因为这位元帅想要在维斯杜拉河后侧集结尽可能多的军队。因此，波兹南集团军开始向东面的华沙方向撤退。在撤退过程中，波兹南军队遭到了德国空军的打击，但没有遇到德军地面部队的袭击。与此同时，波莫瑞集团军的余部也在向华沙方向撤退。这两支部队在位于波兹南和华沙中间位置的库特诺会师，该市是个重要的交通枢纽。

9月8日，库特泽巴又一次请求上级允许他指挥波兹南集团军和波莫瑞

↓德军摩托车队正行进在波兰一条泥泞的道路上。德国军队因发现摩托车在侦察和传递任务中很有用，大量使用摩托车，尤其是在战争初期

集团军进攻德国第8集团军。波兹南集团军和波莫瑞集团军是一支数量可观而且总体上编制完整的军队，由10个步兵师和两个半骑兵师组成。虽然波兰军队的任何进攻都会延缓东撤，但倘若不进行反击，它的军队还会不断受到比他们跑得快的德军坦克的打击。波兰最高统帅部当时确实是处于一种绝望的境地，他们推断：发动一次大规模的反攻可能会从总体上减慢德国南方集团军群先头部队的进军速度，从而给其他波兰军队一个喘息的空间，让他们有时间撤退并重新集结。思忖再三，波兰最高统帅部最终还是批准了库特泽巴的请求。

原来负责保护第8集团军侧翼的希南斯集群已经被加速前行的德军先头部队主力抛在了后面。当第8集团军接近布祖腊河时，它的侧翼保护部队主要是第30步兵师。该师被部署在第8集团军前面32千米处，没有处在发动协同防御的有利位置。9月9日，波兰军队在布祖腊河东南方向开始反击，这也是整场战役中波军唯一的一次主要进攻。

9月10日，德国第30步兵师向第8集团军司令部报告说，该师已遭波军进攻，人员伤亡严重，正在被迫后退。在整个9月10日和11日期间，布祖腊战斗一直在激烈地进行着。不过尽管波军已经迫使德军后退，但他们自己却同时也面临着食物、弹药和其他军事供给的短缺问题。一位参加此次战斗的波兰军官记述了当时他和他的士兵面临的一些特殊问题：

> 在马路上和建筑物的废墟中，到处都是德军士兵的尸体。我命令士兵们搜查死去的德军士兵的裤兜，希望能找到我们急需的地图。最后，我们的搜查总算有所收获：我们在一名死去的士兵口袋中找到了一张布罗卡-索哈切夫地区的地图。对我们来说，这是整场战争中最有价值的战利品了。

波兰军队在布祖腊发动的反击的确让第8集团军大为震惊，但并没有引起他们的恐慌。德军司令部下令抵挡住波军的进攻。在南方集团军司令部里，龙德施泰特和参谋长曼施坦因认为波军的进攻并不是个大问题，相反，这次进攻还恰好给德军提供了一次有利时机，让德军可以完成原来陆军总司令部制订的摧毁维斯杜拉河两岸波军的计划。到目前为止，在库特诺附近已经集结了大约17万人的波兰军队，如果能够包围、遏制和摧毁这些部队，那么就可一举消灭掉超过1/3的波军地面部队。

德军重新部署

为了对付波军的反击，德国军队需要重新进行部署。怎样经济而又迅速地调动和部署如此庞大而复杂的队伍，确实是对德军高层参谋人员能力的一次真正考验。9月11日，布拉斯科维茨将军奉命指挥这次军事行动，他从右侧的第10集团军和从北方开来的第14集团军中抽调兵力进行补充并配合作战。这样一来，第8集团军的规模就在一夜之间几乎增加了一倍：一个司令官指挥着6个军。德军为了准备即将到来的战斗而暂时减轻了对驻守华沙的波兰军队的压力。同时，德军也减小了其在维斯杜拉河地区军事行动的规模。

9月12日，库特泽巴将军得到情报：罗兹集群的残部正在向莫德林方向撤退，他们的部队已经没有会合的希望了。更糟的是，据说德军正在库特诺附近行动，波军面临被包围的威胁，库特泽巴的部队也面临被剿灭的危险。9月12日，波军向东南方向发起进攻，希望能够冲出包围。虽然德军在波军的这一突围过程中损失了一些地面部队，但他们却扎紧了包围圈。到了9月15日，波军的进攻已经精疲力竭。同日，德国第10集团军则奉命向北推进，在华沙以西切断了波军从库特诺口袋地区逃往波兰首都的所有退路。

9月16日，波兰军队试图向东北方向突围，以期渡过维斯杜拉河后到达莫德林。但是这次有计划的突围又一次被击退，并以大量人员伤亡而告终。这次战斗还使德国第8集团军进一步缩小了库特诺口袋地区的包围圈，波军被逼退到一个越来越小的地区，这使他们再也无力应对德军的空中打击。9月17日，德国空军暂停其对华沙的轰炸行动，转而集中兵力进攻库特诺口袋地区。在该地区，德国空军投下了328吨炸弹，被困的波军损失惨重。

9月17日，波军的防御部队开始瓦解：当天就有4万波兰军队被德军俘获，最后两个试图突围的波军师也被守卫华沙通道的德国第10集团军歼灭。只有一小股波兰军队冲出了德军的包围圈，其中大多都是依靠卡尼彼诺斯森林的屏障保护而逃掉的。这样一来波兰军队就逐渐分裂成一些独立的小分队，他们最多也只能进行一些游击战争。

德军对波兰军队的尊重

尽管希特勒曾因其进军华沙的先头部队速度缓慢而斥责了他的属下，

但对德军最高统帅部来说，布楚拉战役的胜利是里程碑式的，它的意义甚至超过了在汉尼拔–坎尼战役（该战役曾被普鲁士参谋官研究达数十年之久并曾被当作军事胜利的标准）。不过对普通德军士兵来说，布楚拉战役却是一场极为激烈的战斗。时任党卫军下级军官的库尔特·迈耶（后来成为武装党卫军的一名将领）曾跟随第4装甲师参加了这次战役，尽管迈耶是一名激进的纳粹党成员，但他还是对波兰士兵深表敬重，"我们否认波兰军队的勇敢是不公正的，因为我们在布楚拉打的每一场战斗都是靠着极大的凶狠和勇气来完成的"。

当在库特诺口袋地区的波军还在奋勇杀敌的时候，波兰最高统帅部采取了最后一项权宜之策：把波军所有的军队都撤退到波兰东南部，组成"罗马尼亚桥头堡"。尽管德国第14集团军一直在沿喀尔巴阡山脉的北麓向东推进，但是以利沃夫为中心的波兰的东南部地区仍被选为建立新防线的最后一块地区。该地区不仅与罗马尼亚、匈牙利接壤，还是一个重要产油区。

↓德国的炮兵部队正开往波兰的中心地带。在整个战争中，对德国军队来说，马匹是相当重要的运输工具

德国 II 型坦克车

↑德国 II 型坦克。尽管该型号的坦克只是在没有装备装甲更优的 III 型和 IV 型坦克的情况下才使用的，但它在波兰战场和法国战场上却广为使用。II 型坦克由一口径为37毫米的火炮作为主要装备，此外，它还有一口径为7.92毫米的机关枪作为辅助装备

在北方战场上，9月9日至10日夜间，莫德林集团军和纳鲁集团军开始撤退，德国第3集团军紧随其后。在第3集团军东侧，古德里安的第19装甲军在两支波兰集团军中间打开了缺口。纳鲁集团军随即发起反攻，但很快就被击退，波军人员伤亡严重。与此同时，第19装甲军的两个装甲师和两个摩托化师则遇到了燃料和弹药短缺的问题，这种战争损耗让德军装甲车辆进退两难。此时，只有古德里安的小型装甲部队还保持着充足的火力和相当的机动性，从而确保其能够做到战无不胜。

尽管古德里安想让他的坦克部队沿着布格河以东向布列斯特-立托夫斯克方向挺进，但陆军总司令部则仍然主张采取谨慎行动，他们将其装甲部队部署在比较远的东部。古德里安最初的计划是要向南推进夺取谢德尔兹，但由于陆军总司令部认为波军正企图建立"罗马尼亚桥头堡"，因此他不得不改变想法。虽然古德里安没能获准按其原计划沿着布格河东岸进军波兰南部，但这却使他最终完成了从侧翼包围波军最后防御线的任务。

9月14日，第10装甲师的先头部队到达布列斯特-立托夫斯克的边缘地区，这里是北方集团军在波兰最东面的一个目标。9月15日，德军攻占布列斯特-立托夫斯克。尽管波军守卫部队在此建造了一个防御工事，即有名的赛特德尔防御工事，而且还击退了德国第10装甲师和第20摩托化步兵师的几次进攻，但他们还是未能阻挡住来势凶猛的德国军队。9月17日，当守卫在布列斯特-立托夫斯克的最后一批波兰军队试图突围的时候，德军步兵师终于攻破了赛特德尔防御工事。德军第3装甲师南下抵达弗沃达瓦，以期与北方集团军中前往东北方向的装甲师先头部队会合。

尽管这两支从华沙东面夹住波兰军队的"大钳子"并没有真正合拢，但它们仅相隔几千米，而且可以通过电台保持联系——电台这一通信装置对德国机械化部队在战争中取胜起着十分重要的作用。钳形攻势真正接头的时间是在进攻华沙时，两支部队的一部分在波兰首都以南维斯杜拉河的古拉卡卢瓦桥头堡实现了会师。

苏联军队开进波兰

9月17日，当德国第19装甲军攻陷布列斯特–立托夫斯克的时候，苏联军队也开进了波兰。苏联的这一行动不仅完全出乎波兰人的意料，而且也让德国军队大为吃惊，因为他们对8月23日签订的《苏德互不侵犯条约》中的秘密条款一无所知（秘密条款中详细说明了一旦发生对波兰的战争，两国将如何处理波兰等问题）。

9月3日，德国外长里宾特洛甫致电苏联外长莫洛托夫，建议苏联军队进入波兰东部地区。德国考虑波兰可能会在苏联控制下的东部地区建立某种形式上的政权，这样，波兰除东部以外的地区就全部处在德国的控制之

↓在华沙近郊的一场激烈战斗中，德军步兵躲在一辆Ⅰ型坦克后面，装甲车在街头战斗中非常脆弱，被撤出波兰首都

↑一架德国空军的亨克尔He－Ⅲ型飞机正在华沙上空投掷炸弹。此时，波兰军队已经没有能力保卫它们的首都了。这是第一次在世界大战期间故意攻击平民的例子，这一先例就在其他战场上被效仿

下了。苏联起初并不知道德国何时入侵波兰，所以对德军进攻的惊人速度颇感意外。但是斯大林想要确保苏联对波兰东部的控制，并在德国占领的波兰和苏联领土之间建起一块缓冲地带。莫洛托夫奉命告知里宾特洛甫说，苏联将在有充足军队可以部署的情况下进入波兰，而这一天就是1939年9月17日。

苏联的军队构成

　　苏联进入波兰的部队分为两个"方面军"（类似于陆军集团军群），总共由20多个步兵师、15个骑兵师和9个坦克旅组成。白俄罗斯方面军由陆军指挥官科瓦廖夫率领（由4支较小部队组成），其任务是占据从布列斯特－立托夫斯克以北到立陶宛边界的波兰领土；乌克兰方面军由铁木辛哥率领（由3个集团军组成），它的任务是进入普里皮亚特河以南的波兰领土，其中利沃夫是它夺取的目标。在乌克兰方面军最南面的一支部队是第12军，这是一支机械化部队，它的任务是阻拦试图撤退到南面罗马尼亚和匈牙利安全地带的波兰军队。

　　驻守东部的波兰军队仅由国民自卫队、边防警备部队和一小部分预备役骑兵组成。起初，波兰军队还以为苏联红军是来帮助他们的，尤其是他们看到苏军避免与波兰军队发生直接冲突时更是如此。但是随着苏联红军向波兰内地深入（有些苏联机械化先头部队在头两天就已深入波兰境内100千米了），形势也就趋于明朗化了：红军所到之处，波兰军队都被俘获，然后很快就被解除武装，如果波军进行抵抗，就会随时爆发战斗。

苏军的进入无疑使已经面临绝境的波兰最高统帅部雪上加霜。随着苏军到达利沃夫右侧，波军在该地区建立任何形式的桥头阵地的可能性都已不复存在。因此波兰最高统帅部命令其所有军队都撤退到匈牙利和罗马尼亚，越过德国进攻部队，杀出一条血路来；但对于苏联军队，最高统帅部的命令是，除非被苏军阻拦，否则就尽量悄悄绕过他们。9月17日，波兰总统和政府官员，连同斯密格莱·利兹都逃往了罗马尼亚。鉴于罗波两国从前存在的友好关系，很多波兰人都跑到罗马尼亚寻求战争避难。但就在第二天，由于德国通过外交手段向罗马尼亚施加了强大压力，逃往罗马尼亚的波兰难民不是被拘留就是被遣送回国。

德军的撤离问题

苏联红军进入波兰东部的突然行动给德军带来了一些特殊难题。《苏德互不侵犯条约》规定苏德两国将沿纳鲁河—维斯杜拉河—桑河一线分割波兰，因此苏联红军在进入波兰后就告知德军应撤离到该线以西的地区。

↓波兰志愿者们站在一个街垒前。这一街垒是他们建造的华沙防御工事的一部分。华沙保卫者延缓了德军的计划，但食物、水和其他补给的短缺最终迫使波兰在1939年9月27日投降

但在9月17日那天，大多数德军都还在该线以东忙于肃清波兰剩下的反抗部队。如果德军此时撤离，波兰军队就有机会撤退到匈牙利和罗马尼亚寻求避难。

苏联红军的突然进入所带来的另一个深层问题则是让苏德两国的士兵很难区分敌友。在很多场合，德军和苏军相互开火，结果造成了双方人员伤亡，但是这样的事件相对而言还是比较少的。一般说来，德军的撤退是一项井然有序的行动，而且在苏德两国军队之间还存在一定程度的友善关系——两国的宣传资料中记载了许多这样的事例。例如，9月22日，苏、德两国在布列斯特-立托夫斯克进行过装甲部队联合游行之后，立刻举行了由两军最高指挥官古德里安将军和克里沃申将军参加的正式宴会。

但是对于驻守波兰南部的德国第14集团军来说，执行撤退的决定却可能会遇到一定的困难，因为该集团军肩负着阻止波兰军队向南大批涌往匈牙利和罗马尼亚的重任。9月10日，德军围攻了古城普热梅希尔（直到9月15日才退出）。与此同时，第14集团军的大部队正在向利沃夫（此地为波军进行抵抗的最后一个重点地区）推进。9月12日，德军第1山地师抵达该市，但因遇到波军的顽强抵抗而不得不采取一项有限的包围行动。赞伯斯克高地俯临利沃夫，9月13日，德军发起猛烈进攻，力图夺取这一关键阵地。次日，利沃夫即被包围。

9月20日，德军对利沃夫的包围仍在进行。此时，龙德施泰特下令第14集团军放弃占领利沃夫，将其交给苏联红军处理，并向西移动以做休整。然而，出乎德军意料的是，利沃夫并没有落到苏军手中，就在他们打算撤离的时候，守卫利沃夫的波兰部队突然向他们投降了。

当德国第14集团军向西撤退的时候，它们遭遇了向南行进的波兰军队。双方发生了几次交战，但大量波

↓德国士兵摘下波兰马路上的路标，这是摧毁整个波兰的第一步。纳粹决定将波兰西部并入德意志帝国，其余成为殖民地，指定为波兰中央政府

兰军队都绕过德国军队，撤退到了安全地带。据斯维克茨基上校（他在当时的战斗中是一名波军炮兵军官，后来成为波兰军队的史学家）的叙述，当时约有6万波兰士兵抵达匈牙利，3万人越过边境到了罗马尼亚，而在北方则还有15 000人的军队到达了波罗的海沿岸的立陶宛。

后来这些逃亡的军人大部分都去了法国，他们在那里又组建起一支新编波兰军队。这些波兰军队饱尝了战败和亡国的痛苦，而这种痛苦也必将伴随其漫长的流亡生涯。当时在波德斯加·乌尔伦旅任团长的陆军中校吉勒茨基记述了他在9月19日进入匈牙利的情景：

在一个秋天的上午，我们穿过秀美的山区，踏上了外国的土地，队伍中的气氛不胜悲哀，我手下的副团长斯达诺茨基少校甚至抽泣起来。我们行进了数个钟头都没有见到一个人。在穿过峡谷前往韦什库夫茨基的路上，到处都是翻倒的车辆和烧掉的文件。骑摩托车到前方探路的团副官回来报告说，前面好几千米的路上都没有人。当我们走到离边境只有很短一段距离的时候，遇到了一队前进的人群和几百辆汽车，再往前是一些山峰和峡谷，然后我们就到边境了。一位热情的匈牙利陆军少校走上来打招呼，他还让我们转告那些长枪骑兵们，他们将在匈牙利过上自在的生活。

在德军从波兰东部撤退以后，德国第3、第10和第8集团军可以全力对付尚未被占领地区波军的抵抗了。然而面对德军的强大攻势，波兰却依旧固守不降，从库特诺战役中突出重围的波兰军队加强了其对首都华沙的防卫。9月15日，德国第10集团军和第3集团军分别从南方和北方包围了波兰首都，但是希特勒和德军最高统帅部却都不想对防御坚固的华沙发动全面进攻，因为那势必会导致德军大量的人员伤亡。9月16日，德军在华沙散发传单，要求波军投降，并派第3集团军司令部的一名代表接受波军的投降。由于波兰人断然拒绝了这一要求，因此德军便开始对华沙进行炮击和轰炸。

德军夺取华沙的计划

在德国空军集中兵力摧毁华沙市内供水系统和发电站的同时，第3、第10集团军也连续对该市进行了炮轰。德军企图利用侦察部队找出波军防御的弱点，然后发动进攻。波兰军队在前罗兹集团军指挥官罗梅尔将军的

↑一名德军第1坦克团的陆军下士，穿着装甲部队特有的黑色制服。他的贝雷帽有衬垫，可以用作头盔。黑色领口和银色的死亡徽章使制服非常有特色，它因实用性受到德国坦克乘员的欢迎。没有设备或织带，这些设备或织带将全部存放在机组人员的车辆中

指挥下进行了英勇反击，致使德军几乎无法前进一步。华沙城里的波军弹药充足，市内被毁坏的地方成了很好的炮兵防御阵地。这里的防御部队不仅包括常规部队的士兵，还包括一支士气高昂的国民自卫队。

9月22日，希特勒来到第3集团军的司令部，视察了部署在华沙东部郊区普拉加的炮兵部队。尽管希特勒因德军迟迟不能摧毁华沙而大为恼火，但他同时也反对从维斯杜拉河东岸进攻华沙，以免激怒苏联军队。希特勒之所以会做出这样的决定，除了因为有可能给德军带来重大的人员伤亡之外，还因为根据《苏德互不侵犯条约》中的相关条款，这一地区应该属于苏联的管辖范围。鉴于这些原因，德军批准了一项进攻华沙西部的决定。这一决定将更有利于把华沙市民赶到波兰东部去，从而使其成为苏联武装部队不得不面对的一个包袱。

进攻华沙的任务落到了刚消灭完库特诺口袋地区波军的第8集团军肩上。为了部署这一进攻，德军首先要保证任何人都无法突出重围，这样波

↓一位年轻的波兰姑娘正在对着死去亲人的尸体哭泣。德国武装部队的大多数部门和随同的德国行政人员对平民采取了极为残暴的行动

军对食品的需求就会增加，而时间一长，食物供给显然会变得紧缺。同时，德国空军则继续轰炸华沙的自来水过滤站和抽水站，毁坏其正常供水系统。这样华沙的居民们就不得不直接饮用维斯杜拉河中的水，他们可能很快就会染上伤寒或肠胃病。此外，德军还切断了华沙大部分发电站的电源，并烧毁了该市的面粉加工厂。对华沙的居民和守军来说，饥饿的幽灵正在降临到他们头上。

华沙败降

在德国第3集团军从北面轰炸华沙的同时，9月26日上午，第8集团军也开始对华沙发起了进攻。德军步兵冲破华沙城的外围防线，开始取得进展。经过一天的激烈攻势之后，波兰军队要求停火休战，但这一要求遭到了德军的拒绝，因为他们要求驻守华沙的波军无条件投降。对罗梅尔将军和他的参谋们来说，败局已不可扭转，为了不继续延长平民百姓的痛苦，他们被迫接受了德军的条件。9月27日下午14时，驻守在华沙的14万名波军士兵放下武器，举手投降。当波兰保卫者准备撤离首都时，布拉斯科维茨将军向他们授予了战争荣誉。

华沙败降后，驻守在华沙北部的莫德林集团军仍在顽强抵抗。德军将其进攻华沙时使用的大炮重新进行布置来对付莫德林防卫部队。9月27日，德军发动了一场渗透到波兰外部防线的全面进攻。由于莫德林驻军严重缺水，食品储备也越来越少，因此其指挥官汤米将军于9月28日（即华沙投降的第二天）要求休战。

此后，除了少数几支分散的小规模部队仍在波兰的密林丛中进行游击战以外，唯一坚持抵抗的地方就是波罗的海沿岸了——在这里还驻扎着几支拥有防御基地的波兰军队。尽管有关南方波军被摧毁的坏消息频频传来，波罗的海沿岸的波兰军队却仍在极为顽强地战斗着。虽然军队指挥官达贝克上校成功地把大部分驻军都撤离到设在奥克斯霍夫特的新基地，但到9月14日德军还是夺取了波罗的海沿岸的主要港口格丁尼亚。9月16日和17日，德国空军发动猛烈进攻，紧接着9月18—19日，德军又发起主攻。经过这场打击，波军最终被彻底击垮了。在此次战斗中，达贝克上校自杀殉国，而没有投降。

在德军于9月29日发起最后一次地面进攻之前，守卫在海勒半岛（一小块延伸到但泽湾的陆地）的波兰驻军就遭受了来自德国陆、海、空三军的打击和轰炸。直到10月1日，驻守在那里的海军少将安鲁格才接受了德军的投降要求。在海勒守军投降后，除了10月份的第一个星期还有几场小的战斗以外，1939年德国对波兰的战争就此宣告全面结束。

经过36天的激烈战斗，波兰军队已被完全摧毁而不复存在。在这次战争中，波军总共死亡66 300人，受伤13万人。德军声称他们俘获了近70万名波兰军人，但后来有人认为这个数字过高，他们认为德军很可能总共俘虏了大约40万名波兰军人。另外也许还有20万名波军被苏联俘虏后因禁起来，很多人可能都死在了那里，但也有一些人经由中东成功地逃脱出来（此后他们与英军并肩作战）。1939年9月，大约有10万名波兰军人逃出德国和苏联的军事控制区，逃往匈牙利、罗马尼亚和立陶宛。

根据德国方面修改后的数字显示，在这场战役中，德军共有10 600人丧生，3万人受伤和3 400人失踪。整个9月份，共有217辆德军坦克被摧毁，而战争损耗则是进一步降低了这些机械化师的战斗力。9月底，被

↓纳粹野蛮屠杀的一个例证：波兰战争结束后不久，64名波兰人被德军士兵集体屠杀。尽管德军自称没有滥杀无辜，但事实上，他们杀害了无数波兰平民

迫向东普鲁士撤退的第19集团军曾有一段时间因为检修包括坦克、装甲车和卡车在内的破损车辆而完全不能行动。

德国空军在这次战役中总共损毁了285架飞机，其中有279架飞机因为根本不能修复而完全报废（波军除在战斗中损失了284架飞机，还由于其他原因而损失了149架）。

早在18世纪末期，波兰就曾被普鲁士、奥地利和俄国三次瓜分。1939年，波兰又经历了第四次瓜分。为了最后敲定瓜分的细节问题，里宾特洛甫亲自飞往莫斯科，并于9月28日签订了《苏德边界友好条约》。在这一条约中，德国同意将立陶宛划到苏联的势力范围之内，同时作为补偿，德国将其控制的波兰领土继续向东延伸到布格河一线。尽管德国想获取波兰的产油区，但斯大林拒绝交出包括利沃夫和德赫贝卡、博尔斯劳的油区在内的桑河以东领土。总的来说，苏、德双方对这一新条约还是相当满意的。斯大林丝毫也没有放慢其对波罗的海沿岸国家行使"权力"的步伐。这些国家面临着接受苏联控制的巨大压力。在1940年8月波罗的海沿岸国家正式并入苏联之前，斯大林就已把目标转向芬兰，要求割让苏芬边界的领土。由于芬兰拒绝了苏联的领土要求，1939年11月30日，苏芬战争爆发。尽管在战争初期苏联红军损失惨重，但是由于苏军人数众多，芬军被迫于1940年3月停战求和。

对波兰人的虐待

在波兰战争中，德国人对波兰人由来已久的仇恨得到了淋漓尽致的发泄。《苏德边界友好条约》中的一个议定书规定："双方在各自领土内不得容许波兰人从事影响对方的活动。双方在各自领土内镇压任何类似活动，应通知对方采取合理的措施解决。"如果没有别的，在这方面，德苏两国是统一的。

在以后的6年里，波兰人民遭受了极大的痛苦。德国蓄意着手清除波兰社会中有影响的政治家和社会活动家。党卫军紧随入侵的德军步伐，行刑分队则开始对那些"不受欢迎的人"实行处决。早在1939年10月25日以前，就已经有16 376名波兰人被德国警察及其武装部队处死。生活在苏联控制区内的波兰人也经历了类似的待遇。如果说对波兰的战争给德国军队带来的是胜利的欢笑，那么这场战争对波兰人来说，则意味着人间地狱般生活的开始。

3

战争风暴到来之前

对西方盟国来说，战争是一个最令他们扫兴的结局。虚假战争的双方都在其各自精心设防的阵地后面密切地注视着对方的一举一动，期待着有人会先开始下一步行动。

希特勒做事素有远虑，当德国第8集团军还在布楚拉河进攻波兰军队时，他就已经开始考虑要在西线与英、法两国摊牌进行较量了。他曾私下告诉他的军事副官施蒙特上校，一旦波兰战事结束，德国武装部队就将为准备下一次进攻而重新进行部署。9月27日，希特勒召集了3支德国部队的指挥官到柏林元首官邸参加一个秘密会议。这些指挥官中最重要的人物当属陆军总指挥勃劳希契和总参谋长哈尔德将军。在这次会议上，希特勒宣布了他要进攻法国的决定，而且要求穿越比利时和荷兰的马斯特里赫特展开全面进攻。希特勒等不及与他的高级将领们深入讨论这个问题，就简单地命令他们开始为下一个入侵计划做准备。

希特勒的决定让勃劳希契和哈尔德大为震惊，因为这两位将军都是做事谨慎的保守派，他们认为对西线的进攻要想取得成功最早也要等到1942年。德军内部其余的很多高级军官也都有类似的顾虑，但希特勒坚持要发动这次进攻，并将进攻日期定在11月25日（离进攻开始已不足两个月）。尽管不少军官仍要求延缓进攻时间，但到10月19日那天陆军总司令部已经制定出代号为"黄色"的入侵方案。

←←这是一幅德国杂志的宣传图片，它让读者相信西部防线（即齐格菲防线）的巨大力量。法国马奇诺防线的有些部分类似于这张图片上的场景，但德国的齐格菲防线还很简陋，只完成了一半

新"施利芬计划"

　　1914年的"施利芬计划"是一次穿越比利时的规模宏大的包抄战斗。20世纪30年代，法国在法德边境修筑了马奇诺防线，这使德军只好越过防御较弱的低地国家来进攻法国。或许是由于德军最高统帅部对进攻法国有顾虑，对施利芬设想的消灭大战没有多大影响，因此德军主张进军比利时，逼近根特。德军这样做的目的是想分割英国远征军与法军主力部队，夺取比利时海岸线的军事基地，进而为进军英国做好空军、海军两方面的准备。

　　大量的德军机械化部队都被部署在北翼，而空军部队的任务则是抢在德军先头部队之前夺取主要目标。博克将军率领的B集团军群将参加主要进攻，进军比利时南部的A集团军——由龙德施泰特指挥——进行辅助进攻，勒布将军指挥的C集团军群则被部署在马奇诺防线的狭长地带上。

　　希特勒对这一保守的计划并没有多大热情，他已经形成了冒险行事的

↓这是一张盟军高级指挥官的照片。从左起：艾恩赛德将军、温斯顿·丘吉尔、甘末林将军、戈特将军和乔治将军。英法关系相当融洽，但双方缺少沟通，都不知道对方的意图

作风。在接下来的讨论中，希特勒建议把主要
进攻兵力向南转移，以便在那慕尔以南的默兹
河对面发动进攻。虽然陆军总司令部的决策者
们对希特勒的这一建议持怀疑态度，但在希特
勒的脑海里，这一想法已是根深蒂固。

德军计划的发展

　　10月29日，德军的计划制订者将一项修
改后的计划上呈给希特勒，但这一份计划除了
给负责进攻的南线部队多分配了几个装甲师以
外，其实质内容与原来的计划几乎没有任何不
同。第二天，希特勒在国防军统帅部向约德尔
将军讲述了他的最新想法，即穿过阿登高原对
默兹河畔的色当发动一场进攻。但约德尔并没
有把希特勒的想法传达给他在陆军总司令部的
同事们，他依旧坚持对原计划的修改。

　　与此同时，A集团军已经在科布伦茨建立
起自己的司令部。龙德施泰特的总参谋长曼施
坦因中将知道了陆军总司令部最初的计划后很
是不以为然，"我觉得它（指原来的计划）让
人感到丢脸，最起码，让我觉得我们这一代只
是在沿袭旧的那一套东西，而不能做得更好"。

↑B集团军群司令费
多尔·冯·博克。他
率领的军队奉命向低
地国家挺进。冯·博
克是一个极有能力的
将军，曾在德国军队
中起过领导作用。
1941年夺取莫斯科战
役失败后，他被希特
勒解除职务

在龙德施泰特的支持下，
曼施坦因给陆军总司令部写了6页备忘录，首次批评了这项计划。曼施坦
因在其10月31日递交的第一份备忘录中写道："假设我们进攻比利时取得
了预期的初步胜利，那么此后同盟国一定会来援助比利时。最初的成功并
不代表着全部的胜利，只有在消灭掉比利时和索姆河北部的所有敌军以后
才能算是真正的胜利。"曼施坦因说完他的数据统计后，建议德军大规模
入侵的重心应从施韦尔帕科特南移到A集团军的南侧，越过那慕尔以南的
默兹河而发动一场大规模进攻，然后沿阿拉斯–布洛涅轴线向西推进。

　　曼施坦因的建议在陆军总司令部受到冷遇，因为陆军总司令部认为曼
施坦因的建议提高了A集团军的地位。应该说陆军总司令部的顾虑还是有
一定道理的，因为按此计划，A集团军在未来进攻法国的战斗中必将占用

更多的物资供给（随后领取的荣誉也就更大）。这显然是 B 集团军群司令博克和他的参谋长所不愿看到的——他们反对裁减自己的部队而让 A 集团军受益。哈尔德下令将曼施坦因的备忘录放在一边，不要让其引起元首的注意。

推迟"黄色计划"

希特勒曾把进攻法国的计划提前到11月12日，但是由于陆军总司令部的抵制和严重的秋涝这两方面原因，最终迫使"黄色计划"再一次被推迟（截止到5月10日之前，这一进攻计划总共被推迟了29次）。推迟进攻对德军来说大有裨益，因为这给德军的决策者留出了更多的时间来制定新的进攻方案。希特勒并不知道曼施坦因的备忘录及其建议，但他仍催促增加 A 集团军的兵力。11月11日，希特勒命令古德里安的第19装甲军与 A 集团军群一起进攻色当对面的敌军阵地。古德里安对这一带的地形了如指掌，他知道德国领土与色当之间阿登高原一带的山岳和丛林地带很是适合装甲作战，坦克和其他装甲车辆完全可以从中通过。就这样，德军的作战计划逐渐发生了改变：由最初穿过比利时中部和荷兰发动主要进攻变成了重点向比利时南部进行长线部署。

1940年1月，寒冷的冬季气候给军事行动带来了诸多不便。1月10日，希特勒下令只要天气晴朗，进攻行动就定在1月17日。但在日期逼近的时候，天气预报说17日的天气将会多雾，这就给德国空军的行动带来了问题，即他们是否能在天气恶劣的情况下仍然为入侵提供有效保护。为了谨慎起见，希特勒下令无限期地拖延西线的进攻，直到天气变晴为止。但是，接下来的一件突发事件却彻底破坏了整项进攻计划的安全保密性。

1月9日，第7空军师的参谋官赫尔穆特·莱因伯格奉命到科隆去参加一个将于次日举行的会议。当天晚些时候，莱因伯格为了省去坐火车的疲劳，接受了附近团中一名基地指挥官（名叫霍曼斯的有飞行员证的后备军上校）让他搭飞机从蒙斯特到科隆的建议。第二天，这两个人就坐上了"梅塞施密特"108型侦察机前往科隆，其中莱因伯格还随身携带了几份重要文件，这些文件详细地说明了他所在的德军师在即将开始的战斗中的军事部署和行动目标。按照常规，机密文件是不能带到飞机上的，所以莱因伯格的这一做法完全违反了军纪。在他们飞行的开始阶段一切都还算比较顺利，但突然遇到了坏天气迫使他们偏离了航线。霍曼斯觉得他们已经飞过了敌占区，但在他发现界标之前，飞机的引擎就已发生了故障，最后他们在靠近梅赫伦的地方紧急迫降，降落的地点恰好刚过比利时边界。

莱因伯格在一个比利时当地农民的帮助下试图烧毁这些文件，但还没等他烧完，就来了一队巡逻宪兵，把他们两个抓了起来。被关进牢房以后，莱因伯格又一次企图把文件扔进火炉中烧毁，但这些文件被一名比利时宪兵又给捡了回来。虽然文件已被烧得不成样子，但是通过残存的字迹，比军仍然能大体上看出德国准备入侵荷兰和比利时的意图。盟国的情报部门在得知此事件后，由于搞不清这是否是德国为了掩饰它在其他地区的进攻而精心设计的陷阱，所以还是继续坚持其原来在真实可靠的基础上做出的判断，而没有轻信德军的文件。

这一事件令德军最高统帅部惊骇不已。1月11日，希特勒得知此事后不禁勃然大怒，他威胁说要判所有与此事相关的人死刑，并解除了费尔米空军第二航空队指挥官的职务（莱因伯格是该空军部队的成员）。此后，一位德国驻比利时大使馆的军事随员呈上一份报告，宣称莱因伯格声明文件基本上已经被烧毁，只剩下一点没有烧完，而且里面也没有什么重要内容。但是不管真实情况到底如何，希特勒和他的高级军事顾问的脑子里都多少留有几分疑虑，因此希特勒不得不再次——至少也是暂时把"黄色计划"搁置起来。其中的原因之一则是，希特勒坚决要求重新实施计划时必

↓在西部防线坦克屏障中的德军士兵。尽管德国媒体在大肆宣扬德国西部的防御工事，但希特勒却只关心对法国的入侵行动

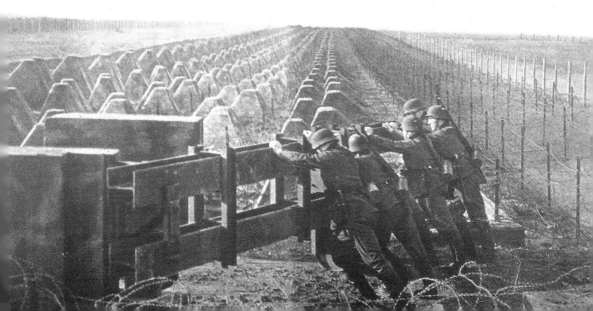

须建立在一个"极为严密和出人意料的新基础上"。

采纳曼施坦因的方案

在整个1月份里，曼施坦因都在不断地要求上级采取"A集团军计划"（后来被称为"曼施坦因计划"）。在1月25日一次与勃劳希契共同参加的会议上，曼施坦因严厉地批评了陆军总司令部的方案——由于他的言辞过于激烈，以至于像是在抱怨。总司令部里的高级军官们被曼施坦因的话激怒了，他们决定亲自动手处理掉这根"肉中刺"：1月27日，曼施坦因被派去指挥一支在什切青（波兰境内）以东的部队。虽然这种"明升暗降"让曼施坦因心里感到非常痛苦和失望，但陆军总司令部宣布将进行一系列"沙盘作战"来检验"A集团军计划"的可行性多少又让曼施坦因感受到了一些安慰。2月7日和14日举行的"沙盘作战"表明，要通过阿登发动一场进攻在现实中是可行的。虽然陆军总司令部总参谋长哈尔德将军仍然保持谨慎的态度，但实际上他已慢慢开始接受了这样一个事实，即只有"A集团军计划"才能使德军赢得战争，才能让德军在一次突然袭击中

↓在西线发动进攻前的冬季训练中，几名德国士兵正用手推车运送步枪。1939年至1940年的冬天特别寒冷，前线部队因此遭受了严重的损失

打垮盟国军队。

　　曼施坦因在军中地位的变化说起来纯属偶然，其原因就是他有机会见到了希特勒。德国军队中每一位高级将领在升迁之前，往往都会被邀请参加国家元首的非正式会见。1月17日，一群包括曼施坦因在内的德军指挥官被召集到元首官邸参加会议。在会上，曼施坦因应邀谈论了自己的看法，他的观点很快就受到了希特勒的赞赏。曼施坦因提出的经过阿登高原发动一场进攻的方案，虽然充满了冒险性，但是按照该计划德国将会摧毁大部分盟国军队，而这恰恰迎合了希特勒喜欢冒险的本性。除此之外，曼施坦因的方案还使希特勒确信他的直觉——经过比利时南部发动一场进攻——是正确的。第二天一早，希特勒就把勃劳希契和哈尔德召集到柏林，并向他们粗略地介绍了自己的新计划（曼施坦因在这一计划形成过程

↑为了加强盟国内部的相互合作，一个由达尔朗（左）和甘末林将军（中）率领的法国代表团正离开伦敦唐宁街10号

中的作用被忽略掉了）。由于在此之前陆军总司令部的将领们已经接受了穿越比利时南部发动袭击的看法，所以现在他们也就正好顺水推舟地接受了希特勒的方案。他们回到了位于措森的陆军总司令部，开始在"A 集团军计划"的基础上起草一份新的指令。

2月24日，陆军总司令部下发了新指令，根据这一指令德国进攻的主力部队和重点都发生了变化——从博克的 B 集团军群转移到龙德施泰特指挥的 A 集团军。不过虽然 B 集团军群的师从43个被减少到29个半，但它仍然是整个进攻计划的主力，因为它的先头部队将要把最精悍的盟军部队引入比利时北部和荷兰，以使在南部的 A 集团军免遭强大的盟军部队的进攻。A 集团军拥有45个半师的强大兵力，其中包括大部分德国装甲部队和摩托化部队。A 集团军一旦穿过盟军防线，就将进军英吉利海峡，把盟国军队一分为二。德军的这一整套计划被称作"镰刀计划"，它反映了德军要穿越法国北部进行镰刀攻势的战略意图。

实行"镰刀计划"还有一个好处，就是德军一旦突袭成功，盟国军队就将无法摸清德国主力部队进攻的方向。德军主力既有可能向南包抄防卫

↓马奇诺防线上一个碉堡中的枪口。法国的防御工事非常强大，但却没有考虑到德国破坏荷兰和比利时所持的中立意愿，因此也没有考虑到他们从侧翼包抄防线的能力

在马奇诺防线的法军，也有可能直逼巴黎，甚至还有可能北上进攻比利时的平原地带。

在盟国一方，法国处于主导地位，它的观点决定着盟国的战略思维。莫里斯·甘末林是盟国军队总参谋长，他在战争爆发伊始就被任命为法国陆军部队的最高指挥官。甘末林是一位头脑聪慧的将军，他是第一次世界大战期间约瑟夫·霞飞手下最优秀的参谋军官之一，但他缺乏号召力，不能激励下属奋勇作战，而且也缺乏把自己的意志传达给军队的能力。法国政治家保罗·雷诺用略带嘲讽的语句来总结甘末林的性格特点："他做主教也许更适合一些，但他绝不是一个好的军队指挥官。"

在巴黎市外的文森斯，甘末林把他的司令部弄成了一种修道院式的氛围。法国机械化部队中一个特立独行的上校夏尔·戴高乐这样描述这种氛围："他待的地方很像是个修道院，有几个军官围绕在他身边，他们完全在与世隔绝的环境中工作、处理问题。甘末林将军给我的印象就像是一位化学家在实验室里检测他的化学反应。"

法军的部署

法国军队指挥链的极度复杂性不仅束缚住了法军的效率，而且也使甘末林对每天发生的战事完全不了解。甘末林是包括殖民地在内的整个法国军队的总司令，他的命令经由其副手乔治将军下达到法国东北军（主要的军队）；在乔治下面的第1集团军总指挥是比洛特将军，他的军事管辖范围覆盖从英吉利海峡到马奇诺防线的广大地区。虽然乔治是个相当有能力的指挥官，但他极差的身体状况和他老是待在离巴黎65千米以外的拉费泰苏茹瓦尔司令部，都让他的能力大打折扣。更为糟糕的是，在甘末林和乔治的指挥链之间又建立了一个新的间接联结点陆战部队，这一联结点设在拉费泰苏茹瓦尔与文森斯两个城市之间的蒙特瑞，而该地则属于艾米·杜蒙克将军的管辖范围。

韦利明领导下的法国空军本应该与地面部队紧密合作，保证每一空军机组对应一支地面部队，但在实际战斗中，法国空军最高指挥官却直接对国防部长负责，它可以采取自己的政策，而不受其他部门的影响。虽然法国空军在1940年面临的关键问题是长期缺乏合适的飞机，但它也缺乏适当程度的军种间整合，以保护地面编队不受德国空军的注意。

当法军最高统帅部还在满足于他们拥有的电话网络和雷达时，德军最高统帅部（包括下面的部队）已能有效地使用特别电话线路、电报传送系统和密码无线电系统。德军指挥官们习惯于迅速收发情报和信息，而法国军队则正好相反，不仅计划制订迟缓，而且通信系统的传发速度也极为缓慢。因此，对法国军队来说，制订计划和执行计划都要耗费数日的时间。

盟国的合作

法军最高统帅部在组织上有明显的缺陷，但这只是整个盟国军事指挥上的一个弱点。由于德军是由一个民族组建而成的，因此能够步调一致，密切配合；与之相对，盟国军队则是由不同国家的不同民族组建而成的，因此很难协调行动。虽然法军有时会抱怨受到了一些不公平的对待，或是英军机动部队行动迟缓等，但总的说来，英法两国军队的合作还是不错的。不过在盟军与荷兰和比利时的合作过程中，却遇到了不少特殊问题。

荷兰有着悠久的中立传统，虽然它担心遭到德国进攻，但它仍然不想

↓在马奇诺防线以内，法国大炮正从装甲穹窿下面开火。只有用一架重型大炮对其发动直接打击，才能摧毁防卫如此安全的大炮

与任何大国签订保护条约。比利时在1914年德军入侵之前曾是中立国家，后来与法国缔结过防御条约，但1936年该国又恢复了其原来的中立地位。尽管眼看着德军就要对比利时发动侵略战争，国王利奥波德三世还是期望通过一项中立宣言来避免遭到入侵。虽然法国和比利时两国之间也存在一项协议，就是如果德军入侵该国，法国军队将被允许进入比利时，然而，法国希望与比利时建立起全面军事伙伴关系的要求还是又一次被比利时政府拒绝了。

↑游行队伍中的法国霍奇基斯H-35轻型坦克。它们本可以成为有用的侦察车辆，但却常常被束缚在步兵编队中，而在步兵编队中它们不能发挥很大的效用

法国（也是盟国）的战略着眼点几乎全部都在防御上，这是法国对第一次世界大战反应的延续。1914—1918年间，法国的人员伤亡极为严重（这主要是由其鲁莽的进攻引起的），因此国力空虚；为了避免国土沦丧，法国政府决心避免战争，永远不让法国的土地再次成为战场。与1914年相比，1939年法国军队服役人员缩减了30万人，而纳粹德国召集的士兵总数则甚至可能超过了德国在第一次世界大战期间拥有的士兵总数。军队数量上的不平衡，致使法国格外谨慎地保护本国人力资源，避免参加代价太大的进攻。

出于策略上的考虑，法国对即将开始的西线战事的反应就是强调保持火力和机动性。为此法国大规模兴建防御工事，并对依赖重型大炮保护、行军缓慢的军队重新进行部署，都反映了上述原则。与德国人为他们在第一次世界大战中的失败而痛心疾首相反，法军最高统帅部对他们在第一次世界大战中来之不易的胜利自鸣得意，并认为他们能在1918年打败德国，这次他们当然也会打败德国。

法国人对防御战略的深信不疑体现在马奇诺防线的兴建中。马奇诺防线始建于1929年，是以当时法国国防部长的名字命名的。这一防御工事在军事工程史上确实是一项创举：它规模宏大，地下大部分混凝土结构中都装备了各种口径的大炮。此外，还有专门为防御人员提供的地下住处。尽管法国政府宣称马奇诺防线将会阻挡任何进攻，但其他见过马奇诺防线的人却没有这么强烈的印象。后来在英国远征军任总指挥的艾伦·布鲁克将军写道，马奇诺防线让他想到了战舰，该防线让他感到不舒服，其"最危险的一个方面是心理上的：人们普遍产生了一种虚假的安全感，有一种坐在攻不破的铁围墙之中的感觉。因而一旦这一防御工事被攻破，法国军队的战斗力也许会随之崩溃"。

马奇诺防线的另一个缺陷是直到1940年它还没有完全建成，与马奇诺防线相比，法比边境的防御工事非常简陋，但这个问题并没有让甘末林将军感到棘手，因为当德国最终进攻时，他希望在比利时境内作战。

盟国的计划

1939年10月24日盟军指挥总部发出了第一份盟国作战计划，该计划要求法国军队（加上英国远征军）的几个师采取防御态势，沿埃斯科河（或斯卡尔特河，从安特卫普到根特）向比利时作有限推进。等到达比利时后，他们就静候德军入侵。单从军事角度看，该计划不乏是一项明智之举，但是由于埃斯科河沿线仅是比利时的一小部分地区，把重兵部署在这些地方，德军就会占领布鲁塞尔和比利时的大部分地区（并击溃大量比利时军队）。甘末林深知法军的部队人员不足，因此希望利用比利时的22个步兵师对付德军的进攻。他建议盟国军队应继续深入前进到戴尔河的新基地，这样盟军就在沿默兹河从安特卫普到迪南特的广大地区都部署了军队。

11月15日，盟军采取了"戴尔计划"。该计划有利于形成一个较短的防线，并能确保布鲁塞尔的安全。此外，比利时主力军一旦从阿尔伯特运河以东的防线向后撤退，该计划也会增加盟国军队与其会合的可能性。尽管法军将领乔治对继续深入比利时境内尚持保留意见，但英国大力支持"戴尔计划"，因为该计划不会让比利时的沿海一带落到德国海军和空军的手里，从而也就可以阻止德军对英国的入侵。

"戴尔计划"刚一实施，甘末林就提出了增加参战军队数量并向布雷达附近的荷兰军队提供援助的建议，甘末林希望从根本上改变"戴尔计划"（后来按甘末林的意见形成了"布雷达计划"）。乔治强烈反对这一建议，他向甘末林指出，如果采纳这一建议，那么当德军在该地区发起进攻后，法国前沿防线的主力部队就会缺少后备力量。后来发生的事实也确

↑这是一名即将迎战德军主力部队进攻的法军士兵。通过服装中的红色衣领和蓝黑色的平顶帽可以断定他是第182炮兵团的一名成员，而左臂上方的徽章说明他是一名装甲兵

实证明了乔治的考虑是正确的。

　　甘末林在增加兵力的决定过程中犹豫了一段时间，但是发生过梅赫伦事件（从德军参谋官莱因伯格身上找到的文件中泄露了德军的一些动向）以后，甘末林更加坚信了自己的决定：一定要在荷兰加强防御。1940年3月20日，法、英两国政府都批准了"戴尔–布雷达计划"。

法国的军力部署

　　原来的"戴尔计划"只召集了10个法国师（加上英国远征军），而新的"戴尔–布雷达计划"又增加了20个法国师，这些法国军队共同开进比利时和荷兰。在这样一支庞大的军队中，士兵素质难免会良莠不齐，但其中有3个师是法国武装部队中的精锐之师，包括了一大半机械化部队的精英。这些精锐部队分别是：3个轻机械化师，5/7的摩托化师和2/3的装甲师。法国第7集团军（由吉罗将军指挥）的7个高质量师是从整个后备役军队中挑选出来的，它们被派到盟军防线的最左翼，完成越过比利时到达荷兰布雷达地区的任务。面对德国的空中优势，吉罗向他的总司令比洛特抱怨他们面对的困难太大；与此同时也有一些人提出了反对意见，但这些都没有引起法军高层的注意，法军仍在执行"戴尔–布雷达计划"。

↓这是一群法军轻型防空炮兵。法国军队非常缺乏防空武器和反坦克武器，因此他们难以对德军飞机和坦克的进攻进行有力的反击

法国的后备部队

另一个困扰法国军队备战部署的问题是大量部队都被安排在了马奇诺防线参与防守，而且除了这批驻军以外，在防线正后方还驻扎着一支有30个师的部队。这样一来，甘末林的战略后备军就只有10个师的规模，而且倘若德军突破盟军防线，这10个师中只有一个具有机动性和相当火力的装甲师可以抵挡。

德军指挥官和盟军指挥官的差别在他们对波兰战争的反应中表现得十分明显。尽管德国在波兰战争中获得了迅速、全面的胜利，但德军并没有因此骄傲自满，他们对自己的军队、武器和装备有着全面透彻的评估：4个轻装师坦克数量不足，因而全部升级为装甲师；摩托化师由于步兵成员过多而行动迟缓，因此要削减掉一个步兵团。虽然古德里安将军曾建议先头部队的师部应尽量精炼、灵活，这样才能跟上进攻的速度，但实践证明，装甲师在战斗中表现出色。与预计的一样，Ⅰ型坦克和Ⅱ型坦克的战斗力极强，因此德军大量需要这些型号的坦克，同时更重型号的Ⅲ型坦克和Ⅳ型坦克的生产规模也在不断扩大。此外，他们还发现坦克炮平射（直瞄）在轰炸重掩体的炮口或混凝土防御工事时十分奏效，而口径88毫米的防空炮威力强大，也能击穿坦克装甲，把上述两种炮结合起来，就能同时发挥双重作用。

↑尽管英国军队在1937年推出了廉价且易于生产的战斗服，但第一次世界大战时期的卡其布军服一直延续到1940年，正如图中威尔士近卫军的一名中士所示

虽然德军的上述评估大多仅局限在战术的运用上，但他们对自己军队的严格核查反映了德国人真正的自信，而这种自信正是盟国军队所缺少的。1939—1940年的法国军队中不乏聪敏睿智和远见卓识的军官，他们强烈要求改革，但在这样一个死气沉沉的环境中，他们的呼声基本上没有引起上层的注意。1939年9月，当时法国驻波兰的观察员曾经发回了有关德军胜利的详细报告，其中还十分正确地归纳出了德国胜利的原因，但这些都没有引起法国军方的足够重视。

法国对闪击战的分析

法国空军高级军官阿蒙高德将军曾对德军采用的新战术——闪击战做过详尽的分析和论述，他在一份报告中这样写道："德军作战体系（闪击战）的核心就是，首先利用装甲部队和空军部队在前线的防御工事上打开一个缺口，然后让机械化部队和摩托化部队进入这个缺口打击对方防御部

队，扩大该缺口；与此同时，装甲分遣队在空军的引导、保护和增援之下进军到助攻师前方，这样一来，对方军队就会丧失调遣和防御能力。"

阿蒙高德曾将他的这份报告直接上呈给甘末林，并且他还在报告中预测到了德军将会从法军前线的中央部位发动进攻，这样在48小时之内就会打开一个缺口。但是甘末林这位法军总指挥却并不相信这一正确的推断，而且作为对阿蒙高德诚实评估的惩罚，他还将阿蒙高德降职为文案工作。也许最能说明法军最高统帅部对战争事实故意视而不见的例子就是凯勒将军。凯勒是法国坦克部队的督查官，也是当时法军坦克部队的高级指挥官，他在一次对戴高乐上校关于德军突袭危险性的备忘录的批复中冷静地写道："假设现在我们的防御工事被突破了或是被包围了，那也并不意味着我们的对手就找到了一种和波兰一样适合使用闪击战的环境。到那时，人们将会看到，在将来的战斗中，坦克的基本作用还和从前一样，就是帮助步兵部队成功地完成任务。"

↓英国军队为战斗训练准备坦克。所有装甲车都需要大量后勤支援，包括大量燃料

戴高乐和古德里安这些装甲战争的先驱者，都已认识到将装甲坦克部队、摩托化步兵和炮兵三者合为一体是取得战争胜利的关键。1940年，德国在西线部署了10个装甲师，另外还有7个摩托化步兵师作为支援部队，这些部队将成为德军进攻中的先锋部队。盟国军队在欧洲大陆上的装甲部队主要由一个英军坦克旅和3个法军装甲师（第4个装甲师正在组建过程中）组成，另外还有3个轻型机械化师和7个摩托化步兵师。单就数量而言，盟军部署的坦克数量略多于德军的坦克数量（法国有3 000辆坦克，英国有300辆坦克，而德国的坦克总数不到3 000辆），但是由于这些坦克大都分散在步兵中，因此面对强大的德国军队，盟军的坦克几乎起不了什么作用。

德军的组成情况

如同对波兰的战争一样，这次德军的主力部队仍是由步兵部队（在西

↓英军士兵接受完乔治六世国王的视察后正在海边休息。尽管派往法国的英国军队素质普遍较高，但英国军队作为一个整体并没有受过现代战争的训练

线战争中，德军投入了136个师，其中118个是步兵师）组成的——这些步兵部队由常规军和后备军混合组成——其中第一梯队有30个训练有素、装备精良的常规步兵师，他们在第2、第3梯队的协助下承担主攻任务；"替补师"和"后备师"紧随其后，消灭残余的抵抗军队。1940年的德国军队并非像宣传影片中所描绘的那样都是由"超人"组成的，其实与其他国家的军队一样，它的士兵也是良莠不齐，但德国军队与法国军队的一个最大不同点就在于他们对各自军队的部署和准备。因此，当战斗开始的时候，装备落后的法国军队面对被战争打造得无比顽强的德国军队，很快就败下阵来了。

　　为了准备进攻，德军除了动用陆军部队之外，还部署了两支新型部队。这两支部队之一是由德国空军组建的空军师，这是一支从伞兵部队和滑翔部队中挑选出来的精英部队。这支部队在对低地国家的战斗中，必会大显身手。在波兰战役中，党卫军曾派出军队前去参战，虽然遭到了来自

↓法国东北军总指挥乔治将军（中）正在英国远征军司令戈特勋爵（右）的陪同下视察一支英军步兵部队

陆军方面的反对，武装党卫军还是不断扩充实力，发展成了一支规模相当可观的部队，并参加了后来的西线战争。虽然武装党卫军在战争初始阶段缺乏应对常规战斗的技巧，但它打着效忠纳粹的旗帜，征募到了很多有才干的士兵，并且也获得了最新式的武器装备。

法国军队在西线共部署了94个师，其中有63个步兵师。这些师的士兵训练有素，而且枪炮装备精良的常规师占了将近一半的比重，剩下的就是后备师。后备师又被分为A级部队和B级部队，其中后者的武器装备和训练都极为低劣。法国人在两次世界大战之间的和平主义情绪清楚地体现在法军后备部队的作战态度上，大多数法国后备役军人并不知道他们为什么要参加战争，甚至根本就没想过要参加真正的战争。

↓英军坦克兵在军事演习中擦洗坦克炮筒。1939年，英国的坦克数量少得可怜，无法为法国的防御贡献一个装甲师。英国远征军的装甲部队由几个坦克旅组成

盟军的准备情况

从战争爆发到开始进攻之间数月的时间里，德军都没有采取什么行动，而这么长时间的等待却消磨了法国军队的士气。德军迟迟不行动、错误的警报信号以及寒冷的严冬天气让本就意志不稳的法军士兵变得更加军心涣散、不堪一击。军官和普通士兵时常缺勤，军纪松懈并有严重的酗酒现象，而他们则认为这都只是些小毛病。早在1939年11月，当布鲁克将军见到卡尔普第9集团军（这是一支将要面对德军疯狂进攻的部队）中的一位荣誉士兵时，他不禁为这位士兵不修边幅的装束深感不安。布鲁克后来这样描述那次行程：

> 我现在甚至仍然还能想起这些部队。我几乎从未见到比这还不修边幅的装束。战士们都没有刮胡子，马匹也没有刷，服装和马具根本不相配，武器也都是脏分分的，这些部队的士兵们已完全丧失了自尊心和自豪感。然而，更让我震惊的是这些士兵脸上的表情，每个人的脸上都写满了不高兴和不服气；当喊到"向左看齐"时，几乎没有一个人向左看。

↑英国战地摄影师最爱的场景：一群欢呼的士兵。这些部队正通过法国到前线保卫阵地英国远征军总的来说还是一支高素质的军队，但它总共只有10个步兵师（外加一个装甲旅），这个数字在这么严峻的局势面前实在是显得力量太弱小了。法国军队每8个人中就有一个人是机动部队成员，而英国军队中每40个人中才有1个机动部队成员。洛德·戈特指挥的英国远征军作为第一支纯粹的摩托化军队与其他军队有很大的不同，它拥有其他军队所没有的机动性——即使是威猛的国防军也还在很大程度上要依赖马匹运输，而它却完全以机械化方式运输。德军情报部门曾对英国远征军的优点和弱点进行过准确的描述，指出其指挥官缺乏灵活性，但赞扬这支部队的高质量："这些常规师将会在作战中表现得非常勇敢，他们面对损失和失败的承受能力一定会非常高。"

比利时和荷兰的军队几乎全部由步兵组成，他们缺乏发动进攻的能力。其中荷兰军队根本没有经历过现代战争（在此之前荷兰军队打的最后一次仗是在1830年进行的），而且它的11个师都是依靠深入荷兰境内的防御工事的保护才得以减缓德军的进攻速度。比利时军队虽然经历过第一次世界大战，但它的武器和装备质量以及军官的领导能力与1918年时相比，几乎没有什么提高。尽管比利时有能力动员起一支70万人的军队（1940年到位的已有375 000人），但比利时军队还是过度地依赖了他们设在阿尔伯特运河一线的防御工事。

再来看看德军部队的情况。首先，就陆地部队而言，德国陆军要胜过盟军，而且德军不只是在规模和数量上占有优势，它还有组织和筹划上的优势。再拿空军做比较，德国空军几乎在任何方面都领先于它的对手：德国空军可以调遣两支空军总队，这两支总队共有1 000架战斗机、1 550架轰炸机、350架俯冲式轰炸机和400架侦察机。而法国空军则仅有700架战斗机、150架轰炸机和350架侦察机。英国皇家空军在法国拥有130架战斗机、270架轰炸机和侦察机（虽然它可以使用英国的飞机）。这样一来，德军就可以拿3 000多架一流的飞机来对抗盟军的1 700架飞机。除了数量上的优势之外，在性能上，德国的飞机也比盟军的飞机先进，除了英国空军中队中个别型号的飞机可与德国的"梅塞施密特"Bf-109战斗机相提并论之外，其他型号的盟军飞机均不是德国飞机的对手；在组织部署上，德国空军亦胜过盟国空军一筹，因为对波兰战争的胜利经验更加增强了他们的战斗力。

虚假战争

　　从英、法两国对德宣战到德国在西线发动进攻一共历时8个月，这是一段奇怪的战争时期。德国在海上和在波兰发动的战争是真正的战争，但在西线，却好像一切都没有发生。当时有战争评论员把这段时期叫作"静坐战争""奇怪的战争"，或更坦白地讲是"虚假的战争"。在前线，德军士兵和盟军士兵友善往来，他们普遍反对进攻对方，不想破坏这种友好气氛而造成双方的分裂。一位英国战地记者曾经采访过一支法国前线部队，当问及一个士兵为什么让德国军队大摇大摆地穿过非军事区而不向他们开火的问题时，这位士兵的回答竟是："如果我们开火了，他们就会向我们开火。"

　　虚假战争的一个显著特点就是没有大规模的空中战斗。还在战争开始之前就曾有人警告过欧洲国家的人们，空袭将会带来严重的后果、空袭之后很快就会宣战，等等。因为战争会造成极大的恐怖后果，所以空军指挥

↓在1940年5月10日德国发动入侵之前的很长一段时间里，英、法两国的军队相互友爱。几乎没有人对德军即将发动的进攻的性质和凶残有任何概念

官们没有采取大规模的军事行动，而是乐此不疲地向敌国城市扔下大量传单和宣传材料。

英国是最早将这种无关痛痒的宣传变成真正冲突的国家。9月3日，英国皇家空军在德国境内扔下了600万份传单（重达13吨），这些传单向德国人民宣传了他们的统治者是多么的"残暴"。此后，英国皇家空军又采取了一些类似的空投行动。这就是历史上有名的"纸屑战争"。尽管这些空投行动受到了英国政客们的欢迎，但英国皇家空军指挥层中一些更有远见的人物却已开始公开贬抑这种行动。英国空军高级将领哈里斯在战后的一次评论中总结了整个战争："我个人的看法是，'纸屑战争'只做了一件好事情，就是给欧洲大陆的居民提供了大量的厕所用纸，这些纸足够他们在5年的战争期间使用了。"

唯一有效的宣传来自德国。德国的传单和电台广播都在宣传他们是多么同情那些在前线作战的法军士兵，而这些宣传也在没有任何幻想的法军士兵中间引起了强烈反响。德国媒体的撒手锏就是向法军士兵提问他们为什么要参加战争之类的问题，以散布对英军的不信任。他们不断宣传说那

↓虚假战争时期的一幅典型场景：在一个临时准备的浴室中，英军士兵正在相机镜头前相互嬉戏。虽然前线的英军士兵遭受了很多苦难，但他们的士气依然很高

些背信弃义的英国佬时刻都在准备着牺牲掉最后一个法国人的性命来实现自己的目的。本来这样的宣传对一支有信心的军队（或人民）来说是不会起多大作用的，但是1940年的大多数法国军队却很容易地就相信了德国的宣传。"当法军士兵在前线奋勇杀敌的时候，英军士兵却在调戏他们的女人"，这个话题是德国各种报道宣传的一个主题，尽管这种宣传歪曲了事实。据一位英军士兵回忆，当时德军前线曾有一块宣传牌宣称："北方各省的士兵们（法军士兵），英国大兵正在和你们的妻子睡觉，他们正在强奸你们的女儿！"另一边的法军士兵则很快就有回应："我们一点也不介意，我们是南方人。"

虽然有人曾认为虚假战争可能会永远继续下去，但在1939—1940年的严冬过去后，对立双方指挥官的脑海中都不约而同地想道：一场真正的战争已经为时不远了。对盟国来说，它们考虑的问题是蓄谋已久的德军最终将会选择在什么时候、在哪里发动袭击。希特勒曾考虑在3月或4月的某一天发动进攻，但后来他的视线转移了——决定等到德军对斯堪的纳维亚的行动有了满意的结果以后，再开始启动"黄色计划"。

↓ "布伦"运输车正在把英国军队送往法国前线。尽管英国军队缺乏盔甲，但它是欧洲唯一完全机械化且不依赖马匹运输的军队

4

希特勒对北欧的打击

当大部分盟军的武装力量正在法国等待德军进攻时，希特勒却做出了一个大胆的决定：移师北进并攫取丹麦以及挪威的港口和自然资源。

战火烧向斯堪的纳维亚地区，是以下两个因素独立发生作用的结果：德国需要从瑞典经挪威的纳尔维克进口铁矿石，以及挪威便于海军行动的地理位置。大部分瑞典铁矿石都是通过轮船运到德国，从瑞典北部穿越挪威边界而到达纳尔维克港的。纳尔维克港终年不冻（不像另一个铁矿石港口——波罗的海的吕奥勒），这使得它很容易受到外来的攻击。德国对挪威进行军事占领会有利于德军从侧翼包围英国的海军基地——地处西欧的英国的位置恰好是德军通往北大西洋的障碍。

然而持有保守思想的德国海军最高统帅雷德尔元帅却认为，入侵挪威是一次极具冒险性的行动。经过反复权衡，他把尊重挪威的中立性视为更佳的选择。英国也同样乐意置斯堪的纳维亚半岛于战争之外。如果没有任何一方废除挪威的中立国性质，一切都将安然无事，但若有一方率先行动，它就将抢占先机，并使挪威的战略位置得以凸现。因此，抢先行动、获取挪威的资源是一大诱惑，德、英双方对此都觊觎已久。

最早萌生干涉挪威事务想法的人，是当时担任海军大臣的温斯顿·丘吉尔。他对战势停滞不前感到格外恼火，打算不顾挪威的中立性而将战争推向白热化。早在1939年9月29日，丘吉尔就已经向英国政府提议，应该切断纳尔维克的铁矿石运输线。尽管英国内阁否决了这一提议，但丘吉尔

←←德军机枪手正遥望纳尔维克港附近的海湾。夺取这一不冻港的战役将对攻占挪威的最后阶段战役起到关键性的作用

一直都未放弃这一努力。德国的情报机构察觉到英国对挪威的兴趣，并将此情报通知了雷德尔。同年的10月10日，雷德尔向希特勒报告了这一情报，希望能引起希特勒的重视。希特勒当时正忙于策划对西欧的进攻，基本上没有时间考虑挪威的事务，但是后来数月里发生的事件终于逼迫他不得不考虑对北欧的武装干涉。

苏芬战争

　　1939年11月30日，苏联进攻芬兰，苏联的军事行动进一步增加了列强对斯堪的纳维亚事务的兴趣。由于受《苏德互不侵犯条约》的约束，尽管德国很自然地同情芬兰，却对苏联的入侵无可奈何。此时，反倒是盟军调遣部队前来帮助芬兰。盟军的这一行动一方面是由于英国公众的舆论倾向于支持"勇敢的芬兰人民"；另一方面则是因为法国人自从经历了1914—1918年的战争之后，对于其国土之外的任何一场战争都跃跃欲试。

↓在1939—1940年的冬季战争中，苏联对芬兰进行轰炸。图中芬兰首都赫尔辛基的一角正燃着熊熊大火。由于赫尔辛基离芬兰和苏联的边界很近，所以很容易受到空袭，这是一个非常重要的战略因素，有助于把芬兰人带到谈判桌上来

更有意思的是，丘吉尔认为，盟军对芬兰的干预将会有利于切断德国从瑞典进口铁矿石的路线，如果可能，还会将挪威和瑞典划入盟军的辖区。他提议派遣一支部队经由纳尔维克和瑞典北部进驻芬兰，但挪威和瑞典都明智地拒绝了盟军这一实质为军事干涉的提议。3月13日，芬兰恳请苏联停火，于是盟军只好把这项还在酝酿中的军事干涉计划暂时搁置起来。

希特勒将目光转向挪威

与此同时，雷德尔则已开始考虑盟军干涉的后果。1939年12月11日，在他的策划下，希特勒和维德孔·吉斯林进行了一次会谈。吉斯林是一位精神紊乱的挪威右翼政治家，他告诉希特勒，挪威政府虽然处在英国的有效控制下，但作为民族社会党的领袖，若有德国的帮助，他就能够接管挪威政权，使其为纳粹服务。尽管希特勒对吉斯林的想法有所怀疑，但他仍然命令国防军最高统帅部对德国入侵挪威的可能性进行研究。

1940年2月，盟军在挪威沿海观察到德国的供给船"阿尔特马克"号。该船当时正行进在从大西洋返回德国的途中，上面载有299名英国战

↓一名在芬兰南部冻死的苏联红军士兵。苏联军队对战争准备很不足，所以在苏芬战争中伤亡惨重

俘，他们是从被商业突袭舰"格拉夫·施佩"号击沉的船只上带走的。接到丘吉尔的直接命令后，英国驱逐舰"哥萨克"号逐渐接近"阿尔特马克"号。2月16日，英国海军登上了这艘德舰，经过并不激烈的战斗营救出了英国战俘。挪威理所当然地对英军这种故意破坏其中立地位的行为表示了不满，但最强烈的抗议还是来自德国。希特勒对于英国皇家海军使他蒙受的这一"奇耻大辱"大为震怒，而也正是这一事件促使他最终决定采取军事行动。2月19日，希特勒批准了入侵挪威的行动——"威塞尔演习"。

国防军最高统帅部全权负责"威塞尔演习"行动，尼古拉斯·冯·法尔肯霍斯特将军被委任为该行动的总指挥。陆军总司令部和德国空军都反对在对西部的进攻中掺进入侵挪威这一消耗战略资源的"插曲"，但希特勒决心已定，他强烈要求以最快的速度实施该计划。

挪威总共只有300万人口，不但缺乏作战人员，而且缺少现代化武器和装备。对于德国入侵者来说，最大的困难在于挪威多山的地形和不便的陆上通信条件。这样的地形和条件对德军危险性极大，因为这不仅会减慢德军的前进速度，而且还会给英国海军干涉德军登陆提供可乘之机。速度和出其不意是至关重要的，要想取得成功，德军必须依靠陆军、海军和空军的密切合作，在整个挪威进行两栖和空中联合登陆。

当法尔肯霍斯特的部队打败了抵抗他们的挪威军队后，摆在他们面前的另一个重要问题是，要想在对挪威的两栖登陆战中实施空中掩袭，德军就必须首先控制坐落于日德兰半岛北部奥尔堡的丹麦机场。因此，该行动扩大到包括入侵和征服丹麦。

为此，德军制订了一个周密的计划：第一步，迅速占领奥斯陆以及挪威南部其他主要城镇地区，与此同时其他部队继续北上，占领特隆赫姆港和纳

↓一位在驯鹿旁摆好姿势照相的全副武装的芬兰士兵。芬兰人能充分利用恶劣的环境。只有苏联优越的物质资源才迫使他们接受斯大林的领土要求

尔维克港；第二步，德军从挪威中部向北部挺进后与北方势单力孤的德军部队会师，并击退所有登陆的盟军。本次行动总共需要调用6个师（1个山地师，5个步兵师）的兵力，此外还有数量可观的空军（包括空降部队在内）以及几乎全部德国海军（另外两个步兵师被认为足以战胜丹麦）协同作战。

德军的侵略计划

德军的侵略计划要求，在行动的最初阶段，由大约1万名德军在5个不同的地方登陆，进行两栖进攻。第一组兵力（由10艘驱逐舰连同2艘战列巡洋舰"格奈森瑙"号和"沙恩霍斯特"号组成）承担最危险的任务，占领纳尔维克；同时第二组兵力（由4艘驱逐舰和重型巡洋舰"希佩尔"号组成）将驶往特隆赫姆港；远在南方的第三组兵力（由轻型巡洋舰"科恩"号和"柯尼斯堡"号、两艘海军附属舰艇以及鱼雷舰组成）将负责进攻卑尔根港；第四组兵力（由轻型巡洋舰"卡尔斯鲁厄"号和鱼雷舰组成）负责夺取克里斯蒂安桑德港；第五组兵力〔由重型巡洋舰"布吕歇尔"号、小型主力舰（"袖珍战列舰"）"吕佐夫"号、轻型巡洋舰"埃姆登"号和其他轻型舰艇组成〕将向挪威首都方向北航至奥斯陆海湾。德国空军部队将在挪威南方提供空中支援，并通过空降部队占领斯塔万格港和奥斯陆的机场。1940年4月2日，希特勒将本次入侵的时间确定为4月7日。7日清晨，德国军舰离开港口，驶向挪威海岸。

此时远在北海的另一端，丘吉尔也已最终说服英国战时内阁，准许英军在挪威海岸敷设水雷区，这一行动的代号为"领先者"。

4月5日，英国向挪威和瑞典传达了他们的意图，并调遣一支海军舰队驶离斯卡帕港前往挪威海岸。此外，英国还派出了8艘驱逐舰前往纳尔维克的港口通道布雷，另外一支小分队则在特隆赫姆港和卑尔根港设置雷区（第三片雷区被布置到特隆赫姆港之外的海域）。战列巡洋舰"声望"号和4艘驱逐舰被派去支援纳尔维克的部队。另外，英军还安排了数支步兵部队准备应付德军从挪威"领先者"布雷区后侧发起的进攻，这些步兵部队在德军发起实质性攻击之前仍须守在港内。

英国舰队起航

4月7日，英军发现几艘德国舰艇正在向北部方向航行，但他们还不能确定德军的真实意图；普遍的看法是，德军也许是在进行一次进攻北大西洋的初步尝试。7日晚些时候，英国本土舰队在斯卡帕港基地起锚，并开始驶向挪威方向以拦截德国军舰。英国本土舰队是由海军上将查尔斯·福布斯爵士率领，总共由两艘主力舰、1艘战列巡洋舰、4艘巡洋舰和1艘战列舰组成——这是一支仅由海军组成的力量可观的部队，但是这支部队缺乏防空支援，而这一点对于发生在挪威"狭窄海域"的战争是极为重要的。

7日傍晚，天气开始恶化，狂风将德军第一组和第二组的船只冲得七零八落，所有的驱逐舰都在竭尽全力试图跟上更大型的战舰。大浪沉重地打击了以速度闻名的德军驱逐舰，甲板上整装待发的德军士兵也纷纷被浪涛卷入大海。

4月8日清晨，德军驱逐舰号侦测到一艘不明身份的舰只在附近海域游弋。随后，这艘舰艇被确认为是英军的"萤火虫"号（这是一艘护卫"声望"号的驱逐舰）。在"萤火虫"号追击这艘德军驱逐舰并与之交火的同时，"希佩尔"号发射的炮弹则纷纷落在"萤火虫"号附近。"萤火虫"号看到自己很快就被炮弹激起的硝烟包围，便开始准备撤退。

此时"萤火虫"号上的舰长海军上校鲁普已经意识到甩掉德军的巡洋舰非常困难，于是他决定用"萤火虫"号撞击已经驶进硝烟中的"希佩

↑一位身穿过时的1915年生产的绒布军装、装备着口径为8毫米的M1889/10型步枪的丹麦士兵。他是日德兰师的一员。丹麦军队太小，没有准备好对德军的抵抗，在德军快速进攻后，丹麦很快就沦陷了

尔"号。在硝烟和大浪中，两艘舰艇相距很近，短短几发钟后"萤火虫"号就撞上了"希佩尔"号的右舷。撞击使"希佩尔"号受到严重破坏，而"萤火虫"号则在驶近"希佩尔"号时就已着火并很快沉没。

4月8日，当一艘波兰潜艇（自1939年波兰投降后隶属于英国皇家海军）用鱼雷击沉了一艘德国运输舰时，德军的真正意图就昭然若揭了。运输舰的幸存者向搭救他们的挪威人解释说，他们正在前往卑尔根港的途中，而且将参与把挪威从英国手中"拯救"出来的作战任务。消息经由挪威官方传到英国，从而充分证实了越来越多被英国侦察到的舰只都从属于一支庞大的德国海军舰队。但是由于英国本土舰队此时已经往南行进得太远，它们很难拦截那些正向预先设定在挪威海岸的目标挺进的德国海军舰队。

德国占领纳尔维克

4月9日清晨，当德军第一舰队的10艘驱逐舰进入通向纳尔维克港的奥福特峡湾时，"格奈森瑙"号和"沙恩霍斯特"号正向北航行，驶往相对安全的公海，并与"声望"号（曾经护卫英国的布雷部队）进行了短时交火。曾历尽折磨的德军驱逐舰——他们的全体工作人员和武装部队还没有完全从北海的痛苦经历中恢复过来——穿越海湾，与部署在纳尔维克的挪威防守部队形成正面对峙。德军舰队的指挥官保罗·邦特准将和爱德华·迪特尔少将（指挥第3山地师）要求挪威防卫舰艇"艾兹沃尔德"号的舰长向德军投降，但对方拒绝了投降要求。于是德军就向"艾兹沃尔德"号发射了3枚鱼雷，将"艾兹沃尔德"号的船壳撕裂成两半，船上的182名船员中只有8名生还。

尽管被严重的晕船所扰，德国步兵还是从德军驱逐舰上开始了登陆战役。迪特尔不费吹灰之力就说服了纳

↓德国空降部队在挪威北部的荒原上着陆，这是空降部队首次成功地深入敌后并占领军事要塞

↑正在挪威港口登陆的德国军队。远处是"布吕歇尔"号。挪威战役是德军多兵种合成作战的成功战例

尔维克的挪军统帅，让他向德军投降，放弃港口。尽管迪特尔和邦特都明白，英国的反击行动很快就会跟随而至，但德军还是以最小的代价占领了第一个也可能是最难攻克的一个目标。

在"希佩尔"号的帮助下，第二舰队的驱逐舰很轻易地就击败了部署在特隆赫姆港的呆若木鸡的挪威守军。远在南方的卑尔根港战区，尽管"柯尼斯堡"号以及一艘附属舰艇在德军攻占这座城市之前遭受到沿海雷区的破坏，但德军支援部队随后也取得了令人震惊的战果。

空降部队在斯塔万格港的登陆行动也非常顺利，斯塔万格港很快就落入德国人的手中。在克里斯蒂安桑德港，尽管德军开始遭到沿海守军的抵抗，但是由于这时海上大雾弥漫，赶来支援挪威海军的盟军舰艇不能辨认出德国海军，德军上岸后便迅速击溃了所有抵抗力量。

奥斯陆的抵抗

事实证明，承担奥斯陆进攻任务的第五组部队遇到的难度最大。作为旗舰的"布吕歇尔"号是本次进攻的先锋部队，在舰上有库梅茨海军上将、一名师长以及1 000名德国步兵。但当"布吕歇尔"号穿越奥斯卡布格堡垒时，它却被挪威的鱼雷和炮火给击沉了。舰队成员被迫撤退，空中袭击也因有雾而受挫。这时德国空军已经收到了撤退的指示，但有一组因为没有收到撤退的消息而在奥斯陆的机场成功着陆。在机场落入德军之手后，德军的支援力量便源源而来。到了4月9日，德军已经做好了攻占挪威首都的准备。

在南面，德军对丹麦的进攻势如破竹。4月9日，两支德军摩托化旅突

破了丹麦前线部队的阻击，并迅速向丹麦北部的日德
兰半岛进发以支援伞兵部队及一个空降营对奥尔堡机
场的主攻行动。德国海军负责占领丹麦岛屿的已老化
的主力舰"石勒苏益格-荷尔斯泰因"号（很有讽刺
意味的是，这是根据19世纪曾被德军占领的丹麦领土
来命名的）驶入哥本哈根港，一个步兵营随后成功登
陆，而在他们头顶上方，德国空军正从空中威胁着丹
麦首都的安全。

　　由于丹麦缺少能与德军进行对抗的军事资源，短
短4小时后丹麦政府便请求与德国签署投降书。这样在
4月9日之后，德军的飞机就开始以奥尔堡为基地向挪
威发动进攻了。

挪威的抵抗

　　挪威政府拒绝了德国人要求他们立即投降的要
求，并宣称："我们不会自愿地屈服，反抗早已经在
进行了。"但挪威面临着双重困难：他们不仅缺乏人
力和物力，而且德军惊人的进攻速度也阻止了挪威防
御部队的调遣。挪威想在6个战区部署一个旅，这个旅
在全速行进中可以扩充为一个师。在战争的头两天，
挪威的抵抗目标很不明确，而且抵抗效果甚差，一些
挪威守军甚至一弹未发就向德国人投降了。

　　4月11日，挪威政府任命奥托·鲁格中将为最高指
挥官。鲁格是一名非常精干、办事果敢的军人，他着
手组织对德军的抵抗，并拒绝了一切投降的要求，他
命令他的部队包围并渗入被德军控制的奥斯陆以及其
他被包围的沿海城市。鲁格的这一新策略很快就在挪
威北部收到成效，在那里，德军第3山地师发现他们前
进的道路被挪威部队阻拦住了。在特隆赫姆港，霍尔
特曼上将将他的部队聚集到海格尔的防御工事内并对
德军的精锐部队组织了一场顽强的防卫战，这场战役
一直持续到5月上旬。在奥斯陆周围，挪威部队开始修

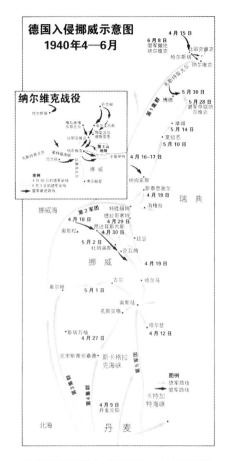

↑1940年4月9日，德国军队入侵丹麦和挪
威。在丹麦，抵抗部队当天就被击溃。奥
斯陆、克里斯蒂安桑德、斯塔万格、卑尔
根、特隆赫姆和纳尔维克很快便相继沦
陷。一个星期后，英国、法国和波兰的军
队在特隆赫姆附近的纳姆索斯和安达尔斯
内斯，以及纳尔维克附近登陆。南部的
盟军被迫于两周之后撤退。但5月28日，
盟军与得到增援的德军第3山地师经过激
战，夺取了纳尔维克。6月8日，盟军撤走
后，挪威落入德军之手

↑一名挪威陆军中尉，他身穿一件1912年的军官便服。虽然他戴着灰绿色的平顶军帽，但最常见的头饰是柔软的野战帽，上面有与之相配的帽檐和耳罩。挪威还会发放各种冬装。挪威军队总体上打得很好，但由于德军进攻的速度而受到阻碍

建防御工事，希望能阻止德军向更广大的领土发动进攻。但是除去这些积极的努力外，从长久来看，挪威唯一能指望的就是法国和英国直接、及时的军事救援了。

英国的反应

英国对于德国的侵略反应通常是迟钝、优柔寡断而且自相矛盾的。由于错过了拦截前往挪威的德国海军的最佳时机，英国海军司令命令本土舰队将德军从卑尔根港和特隆赫姆港击退；但这一命令随后又被取消了，英国也因之而丢失了进攻的最佳时机。出于海空作战的需要，航空母舰"狂怒"号被派去穿越北海，但"狂怒"号还未来得及出动其战斗部队，进攻命令就又被取消了。而曾在挪威服役、此时正停泊在罗塞斯的满载步兵的巡洋舰却被召回重新加入在北海的英国本土舰队。当战争在挪威如火如荼地进行时，英国首相内维尔·张伯伦却宣称"希特勒已经坐失良机"。而事实则是：一方面盟军的长官们一直在搪塞上面并为可能的军事行动争辩不休；另一方面他们的对手德国却正在全速果断地行动着。

从战术上看，英国确实取得了些许胜利。从克里斯蒂安桑德港出发的英国潜艇"游荡"号于4月9日晚用鱼雷击中了"卡尔斯鲁厄"号。"卡尔斯鲁厄"号严重受损，德军不得不弃船逃走。其他从丹麦和挪威海岸出发的英军潜艇也击沉了好几艘运输军员和物资的德军舰艇，"箭鱼"号以鱼雷击中并严重破坏了"吕佐夫"号，后者勉强"跛行"着驶回港口。在空战中，经过远距离飞行的皇家空军俯冲式轰炸机，成功地击沉了德国轻型巡洋舰"柯尼斯堡"号。

在通往纳尔维克港的海湾口，英军第二驱逐舰分遣队总指挥沃伯顿·李及时地展开了行动。4月10日拂晓，在没有援军到达的情况下，他率领6艘驱逐舰进攻了10艘正越过海湾北行的德军驱逐舰。在随后的战斗中，沃伯顿·李以身殉职，英军击沉了两艘德军驱逐舰，另外还有3艘被击伤。4月13日，爆发了第二场针对纳尔维克港的海战，在战斗中，英国驱逐舰和主力舰向北驶出海湾并击沉了所有剩余的德军驱逐舰。

危难时刻

对于身处纳尔维克港的德军来说，情势看起来很不妙。迪特尔部队的军需供给已经被切断，在缺乏足够军员和供应补充的情况下，他们很难抵

挡住经过精心布置的盟军进攻。此时一支迅速登陆的盟军极有可能夺回已被德军占有的领土，这是第一个令希特勒紧张的时刻。4月15日他命令迪特尔部队放弃纳尔维克港，后退到特隆赫姆港，如果局势继续恶化，就向东撤退到瑞典境内进行休整。但对迪特尔部队来说，幸运的是，盟军却又一次没有采取果断的行动，同时还得益于国防军最高统帅部的一位有远见卓识的参谋官，他没有将希特勒撤退的命令（此命令在希特勒重新获得勇气后很快就被收回了）传达给迪特尔部队。

　　一度在罗塞斯整装待发却被撤回的英国部队，又重新被召集起来派遣出海，以从德国人手中夺回纳尔维克港。4月15日清晨，英国第24步兵旅在欣诺伊岛的哈尔斯塔登陆，但哈尔斯塔地区与纳尔维克港是相分隔的，此地到处都是积雪覆盖的高山。海军上将洛德·科克和本次行动的海军指挥奥瑞，以及陆军指挥麦克西少将之间意见不一致，在这种情况下，形势万分危急。科克迫切要求迅速对纳尔维克港发动进攻，但麦克西则主张应逐渐接近纳尔维克港，以使军队保持稳健前进并求得最终胜利。

　　与此同时，由于英国军队十分缺乏在雪地和山区环境下进行战斗的必要装备，加之英军动作迟缓，迪特尔和他的部队获取了宝贵的时间，因此他可以从容地组织纳尔维克港的防卫力量。迪特尔调集了邦特手下2 600名驱逐舰队的幸存者，组建了5支"山区陆战"营，其武器装备取自纳尔维克港和周围的地区。德军这种极富想象力的即兴发挥，恰与挪威盟军胆小守旧的防守战略形成了鲜明对比。

　　当特隆赫姆港的战略重要性开始为人认识到时，英国就不再仅仅考虑纳尔维克港的重要战略意义了。英军占领特隆赫姆港，不仅会对进攻纳尔维克港和挪威北部的德军形成防御屏障，还可

↓德国先头部队路经挪威利勒哈默尔地区一座燃烧着的建筑物时，躲闪熊熊燃烧的烈焰。挪威人从德军的空袭所造成的震惊中镇静下来后，对德军进行了坚决的反击，德军不得不为占领挪威进行艰苦地作战

↑德军的山地部队正使用充气橡皮艇穿越挪威的某个海湾。德国人在山地作战方面有着悠久的传统，他们的山地部队在挪威发挥了良好的作用

以为未来盟军南下进攻挪威腹地提供一个跳板。盟军新的计划已经确定：在纳姆索斯（在特隆赫姆港以北）和安达尔斯内斯（在特隆赫姆港以南）的登陆部队的配合下，组织对特隆赫姆港的登陆战役。4月19日，由于担心受到德国空军袭击而蒙受过多损失，盟军撤销了其原定在特隆赫姆港的登陆战，这样一来盟军也就只能依靠其在纳姆索斯和安达尔斯内斯的登陆，进行钳式夹击来占领特隆赫姆港。

4月16日至17日，英军第146旅（由阿德里安·卡顿·德·维亚特少将指挥）和半支法国旅在纳姆索斯登陆。同时，第148旅的先头部队（由佩吉特中将指挥）于18日赶到安达尔斯内斯。和在纳尔维克港方面的情况一样，盟军的部队并不适合这种作战方式。由于不能确定战争的类型，盟军的资源和军备供给陷入混乱之中。甚至就连对山区作战饶有经验的法国旅也因缺乏合适的装备而使其作战效率降低，第146旅的英军指挥官是这样描述的：

> 法国阿尔卑斯猎人旅是一支精良的部队，是胜任眼前作战任务的理想部队，可惜他们缺乏必备的装备，这样他们对我们来说就毫无用处。我确实曾希望他们向前进发，但奥德特将军（法军指挥官）抱怨说，他们没有运输工具，找不到骡子。于是我建议他也许可以调遣其滑雪部队，但后来却发现，他们的雪橇缺乏必要的带子，他们实在是寸步难行。

德军巩固了他们在挪威的占领成果，在援军到达后便开始转移进攻方向。在4月12日至15日，德国人占领了奥斯陆的周围地区，并开始向北方的利勒哈默尔推进。在那里，鲁格将军率领的挪威军队已经预先组织了一条坚固的防线。这片地区的多山地形，决定了德军向前推进的主要路线将集中于两道峡谷。这两道峡谷坐落于利勒哈默尔和安达尔斯内斯之间的古德布兰迪斯伦和向北直接朝特隆赫姆港延伸的厄斯特达尔伦。德军指挥官法尔肯霍斯特将军命令两支作战部队向峡谷进发，与此同时，从海上得到第181师支援的第2山地师也从特隆赫姆港的防区进行战略转移，并向驻扎在特隆赫姆港的盟军发动进攻。

德军的力量

盟军不仅作战指挥各自为政，而且在其国内对作战目标也还存在各种不同意见的纷争。与此相反，德军则目标统一且作战有序。德军掌握了战

↓登船奔赴挪威前线的法国阿尔卑斯步兵。这是一支优秀的部队，他们的高山作战技能非常适合挪威战役的环境

↑德军步兵正准备捣毁挪威军队的一个据点。无论从哪方面看，德军的作战指挥水平都要明显高于盟军。德军在一开始就掌握了战役的主动权，并一直将这种优势保持到将盟军逼出挪威为止

役的主动权，即挪威中部地区的制空权。德国空军的轰炸机不断骚扰盟军部队，将他们的仓库炸成一片火海并经常袭击他们的阵地。最主要的是，德国空军对英国和法国的战舰进行了连续不断的攻击，挪威沿海狭窄海域的英法战舰，因为转移困难，加上缺乏足够的防空武器和弹药而非常容易受到攻击。德军优越的空中力量，最终使得纳姆索斯和安达尔斯内斯的港口彻底瘫痪，从而阻止了盟军部队赶往救援正在遭受重创的挪威军队。

德国空军除了组织进攻性的军事行动外，在后勤上也扮演了一个不可或缺的角色：他们在整个挪威大陆运输军员、弹药和装备。容克Ju-52型运输机是德国空军可靠的运输机器，它在一次空运中曾出动了3 000架次，运输了3 000名士兵、2 370吨物资和25万加仑燃油，创造了战时人员和物资运输的最高纪录。

盟军试图通过派遣两艘航空母舰"皇家方舟"号和"光荣"号（从地中海出发）以及一个空军中队来重新获得空中力量的平衡，但是由于它们数量太少，而且分散在前线地带，因此很难对德国第5航空队进行有效反击。

尽管德军在进攻挪威中部时遭到了盟军的坚决抵抗，但德军最终取得胜利却是毋庸置疑的。4月21日，费希尔集群在厄斯特达尔伦以北发动攻

击，并在28日前与从特隆赫姆港出发向南进军的德军会师。与此同时，派伦格罗集群则穿越古德布兰迪斯伦，迫使挪威和英国的联合部队撤向安达尔斯内斯。4月28日，在这一系列事件的影响下，盟军最高战争委员会决定放弃挪威中部地区，转而集中所有力量进攻纳尔维克港。

鲁格将军顺从地接受了盟军的决议——即使整个挪威都被占领，他也决定要和德国人战斗到底。国王哈康和挪威政府（连同国家黄金储备一起）都撤往远在北方的特罗姆瑟。出于安全的需要，瑞欧肯工厂生产的"重水"也被北迁，这一材料已被法国政府购买，预备用来制造一种"高能炸弹"。

盟军在纳尔维克港登陆

在盟军于5月3日从挪威中部撤退后，挪威战役也就进入了最后阶段：纳尔维克港之战。盟军的目标已经退而求其次，从夺取整个挪威，退到占领纳尔维克港并切断德国的铁矿石运输路线。盟军的支援部队，包括来自法国的军队向北进发。同时，盟军的指挥系统也终于得以彻底修正：海军上将科克被任命为纳尔维克港战区的最高指挥官，麦克西则由克劳德·奥辛莱克中将取代。

4月28日到5月7日，法军第一轻装师（由马里·埃米尔·贝图亚特将

↓在挪威战役中，德国炮兵将野战炮推入阵地。尽管坦克和近距离支援飞机的重要性有所增加，大炮仍然是军队进攻的主力

军指挥）在纳尔维克港登陆，该师由半个阿尔卑斯山地旅，半个外籍军团旅，半个喀尔巴阡山地旅（波兰军队逃到西方）还有一小部分火炮和轻型坦克组成。

5月13日，贝图亚特将军命令他的部队攻占紧挨在纳尔维克港外的比耶克维克。在停泊于纳尔维克港附近的英国战舰的炮火掩护下，英国登陆艇运载着外籍军团的一个营以及3辆法国坦克，在纳尔维克港登陆。在两栖联合战役中，这是首次在两栖联合作战中使用坦克和陆军登陆艇（在随后几年的大战中这种作战模式经常被采用）进行作战。法国坦克驶过德军的机枪据点，盟军趁机占领了比耶克维克，并与当地的挪威部队会师。

德军的抵抗

尽管迪特尔在4月22日得到了一个空降伞兵营的增援，并在3天后又得到一支经过仓促训练后被空降到纳尔维克港的山地部队的增援，迪特尔部

↓法国步兵正在旁观一架准备从冰冻的挪威湖泊上起飞的英国"布莱克本"式飞机。这些飞机来得太晚，未能阻止盟军在挪威的失败

队的处境还是非常危急。这些部队对于提高德军的士气也许是有
用的，但仅靠他们还不足以抵挡盟军的进攻；迪特尔不得不等待
从南方来的地面部队的支援。事实上，德军在北上的征途中战绩斐
然：弗尔斯敦集群于5月10日占领了莫绍恩，并继而向到达纳尔维克港
之前的最后一个军事要塞博德推进。在那里，他们与英军第24旅和挪威
部队交火。尽管盟军的这部分力量减缓了德军的前进步伐，但经验丰富的
德军山地部队仍然继续朝着纳尔维克港的方向推进。

5月28日，盟军向纳尔维克港发动进攻。在海军炮火的掩护下，
外籍军团的部队借助登陆艇在纳尔维克港半岛的北部登陆，紧随其后
的是用渔船运载的挪威-法国联合部队。登陆盟军击退了德军的一次反
击，在将德国人逐出纳尔维克港之前，一直沿着半岛奋战。贝图亚特
将军准备借助这一优势，将德军赶到瑞典前线和挪威的部队那里，
后者将会击溃撤退的德军。若不是因为在这片狭窄战区之外进行的
救援行动，纳尔维克港的德军就将遭到盟军毁灭性的打击。

德军对法国和欧洲其他低地国家蓄势已久的进攻被证实是灾难性
的。5月31日，英国内阁向海军上将科克发出了从纳尔维克撤退的命令。6
月1日，科克向挪威国王通报了盟军撤退的决定。在未来的几天里，出征
挪威的25 000名盟军士兵被撤回到苏格兰。哈康国王和他的政府也启程前
往英国，只有鲁格将军要求留下抗击德军。到6月8日为止，法国和英国
的军队已经全部撤出了挪威；第二天双方就开始了停火谈判。6月10日，
鲁格签署了投降协定，这一协定准许把挪威军队的战士们疏散回他们的
家乡；如果挪威高级官员许诺不再与德军为敌，他们也将享受同样的待
遇——鲁格因为拒绝了这一要求而被德国监禁在柯尼希施泰因城堡中。

与其他战役相比，挪威战役的损失比较小。德军人员伤亡和失踪的总
数是5 660人，其中在陆战和海战中各损失了1 317名和2 375名士兵。挪威
士兵的伤亡总数为1 335人；英国士兵的伤亡及失踪总数为1 869人，而法
国-波兰联军的伤亡总数据悉为530人。

痛失"光荣"号

但是，盟军从挪威领土撤退后却并不意味着战役就此结束。6月4日，
海军上将雷德尔指挥德军对纳尔维克港内外的各个基地和航线发动了席卷
性袭击。参与战斗的德军队伍由海军中将威廉·马歇尔率领，包括战列巡

↑一位全副武装的法
国阿尔卑斯山地兵，
其装备中包括一对滑
雪板（尽管他们在挪
威几乎没有机会使
用）。这个负担过重
的步兵装备着一把手
枪和一把7.5毫米的
卡宾枪。他手上拿着
头盔，戴着蓝色的贝
雷帽

洋舰"沙恩霍斯特"号和"格奈森瑙"号、重型巡洋舰"希佩尔"号以及4艘驱逐舰。然而在到达纳尔维克港海域后，马歇尔却将原来的命令置于一旁而决定向纵深海域进发，以摧毁正从挪威撤退的盟军舰只。

6月8日，德军遭遇并击沉了盟军的一艘油船和一艘空的运输舰"奥拉马"号，放过了另外一条医用船"亚特兰蒂斯"号（考虑到战争惯例，作为回报，这艘医用船没有通过无线电报告德军的位置）。当天下午，马歇尔逼近了英国的航空母舰"光荣"号。让人难以置信的是"光荣"号竟没有战斗机护航，因而它很快便陷入了迅速靠近的德国军舰的包围圈。"沙恩霍斯特"号和"格奈森瑙"号在28 000码以外向"光荣"号猛烈开火，炮火击中了"光荣"号，"光荣"号顿时陷入一片火海之中。护卫"光荣"号的两艘驱逐舰——"阿卡斯塔"号和"热情"号试图遏制住德军战斗巡洋舰的攻势，但很快便被击沉。不过在"阿卡斯塔"号沉入海底之前，它所发射的一枚鱼雷则击中了"沙恩霍斯特"号，炸死了48名船员并使之严重损坏。尽管英国驱逐舰表现得非常英勇，但它们已无法扭转"光荣"号被击沉的命运。在这次战役中，英军损失了1 515名士兵，只有43人得以幸存。

德国海军的损失

"沙恩霍斯特"号受损后，德军的这次冒险行动也宣告结束。"希佩尔"号早已被派往特隆赫姆港加油，而"沙恩霍斯特"号则歪歪斜斜地驶回港口。雷德尔严厉地斥责了马歇尔的大胆妄行，并下令由另一名海军中将卢特金斯取代他的职位。"格奈森瑙"号被派来做"沙恩霍斯特"号的护卫舰，然而6月23日，它却被英国潜艇"克雷德"号所发射的鱼雷击中。两艘战斗巡洋舰在码头上瘫痪了数月时间。

德国海军所蒙受的严重损失，是盟军可以从这场灾难性的战争中获得的唯一切实的安慰。德国10艘驱逐舰和3艘巡洋舰被击沉，而另外3艘巡洋舰以及两艘战列巡洋舰则瘫痪在码头达数月之久。这些损失意味着德国海军在法国沦陷后，在接下来国防军最高统帅部入侵英国的计划中所能发挥的作用将是微乎其微的。

抛开海军方面的损失不说，德军对挪威发动的入侵基本上算是大获全胜。无论是从计划的制订还是从计划的执行角度来看，德军在陆、海、空三种战斗中都显示出了他们的优势，这一点与英军形成了鲜明的对比：英军没有能够突破其传统的单一作战模式的限制。不幸的是，这次战役彻底向德军暴露了法国和英国军队的弱点。战争的后果是德军的士气在持续高涨，而盟军的政治首脑们则热衷于口舌之争，法国人执意认为应将挪威战役的惨败归咎于英军。

英国首相内维尔·张伯伦是挪威战役一个重要的政治牺牲品。自5月中上旬英军从安达尔斯内斯和纳姆索斯撤退后，对于张伯伦的战争指挥调度，议会里的不满情绪已达到最高潮。尽管张伯伦抵挡住了5月8日针对他的一场责难，然而很明显，议会对他已经失去了信心，最终张伯伦被迫辞去首相职务。

具有讽刺意味的是，接替张伯伦的人是英国介入挪威事务的罪魁祸首温斯顿·丘吉尔。但温斯顿·丘吉尔成功地将英国从挪威战役惨败的余波中解脱出来。5月10日，丘吉尔入主唐宁街10号，成为英国新一任首相。而就在同一天，德国军队对西欧发动了进攻。

↓特隆赫姆港附近的一座军营里，被俘的英军士兵正在排队等候领取午餐。在他们的周围，遍地都是被丢弃的钢盔。虽然在战役中被俘的盟军士兵相对较少，但德国的宣传机器却向世界广播了他们被监禁的消息

5

低地国家的沦陷

1940年5月，荷兰和比利时军队对德军的突袭束手无策。德军发动了一系列的空袭行动，数周之内，西欧的低地国家纷纷投降。

1940年5月第一个周末之前，盟国情报部门报告说德国最近可能会向西进攻。由于此前数月已有类似的报告，所以盟军指挥官们并未太在意这些新情报（如果空中侦察好一些的话，就会发现在德国边境后方已集结了大批德军部队）。实际上，一名法国轰炸机飞行员在执行夜间飞行任务（只是一次向杜塞尔多夫散发传单的演习）时，就曾报告说发现了一列绵延100千米的车队正在接近阿登地区。此外，瑞士情报部门也指出最近莱茵河上已建起了8座军用桥，这已明显地向盟军指挥官们暗示了德国采取军事行动的可能性。

对于希特勒和国防军最高统帅部的将领们来说，决定何时袭击的主要因素是天气状况，天气必须足够好，才能允许空中行动，因为德国的进攻行动主要依靠空中支持。5月7日，在入侵低地国家的战役被拖延数次之后已经变得愈加不耐烦的希特勒警告戈林，只允许再拖延一次。两天后，空军的气象站站长告知希特勒，第二天的天气很适合作战。

尽管大多数德国军队都已知道大规模进攻不久就要来临，但是直到1940年5月9日21时，表示第二天进攻的暗号"但泽"才被送至各个部队。还在这年早些时候梅赫伦事件发生之后，希特勒就要求德军行军必须高度保密，因而直到进攻当晚德军才知道具体的行动时间。5月9日晚些时候，

←←海因茨·古德里安上将：德国装甲部队的设计师兼指挥官。1940年摄于法国。他在阿登的突破决定了法国及其盟军的命运

希特勒在柏林一个车站踏上专列前往德国西部明斯特莱弗尔出席在最高统帅部举行的会议。

德国的侵略准备工作

荷兰和比利时的情报部门都有可靠的军事情报来源，5月9日晚他们知道战争已是在所难免——荷兰和比利时边境沿线都有大量德军行动及其他准备开战的迹象。在布鲁塞尔，比利时政府拖延片刻后，于5月9日23时15分发出全国戒严令，并将这一决定告知其英、法两国盟友。与此同时，荷兰也已从其驻柏林使馆的武官处获悉德国的进攻企图，于是荷军准备炸掉其前线桥梁以阻挡德军前进。但是由于通信不便，许多荷兰前线部队尚不知晓这一情况。

德国的入侵发生在盟国政治上极为艰难的时期。在英国，内维尔·张伯伦政府正处于崩溃边缘，国会议员们正在挑选张伯伦辞职后的新首相。与此同时，法国政府也是危机四伏，总理保罗·雷诺和法军总司令甘末林差一点辞职。英国的危机以温斯顿·丘吉尔的当选而化解。但在法国，雷

↓图中荷兰的军事堡垒暴露了盟军当局的心态：他们希望有形的障碍物能阻止德军入侵，但如果发动袭击，这些防御工事就足以击退入侵者

诺获悉德军将要进攻的消息后，决定留任并要求甘末林继续担任法军统帅——虽然他对这位统帅的军事能力不大信任，而且以后数周的事件也表明甘末林确实缺乏军事才能。

B 集团军群

德国 B 集团军群（由费多尔·冯·博克上将指挥）奉命入侵荷兰及比利时中部。尽管博克的军力已被削减（令其极为懊丧）以支持德国 A 集团军群主攻南部，但该军所起的作用对德军的全面胜利仍是至关重要的。派给博克的是两支已从波兰战役中获得宝贵战斗经验的部队：第18集团军（由乔治·冯·屈希勒尔将军指挥）以及由以前的第10军重新整编而成的第6集团军（由沃尔特·冯·赖歇瑙将军指挥）——该军两年后由保卢斯指挥，在斯大林格勒战役中全军覆没。

第18集团军奉命入侵荷兰并尽快摧毁荷兰的武装力量。分配给屈希勒尔的装甲师是所有德军部队中最弱的，即人员不足的第9装甲师，而且其大部分装备都还是几乎要被淘汰的 I 型及 II 型坦克（只有38辆重型坦克）。但第18集团军也有一张王牌：德军空降部队主力。库尔特·施图登特率领的第7空降师——后来在克里特战役中一展身手——是空降军中的精锐部队，它起初是陆军编制，后转归空军指挥。该师训练有素，士气高昂，士兵的斗志和战斗力弥补了重武器缺乏的弱点。德军空降部队的另一精锐力量是第22空降师，它属于步兵编制，该师经过训练的士兵可用运输机或滑翔机运送装备及人员。

这两个师将负责攻占荷兰内部的战略要地——桥梁、机场及政府大楼，并等候地面部队的到来。在最近的挪威之战中，利用空降部队的效果不错，但这是他们第一次成为从空中进攻一个国家的主力。

分配给第6集团军的是埃里希·霍普纳将军的第16装甲军，其下有两个装甲师。他们将驶过"马斯特里赫特阑尾"（即荷兰一块处于德国和比利时之间的狭长领土），并打破比利时设在阿尔伯特运河沿线的主要防线。一旦装甲师突破这一防线，步兵师就将长驱直入比利时中部，与英法

低地国家战役示意图
1940年5月

↑ 1940年5月9日深夜，也就是德国对低地国家发动进攻前的数小时，德军特种部队奉命先夺取了斯塔夫洛特、鲁尔蒙德和根讷普的几座主要桥梁，并坚守在那里，等待进攻的主力部队；随着德军装甲师开往北海，特种部队的秘密行动继续进行

先头部队交锋。

　　B集团军群的28个半师将由艾伯特·凯塞林将军指挥的第2航空队进行空中支援。凯塞林曾是资深炮兵军官，后被调入空军，为德军最新式装备提供更好的指挥。

德军开始进攻

　　5月10日黎明，德军战机从各个机场起飞开始发动入侵行动。英国和荷兰海岸遍布地雷；荷兰、比利时和法国的机场都遭到袭击，道路及沿线后方的铁路枢纽也遭到袭击。起初空袭主要集中在荷兰，"亨克尔"型和"道尼尔"型轰炸机飞过北海，然后贴近荷兰海岸去轰炸荷兰政府所在地海牙，以及辛波尔（在阿姆斯特丹）机场、卑尔根和瓦尔港（鹿特丹）。尽管情报部门事先已经多次发出警告，荷兰军队仍被打得措手不及，几分钟内其大部分空军力量就都已被德国空军摧毁。

　　第22空降师的主要目标是夺取海牙，俘获荷兰政府和皇室成员。该师贵族出身的指挥官冯·施波内克考虑到可能需要请威廉明娜女王到场讨论

↓德军袭击鹿特丹。入侵的最初数小时内，一架容克Ju—52型运输机在荷兰港口上空投下其运送的空降部队

投降条款，于是他准备了一整套制服。德国的计划是保住瓦尔肯堡、雅本堡和奥肯堡的机场，以免在包围首都之前惊动海牙当局。但是由于在晨曦中很难确定机场的位置，致使许多按计划要为主力部队占领机场的空降部队从容克Ju-52型运输机上跳下后，落地点与其目标相距甚远。随着德军运输机逼近机场，荷兰军队开始警觉，并立即开火。在雅本堡，由13架飞机组成的飞行中队只有两架幸存。在其他机场，由于荷兰军队已在那里设置了路障，加之被击落的容克Ju-52型运输机的残骸正在燃烧，一波波陆续赶来的德军飞机无法着陆。施波内克负伤，其手下士兵要么阵亡，要么被俘。在与第2航空队讨论了这一形势后，施波内克放弃了占领海牙的计划，改令其受创部队去东南方支援对瓦尔港的进攻。

↑德军容克Ju-52型运输机在荷兰一目标上方投下空降兵。德军运用"三面作战"的战术令荷兰和比利时军队大吃一惊，他们疲于应付这些空降部队，在后方造成混乱

在这次入侵的开始阶段，第7空降师的运气则要好得多。着陆的空降部队攻占了鹿特丹南部的瓦尔港机场、默兹河上的莫尔迪克大桥，以及多尔莱希特镇。同样重要的是，轻武器装备的德军空降部队能够抵挡住荷兰军队的反击并守住这些要地。

第一天战斗中最大胆的军队调遣要算是夺取鹿特丹的威廉姆斯桥的行动。当第一抹曙光微现时，12架"亨克尔"水上飞机载着150名步兵和战斗工兵，在鹿特丹港口中心区的默兹河上降落。这些水上飞机驶向威廉姆斯桥，然后将这些部队投入橡皮艇中。德军夺取了大桥两头，但他们随即便遭到荷兰军队的猛烈炮击，若不是德军空降部队赶来增援，德军就有可能被逐出。5月10日一整天，双方为争夺这座大桥进行了残酷的战斗，遭受重创的德军勉强守住了阵地。最后，从瓦尔港赶来的增援部队保证了桥上力量的对垒向德方倾斜。

↑一名德军空降兵正准备登机。1940年，他穿着空降兵的标准装备，背上背着降落伞。他为了保护双手戴了又大又厚的皮手套。德国空降兵训练有素，他们的专业知识和胆识加速了荷兰和比利时的沦陷

但是直到德军地面部队到达时，空降部队和空投的步兵才能够发挥出其助攻作用。德军主力不得不穿越荷兰中部，其中包括穿越德国边境附近的默兹河，因此如何保住默兹河上的桥梁也就成为德军指挥官这时首要关注的问题，希特勒本人也对整个计划很感兴趣。间谍和反间谍活动向来令希特勒着迷，早在1939年11月他就建议士兵们身着荷兰军装行动。谍报局（即德国军事情报局）的首脑卡纳里斯上将奉命组织了一次欺诈行动，在偷来荷军制服之后，他开始训练执行这一任务的特种秘密部队。这支部队被称为"勃兰登堡连"（后来规模扩大），这支秘密部队由能够在敌后工作、具有特殊语言技能的志愿者组成。

为了攻占默兹河上的3座主要桥梁——奈梅亨、鲁尔蒙德和根讷普，"勃兰登堡连"制订了详细计划，但是结果只有夺取根讷普桥的行动取得了成功。5月10日拂晓，看守根讷普桥的荷兰士兵看见一群身着荷兰警察制服的人（这些人实际上是荷兰的法西斯分子或会说荷兰话的德国人）正押送一群德国"犯人"（身藏手榴弹和半自动枪）向大桥走来。接着双方发生了混战，荷兰守军寡不敌众，随后德军装甲部队便越过了桥上的防线。

"勃兰登堡连"的指挥官瓦尔特中尉是第一批从兴高采烈的希特勒手中接受骑士勋章的人之一。因为荷兰平原对德国军队开放了，第9装甲师的坦克（由摩托化的党卫队支持）碾过根讷普桥后，就沿着默兹河沿岸驶向鹿特丹。虽然第9装甲师的装备落后，只有中型的Ⅲ型和Ⅳ型坦克（当时德国军队拥有的最好的坦克），但德国装甲师应该不会遇到什么实质性的抵抗，因为荷兰缺乏反坦克武器，而且没有自己的坦克。

与法军的第一次交锋

就在德军驶向鹿特丹的同时，法国第7集团军（由吉罗将军指挥）的

德国容克Ju-52型运输机

装甲先头部队正沿着比利时海岸线前进，按照指定的"戴尔计划"中的"布雷达方案"进入荷兰。但当吉罗到达布雷达时，他发现并无荷兰军队与其会合，因为荷军已北撤保卫遭到德军空袭的鹿特丹。吉罗分散了兵力。在5月11日中午左右法军在鹿特丹南部蒂尔堡附近遇到了德军第9装甲师的先头部队。法军对这么快就与敌军不期而遇感到十分惊讶，他们退却了。在德国空军的袭击之下，法军后退并撤出鹿特丹，留下荷军与德军交战。实际战斗仅仅进行了两天，甘末林曾经大肆吹嘘过的"布雷达方案"就这样流产了。

　　5月12日，德国装甲部队及党卫队与不堪重负的空降部队会合后，死守其毗邻鹿特丹南部的阵地。现在德军地面部队发动对荷兰第二阶段进攻的路线已经清晰可见——进攻荷兰腹地，包括其主要城市如鹿特丹、海牙、乌得勒支、阿姆斯特丹。由于德军此时已经完全控制了荷兰领空，第二阶段的行动就显得轻松多了。

↑德军的容克Ju-52型运输机最多能运载18名全副武装的士兵。这种运输机性能可靠灵活，是德国空军的运输主力军，在整个战争的各个战场上发挥着重要作用，它被德军士兵亲切地称为"钢铁安妮"或"容阿姨"

埃本·埃马尔

　　默兹河在荷兰之战中曾是德军的一大障碍，德国第6集团军进攻比利时也遇到了相同情况。比利时的主要防线建在马斯河和阿尔伯特运河沿岸，为了深入比利时内陆，德军必须占领马斯特里赫特宽阔地带上的几座木桥。这个地带有默兹河和阿尔伯特运河交汇的一系列错综复杂的河道，整个地区防守森严，比利时第7步兵师下属有不少于3个团的兵力在把守。突破防线的关键是埃本·埃马尔要塞，当时的军事观察家们都认为这一要塞是欧洲最严密的炮兵阵地。

　　比利时人相信埃本·埃马尔要塞足以抵挡至少数天或数周的进攻。该

↑一名德军伞兵拖着伞绳从一架容克Ju-52型运输机的侧面跃出进行低空跳伞。德国降落伞有一个相对较高的终端速度，很难控制，因此，诸如扭伤和脚踝骨折之类的小事故是相当常见的

要塞位于阿尔伯特运河西岸，形状大略呈三角形，有深沟和几乎垂直的斜坡保护，此处防守的武装炮塔和暗炮台中配有两门120毫米口径的大炮和16门75毫米口径的大炮。但是此处守军的想法却还停留在1914—1918年第一次世界大战的思路上，而且这一要塞还有两大致命缺陷：第一，其火力无法覆盖整个马斯特里赫特地区；第二，这一防线本身经不起空中打击，而德军正是要从空中发动袭击。

希特勒对于袭击埃本·埃马尔的提议有着极大的兴趣，他不顾德军总司令部甚至是更为顺从的国防军最高统帅部的疑虑，批准了用滑翔机着陆夺取要塞（及毗邻的桥梁）这一大胆的方案。虽然空降部队可能无法足够准确地在这样小的目标上降落，他们降落后重新组织行动也会让守军有更多的时间进行防守，但是由于滑翔机具有无噪音的优点，可以在距要塞和桥梁20千米处由运输机抛出。

滑翔原本是战前德国一种普遍的消遣运动，由于《凡尔赛条约》限制德国使用常规军用飞机，德国空军就开始对飞行员进行基本的滑翔训练。结果，在埃本·埃马尔要塞战中，德军召集到一大批能够进行准确飞行的优秀滑翔机飞行员。

关键因素还是行动时机。由于滑翔机飞行员需要很高的可见度来看清目标，所以希特勒不顾军队的种种反对，决定于凌晨3时到5时30分执行侵略计划——那时将会有足够的光线让滑翔机在要塞安全着陆，并能保证有足够多的部队完成行动任务。

沃尔瑟·科克上尉负责指挥424名伞兵（该部队将乘42架滑翔机飞向其目标）在高度机密的条件下开始进行该行动的训练工作。该部队成员被隔离开来，不能外出或与其他部队人员讲话。他们经常被调动训练，使用假番号——先是在苏台德地区的捷克要塞进行进攻演习，后又在格莱维奇一带废弃的波兰要塞进行训练。

中空炸弹

越过比利时防线，让军队在埃本·埃马尔要塞实施空降只是德军侵略计划的第一步。一旦成功着陆，德军面临的将是加固的钢皮圆屋顶和钢门，而这些障碍足以抵抗普通士兵乘坐滑翔机所能携带的设备。解决这个问题的办法就像过去把人送到堡垒的交通方式一样新奇。第一次世界大战后不久，德国科学家们就研制出一种中空炸药用作军事武器。多年以来，炸药工程师们已经知道，如果把一块中空炸药放在一片钢板旁，那么引起的爆炸会在钢板上炸出一个大洞。德国以及其他国家的科学家后来发现，若用薄金属围出一圆锥形空隙，则其爆炸火力能将钢板炸出一个更大的洞。德国的中空炸药分量轻，便于滑翔机部队携带，而且对钢板的破坏作用不逊于重其数倍的常规武器。

奉命袭击埃本·埃马尔要塞的德国伞兵部队配备了50千克中空炸药，该炸药可以放在旋转炮塔上，引爆后能炸穿厚达30厘米的钢板。炸出的洞不会很宽，但目标板溅起的金属碎片以及滚滚的爆炸气流带来的冲击波却会摧毁装甲保护的任何设施，特别是藏在目标后面的人。5月10日的进攻将是中空炸药第一次在战争中使用。

夺取埃本·埃马尔要塞的任务由鲁德洛夫·维齐格中尉领导的伞兵部队工程连负责完成。维齐格这样描述为这次战斗所进行的最后一次训练：

> 我们已经进行了反复操练，我们人员不多——连飞行员在内才85人，在飞行中不允许

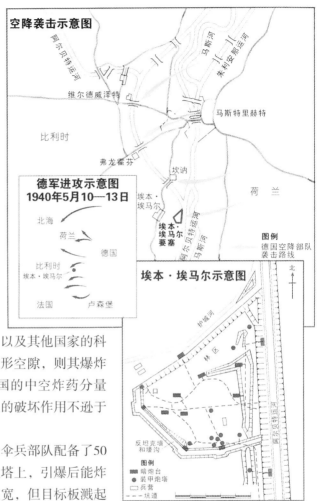

↑1940年5月10日刚刚拂晓，一队不到60人的德军空降兵利用滑翔机在埃本·埃马尔要塞附近着陆。该要塞位于马斯特里赫特区南部数英里处，是比利时防线的关键所在。比利时军方本以为埃本·埃马尔要塞由700人的精锐部队驻守，在反坦克壕沟和城墙保护下，夹在阿尔伯特运河的峭壁之间，几乎是一夫当关，万夫莫开。但是德军登陆几分钟后，这一要塞就已瘫痪，主要的几门大炮被炸。征服比利时之路打开了

有任何损失——都必须遵守命令。我们已研究过空中照片和按比例所做的沙盘模型，深信最初的突袭必须集中在重点设施上。首先，我们得摧毁所有在野外开火的步兵武器及防空机枪，然后的目标是大炮，尤其是指向北方（朝着大桥）的大炮。速度最关键，因为在前60分钟内，如果没有配合好的话，以后敌军的防守就会越来越强，那样一来，一切计划都会泡汤。

滑翔机进攻

5月10日清晨，科赫分遣队的滑翔机开始降落在包括维尔德韦泽特和弗洛恩霍温两地大桥的防线上。这些大桥横跨阿尔伯特运河，位于马斯特里赫特区以西。

德军利用飞机突然出现所造成的混乱（许多比利时人还以为这些是战斗中所用的常规飞机），切断了炸桥火药的导火线以及周围的电话线。但在马斯特里赫特区南面的坎讷桥上，德军的登陆就不那么顺利了，那里的守军炸掉了大桥，使得德军伤亡惨重。

在清晨的薄雾中，突袭埃本·埃马尔要塞的11架滑翔机遭到守军的机枪扫射。但是突袭所造成的混乱已经足以让德军空降工程兵顶住机枪扫射

↓一架容克Ju-52型运输机在海牙和鹿特丹之间某处被击落。在这一阶段的战斗中，德国空降兵损失惨重

从滑翔机中出来，并以很少的伤亡战胜比利时枪手。然后，空降部队将中空炸药装入机枪的小炮塔中引爆。由于笨重的120毫米口径机枪下的小炮塔太厚以至于无法使用中空炸药，而在特制的柱形炸药被推入膛口后，引爆时却又塞住了机枪后膛，其中5个小炮塔当场变成哑炮，爆炸气流炸开机枪外壳，将下面的机枪炸得粉碎（枪手要么受伤，要么被炸死）。

夺取埃本·埃马尔要塞的战斗持续了一整天。虽然数量上占优势的守军没能杀出重围，但他们也坚决拒绝投降。伞兵部队朝通风井投下炸弹，并用可携带的火焰弹轰炸机枪阵地。德军原先的计划是空降部队炸平碉堡屋顶后进入要塞，在地面部队到达之前顶住守军的反击，但是由于周围地区的比利时炮兵开始炮轰要塞，而附近的比利时步兵部队也加入了战斗，再加上德国地面部队原计划通过坎讷桥增援埃本·埃马尔要塞空降部队，而该桥被炸，因此战斗持续了一整夜。5月11日晨，一队德军工程师乘坐充气艇设法越过阿尔伯特运河。随着越来越多的德军增援部队通过其余大桥陆续赶来，比利时驻军不得不投降。

德军的胜利

希特勒对于攻下埃本·埃马尔要塞很高兴，给空降部队颁发了多枚奖章，维齐格和科赫都荣获了最高荣誉骑士勋章。侵入阿尔伯特运河防线是重要的第一步，这样赖歇瑙的第6集团军就可以开进比利时内地。盟军原本料想比利时军能守住其防线4～5天，这样英法联军就能有时间冲上来占领戴尔防线，可是德军仅用了36小时就突破了这一防线。

德军获得的第二个优势是心理上的。由于滑翔机在完成其使命后便仓促地撤出了埃本·埃马尔要塞，所以运用中空炸药的细节还是个秘密。这么强大的要塞为何竟会如此轻易地失守，这一问题令盟军迷惑不解，特别是法国人开始怀疑对其至关重要的马奇诺防线是否真的牢不可破。再加上戈培尔火上浇油地提到"一种新式进攻"，这被人说成运用毒气，从而加剧了不确定性。结果更是极大地加剧了低地国家平民的不安。

盟军对5月10日早晨德军入侵的消息做出的反应是必须实施"戴尔计划"。当日7时，甘末林将军命令第1集团军群开进比利时。北面充当盟军左翼的是吉罗将军的第7集团军，他们迅速越过弗兰德斯，在试图与荷兰军队在布雷达会合失败后，到达谢尔德和泽兰入口处。由洛德·戈特勋爵领导的英国远征军抵达沿戴尔防线位于卢万和瓦夫尔之间的阵地，这一阵

↑荷兰一自行车营的指挥官。领章上的两星一杠表明其军衔为中校。其衣领上的蓝色镶边和自行车车轮图案显示了他服役的兵种。由于荷兰大部分地势平缓，自行车成为机械化行军的有效替代工具

↑夺取了坚固的埃本·埃马尔要塞后，筋疲力尽的德军伞兵部队为这一辉煌胜利欣喜若狂，他们正在暂时休整。他们独特的头盔和迷彩服清晰可见

→一一队推着自行车的德军步兵进入低地国家，去防守已被空降部队占领的阵地

地刚好在比利时军队南面。

英国远征军右面是布兰查德将军的第1集团军，该军已奉命接管瓦夫勒和纳慕尔之间的防线。克拉普将军的第9集团军打算坚守在防线中心部位，这样其左翼部队就能控制沿默兹河（法国人称荷兰马斯河）到那慕尔的防线，而其右翼则保持原位。亨茨格将军的第2集团军原地不动，防守唐彻里和龙古扬之间的一段防线。"戴尔计划"动用了盟军的大部分部队，调集了41个师和60万人填补英吉利海峡和马奇诺防线之间的真空地带。由于盟军的许多精锐部队都被调来执行这一计划，因而如果该计划失败，那么必将给盟军带来灭顶之灾。

虚假战争数月期间毫无动静，盟军上阵战斗后反而有一种轻松的感觉。艾伦·布鲁克中将这样描述他当时不相信战争迅速降临的感觉："很难相信在这样一个春光明媚、万物复苏的日子里，我们正跨出第一步，去参加历史上最大的战役之一。"行军很有秩序，反映出前几个月里盟军参谋们努力制订的计划很周密，但是甘末林部队的行军和思路却还像第一次

↑这是一辆法军所用的"夏尔"B1重型坦克。它是1940年法军所用的最有威力的一种坦克，配有厚重的装甲和一门47毫米口径的反坦克火炮，一门75毫米口径、低射速的高爆大炮。但对德军来说，幸运的是这种坦克很难驾驶，在法国步兵部队中的数量很少，战斗中根本没多大作用

世界大战时一样：他们虽然能够相当有效地按原计划行动，却对5月11日德军突破荷兰和比利时边境这些事件反应迟钝。

法军的弱点

法国布兰查德将军的第1集团军的先头部队是由勒内·普里奥将军率领的骑兵部队，该部队装备精良，由两个轻武器装备的师组成。骑兵部队进展顺利，法军坦克于5月11日抵达"戴尔计划"中的冈布鲁阵地，但是普里奥对于该处防线状态之差感到十分震惊。该处原先是由比利时人负责建设，但是由于战前中立的限制以及担心激怒德国人，盟军并未巡查该地的防线情况。与此同时普里奥又接到德军已突破阿尔伯特运河的消息。在他的部队和步步进逼的德军之间是毫不设防的田野，而这正是装甲部队行动的理想地形。普里奥向上级报告了他的忧虑，甚至建议放弃"戴尔计划"而采取最初在埃斯卡防线部署的计划。普里奥的意见被驳回后，布兰查德将军接到上级指示，要他迅速向戴尔防线前进，以保证比预计的5月15日提前一天到达指定位置。

德军总司令部接到盟军开往比利时的消息后很是高兴。B集团军群入侵低地国家的首要目的，用英国军事作家巴兹尔·利德尔·哈特的话来说，就是"挥动斗牛士的斗篷"吸引盟军的注意力，声东击西以达到进入阿登地区的目的。希特勒为此欢呼道："我简直喜极而泣；他们真的掉入了我布下的陷阱！"当德国第18集团军按照计划毫不费力地占领了荷

兰后，冯·赖歇瑙将军仍然坚持其第6集团军必须牵制住比利时中部的盟军，以防止盟军一旦发现德军真实意图后重新在阿登地区部署。当时令德军欣喜的是，盟军对德军的策略一无所知，盟军的注意力仍然集中在比利时中部的战事上。

盟军缺乏空中支持

在德军设法守住马斯河和默兹河上足够多的桥梁以后，对盟军来说至关重要的就是如何用飞机摧毁这些桥梁，但是盟军空军的反应极为迟钝，缺乏效率。法国害怕德国空军会报复巴黎和法国东北部其他城市，拒绝向德国本土发动空袭，而此时成队准备突破盟军防线的德军装甲车正是最易遭袭的时候，因为这些装甲车正停在路上等待时机出发。5月11日，英国皇家空军"辉煌战斗连"的轻型轰炸机袭击了马斯特里赫特附近的桥梁，但它携带的炸弹不足，难以完成任务——该连缓慢的进攻速度也令其无法抵挡保卫这些关键桥梁的德军发动的防空反击。比军15架参与行动的飞机中仅有5架返回。

↓ 标在荷兰一路口的纳粹标志，这是为了向德国空军表明该地已处于德军控制之下。在如此快速的推进中，德国空军很容易把自己的部队和敌人的部队混为一谈

12日，英国皇家空军和法国空军先后奉命袭击马斯特里赫特附近的桥梁，因为这些桥梁可以使霍普纳的装甲车开进比利时平原。英国皇家空军的"布伦海姆"型轰炸机于凌晨发动突袭，但是9架执行任务的飞机中有7架被德国战斗机击落。中午，数架法国"布雷格莱"型轰炸机以只有树高的高度做低空飞行，德军猛烈而准确的防空炮火使它们损失惨重，无功而返。这一天最后的进攻由英国皇家空军的"辉煌战斗连"发起，他们浴血奋战，几乎全军覆没，只有一架战机负伤返回。

这次进攻的战果仅是打坏了维尔维泽特桥上的一个支架。德军士兵对一名幸存的俘虏说："你们英国人简直疯了。我们周五清晨就占领了这座桥，而你们却给我们整个周五、周六的时间绕这座桥架起高射炮。到周日一切准备就绪后，你们才想起要炸毁这一切。"德军士兵的评论总结了盟军在应对德军入侵时所犯的主要错误。

加斯托会议

因为在德国入侵之前这一段时间内，盟军未能有效地进行领导和组

↓一列德国坦克在荷兰的一条路上前进。虽然只分配了一个装甲师来征服荷兰，但它在消灭敌军的强项和为轻武器空降部队提供必要的力量方面发挥了重要作用

英国II型步兵坦克
（"玛蒂尔达"）

SCORPION

织抵抗，所以5月12日，盟军在位于第一次世界大战时蒙斯战场附近的加斯托一个城堡内匆忙召开会议以图挽救局势。与会者有比利时国王利奥波德及其参谋，法国外长达拉第、乔治将军和比洛德·戈特勋爵的参谋长亨利·鲍纳尔爵士。但是这次会议却未能做出必要的指挥部署，它只交给戈特一个模糊的任务，那就是让他担任乔治协调政策方面的代表。实际上，比利时和英国的统帅部只能靠自己行动了。法军最高统帅部未能对弱小的盟军进行有效的指挥和建议或是协调以对付德军进攻，这将在未来造成严重后果。

　　在加斯托会议召开期间，荷兰的军事形势正在急剧恶化。在该国北部，德军已跨过格罗宁根抵达祖伊德尔海东海岸。在荷兰中部，德军地面部队正朝德文特和阿纳姆推进（这些地区前一天已被德军伞兵部队占领），而且不久就将逼近马特莱希特和阿姆斯特丹。在南部，德国第9装甲师已经与12日晚占领莫尔迪克桥的空降部队会合。荷兰现在已被德军成功地切成两半，而且由于吉罗的法国第7集团军向西撤出，荷兰军队不得不独自对付德军。

　　5月13日，德军猛攻鹿特丹和威斯汀的荷兰守军。让德军第18集团军统帅屈希勒尔吃惊的是，由于荷兰军队的顽强抵抗，致使德军的进攻进展缓慢。德国陆军总司令部向屈希勒尔施加压力，命令他迅速打垮荷兰军队，以腾出手下部队用于其他地方正在进行的战斗。13日夜，屈希勒尔下令"尽一切手段突破鹿特丹防线"。

↑广为人知的英军步兵坦克II型被称为"玛蒂尔达"，之所以这么命名是因为这一I型的变体匆匆瞥去极似一个叫"玛蒂尔达"的卡通鸭子造型。尽管该坦克行动迟缓，并且只配备了一个发射0.9千克重的炮弹的轻型火炮，但其厚重的装甲足以抵挡这一时期德军的坦克炮攻击

↑德军迅速对其空降部队的功绩进行大规模宣传，想要进一步瓦解盟军士兵的斗志。图中，德军伞兵们正在接受中立国媒体的采访，旁边是一名被俘的盟军士兵

荷兰投降

5月14日，荷兰军队承认再也无法抵抗下去，于是便与德军开始了停火谈判。现在德国空军已经完全掌握了空中优势，为了使荷兰彻底屈服，一支60架"亨克尔"He-III型轰炸机编队奉命轰炸鹿特丹市中心。当德军和荷兰军队还在继续谈判时，这些轰炸机已经隆隆而至。荷兰恳求德军轰炸机撤出，但这些请求却未被理会。"亨克尔"He-III型轰炸机轰炸这一未设防的城市达20分钟之久，结果造成火灾和大量财产损失——据统计有78 000人因空袭而无家可归。在这一恐怖混乱的时刻，荷兰官方宣称共有3万人丧生，尽管其实际数字只有不到900人。这一夸大的数字立刻使德军在心理上占据了优势，并在西欧各大城市中造成了极大的恐怖气氛。比利时和法国平民的士气又一次遭到打击。

同一天晚些时候，荷兰最高统帅温克尔曼将军接受了德国提出的无条件投降的要求，荷兰军队奉命于15日晨缴械投降（尽管泽兰地区的抵抗持续到5月17日）。这样，仅仅战斗了5天，荷兰就战败了。荷兰海军的船只连同威廉明娜女王及其政府流亡到英国继续进行抗战，他们在那里与荷兰商船会合。这些商船拥有300万吨的海运能力，这些船皆由盟国管辖。

在开始入侵低地国家的时候，德国空军本来可以集中火力打击荷兰迫使其迅速投降，但是现在德国的侵略逐渐掉转方向，瞄准了对比利时的战役。从5月12日起，盟国就开始报道越来越猛烈的德军进攻行动，尤其是"施图卡"式轰炸机发起的进攻，这些轰炸机担任霍普纳第16集团中第3和第4装甲师的先锋。在比利时军队从阿尔伯特运河（和从阿登地区）的阵地撤往戴尔防线上的阵地后，真正对付步步进逼的德国装甲军的就只剩下皮鲁指挥的骑兵部队了。

法国骑兵部队中的两个师——第2和第3师配备了H-35轻型坦克，平均每个师约有175辆这种坦克，因此法军在坦克数量上要略逊于装甲编制的敌军各师。法德双方武器的质量几乎相等，主要区别在于德军在战场上使用坦克的战术意识要更胜一筹。

第一次坦克战

5月12日，在汉努特镇一带，德军和法军的先头坦克部队开始交

↓一辆德国Ⅱ型坦克在德龙特海姆附近的一条公路上待命；旁边是战死的盟军士兵尸体。尽管只装备了一门两厘米口径的轻型主炮，但它速度很快，也很可靠

英国QF-2反坦克炮

↑英国远征军的主要反坦克武器，它能发射0.9千克重的炮弹。该炮笨重且无法从正面穿透厚实的德军坦克装甲。到德军进攻时，该炮性能已过时，其大多数在敦刻尔克撤退时被丢弃

火——这是此次战役中的第一次坦克战。虽然这次战斗不具有决定性的意义，但德国装甲部队未能达到目的，而法国骑兵部队则守住了阵地。第二天重新交战时，双方的装甲部队进行了全面的坦克战。主要战斗发生在汉努特西面的梅尔多普村。德军对法军坦克（能挡回远距离射出的炮弹）的厚重装甲印象深刻，但是德军装甲部队拥有高超的操作技巧，他们能找出法军坦克的弱点。德国一位军官这样评论法军在梅尔多普的战斗："事实上，他们单打独斗，组织松散，而不是在统一领导之下联合作战。而且他们也不懂得如何利用数量和力量上的优势。"

这天战斗结束时，双方都伤亡惨重，但是由于皮鲁的指挥部面临被摧毁的危险，所以他被迫下令撤退。在夜幕掩护下，法军从比利时反坦克防线背后的佩尔韦撤出坦克。虽然皮鲁拖住了德军第16装甲军（即第6集团军的先锋）的前进势头，但是他自己部队的状态已不再适合不久之后的独立行动了。

阿登地区受到威胁

5月13日，东北前线的总指挥乔治将军接到德军穿过阿登地区默兹河上游的报告，报告指出这可能是一次大进攻。法国第9和第2集团军处在德军进攻的正面，有被德军包围的危险。13日晚，又有报道说身体状况极差的乔治将军已经处于病危边缘。由于盟军通信线路不畅，此时的甘末林将军和法国政府仍不知道比利时南部前线形势的严峻性。

5月14日，德国第6集团军逼近戴尔防线。进攻该防线的指挥官赖歇瑙将军接到指示："15日进攻卢万和那慕尔之间的敌军阵地以防止盟军在此处集结。"换言之，戴尔防线上的盟军将会遭到袭击，并会因在此处遭到第6集团军的突袭而无法有秩序地撤退。德军装甲师和步兵师袭击了根布鲁地区的法国第1集团军后向法国防线迅速推进，但是阿穆将军的第4集团军和皮鲁受创的骑兵部队发起猛烈的反击，并击退了德军。赖歇瑙不得不于16时30分下令停止进攻，他希望第二天用一种更为正统的各个击破策略继续组织进攻。

在北部，德国第11集团军向英军在卢万一带的阵地发起进攻。德军成功地攻入该城，却很快就被英军第3师（由中将伯纳德·劳·蒙哥马利指挥）逐出。在战斗中，英军可发射27千克炮弹的大炮虽然陈旧却很有效。5月15日晚，所有德军在戴尔防线上的进攻都被击退。尽管强大的德国空军不断发起进攻，但应该说这一地区的盟军这一天打得很漂亮。

5月14日至15日，德国A集团军群的装甲部队渡过默兹河，攻入不设防地带，从而从侧翼包围了盟军在戴尔防线上的阵地。15日晚，比洛特将军做出一项重大决定，命令盟军放弃戴尔防线。根据甘末林的"戴尔计划"，盟军将退至埃斯考特河一线（舒德），并在该地采取防守行动。在此情形下，这原本可能是只对法军将领公开的决定，但是盟军糟糕的指挥链又一次导致英军和比利时指挥官只听说第二天撤退的消息，而且是通过他们自己的联络官才获悉上述决定的。

↓1940年5月，由于德军迅速侵入比利时时，许多道路被堵得水泄不通。图中一名军警在主要路口指挥车辆给战斗部队让路

撤退的后果

可以理解比利时人是

怀着多么苦涩的心情接受撤退命令的，因为他们不得不将其大部分领土拱手让给侵略者。比利时军副参谋长德鲁索将军对此评论道：这个命令犹如晴天霹雳，接着比利时就投降了，这成为我对这次战役最糟糕的记忆。

广大官兵听到撤退命令后都惊呆了，但是我们现在却不得不去为执行这个命令而做必要的准备。

盟军从戴尔防线上退出是一个相当困难的部署，因为沿线盟军还在与德国第6集团军交战。到现在为止，盟军之所以还能大体有序地撤往埃斯考特河防线是由于德军前进速度相对缓慢。此时德军第16装甲集团军已经撤往南方归A集团军群指挥，该集团军群10个装甲师中有9个部署在西面。霍普纳的坦克则运走了第6集团军的大部分过桥设施，致使在遇到流经该地区的许多运河和河流时，步兵部队行进艰难。

盟军撤退面临的难题是德国空军不间断的空袭和越来越多的难民。不停地轰炸大大削弱了盟军的士气。一位法国将领这样总结普通士兵因无力反击空袭而表现出的无助情绪："我们根本不是敌人的对手，因为我们没有防空武器。数小时的轰炸中看不到一架法军或盟军飞机的影子，这是我们丧失胜利信心的重要原因之一。"

德国空降部队的进攻，再加上德国空军的狂轰滥炸，在荷兰、比利时和法国民众中造成极大的恐慌，而政府发布的存在"第五纵队"的警告也在无意中加重了这一恐怖气氛。易受恐怖宣传影响的人们开始在一些最

不可能的情况下似乎看到了德国的"伞兵部队"，在这种气氛下就连修女和神父也都被当作纳粹间谍遭到逮捕。

对于德军侵略的恐惧——其本身的威胁就已足够大了——导致大批难民的出现，成排的难民堵住了道路，数百万人向西逃难（200万荷兰和比利时难民，可能还有多达500万的法国人）。这些难民对于正在撤到新阵地并急切等待增援部队的盟军来说，简直是场噩梦。虽然英国远征军已经事先制订了一些有组织撤离的计划，但他们却发现自己几乎被难民潮给淹没了。布鲁克将军这样描绘当时的困境：

> 许多妇女都已精疲力竭，许多人在鞋破的地方塞入褐色纸。行政长官告诉我，这是我们已经转移到西面的80万人。他们已经遭遇了德军，有谣传说那里已没有盟军部队了。所有这些缺乏食物和睡眠并恐惧到极点的难民又一次如巨浪般涌来，顿时阻塞了所有的道路，其实此时军队的通行至关重要。

5月19日，盟军顶着上述难题完成了撤到埃斯考特河防线的任务。比利时军队负责从泰尔讷普到奥德纳尔德一段的防线（该地曾是马尔伯勒公爵取得胜利的地方），其兵力共有11个师和7个预备师。英国远征军驻守从奥德纳尔德以南到法比边境的埃斯考特河沿岸（舒

←←1940年5月英国皇家空军一位"惠特利"重型轰炸机飞行员正准备起飞。他身穿含充气式救生带和降落伞的欧文"Harnisuit"装。"惠特利"型轰炸机像许多英军装备一样，战争爆发时性能已经过时，但是在1942年之前仍被用于前线。1940年3月19日，"惠特利"型轰炸机成为自1918年以来第一次轰炸德国的英国皇家空军飞机

↓德军的防空炮兵正在开炮。德国武装部队使用的88毫米口径的大炮具有很强的通用性，必要时可以用来对付地面目标。他们对坦克特别有效，因为坦克的装甲对于传统的反坦克炮来说太厚了

德），该线上有7个师和1个预备师，尽管戈特开始重新在其右翼部署军队，以防止德军从南面发动进攻。

尽管在戴尔防线上的行军很疲劳，回来后又遭遇猛烈空袭，英国远征军仍然状态良好。法国第1集团军的遭遇比英军更艰难，但在遭到德国第6集团军的主力突袭后，法军也状态不错，尽管第1集团军右翼与法国第9集团军在失去联系后缺乏支援。皮鲁的骑兵指挥官们惊讶的是其大部分士兵已被分配到各个部队给步兵师提供武装支援后，无法再形成一支独立作战的力量。

法军瘫痪

↓比利时官员走过被德军轰炸毁坏的铁路。空军在拦截轰炸中起到了关键作用，阻止了盟军增援部队的行动

法国最高统帅部不能审时度势采取前后一致的抵抗行动，也无法发布一致的命令来对抗德国的威胁，这打击了战场上所有英法指挥官的信心。英军高级将领埃德蒙·艾恩赛德将军在5月17日的日记里写下了自己对法军的感觉："我们仿佛生活在一个满是傻瓜的天堂里。我们在很大程度上依靠法军的力量，但这支军队却几乎已经崩溃。此刻仿佛历史上最大的灾难就要发生了。"

由于英国远征军指挥官戈特勋爵已经数天未从其名义上的上级比洛特将军那里接到任何命令，英军不知道法军将会怎样来遏制德军入侵法国。从5月19日起，戈特对其军队的安全忧虑重重，特别是在与比洛特谈话时，他意识到法军没有足够的办法来反击不断前进的德军。19日，他警告作战指挥部他可能不得不考虑从欧洲大陆撤军了，但为了法国盟友的利益，他将此行动视为下策。

也是在5月19日，甘末林将军被解除总司令职务。他的顶头上司再也无法忍耐了，雷诺用马克希姆·魏刚取代了甘末林——魏刚立即从叙利亚飞回。这次统帅变动对盟军特别不利，因为魏刚需要时间来了解战争形势，而留给盟军的时间已经不多了。

德军抵达英吉利海峡

5月20日晚，古德里安的坦克抵达英吉利海岸。仅仅10天之后，德军就已经分隔了盟军部队，切断了比利时军队、英军以及法军主力同南面大批法国军队之间的联系。正如艾恩赛德将军所担心的那样，盟军正在眼睁睁地看着灾难降临到他们头上。

↓ 1940年5月22日，一支筋疲力尽的比利时炮兵部队从卢万撤退。经过不到两周的战斗，比利时军队已濒临崩溃

6

德国装甲部队长驱直入

德军迅速而又强势地长驱直入阿登地区；盟国对如此之快的突袭震惊不已，几乎已无力抵抗德军的前进。

1940年5月9日晚，A集团军群的指挥官及部队接到进攻西线的命令。冯·龙德施泰特的A集团军群由45个半师组成，有3个集团军：第4集团军（由克鲁格将军指挥）、第12集团军（由李斯特将军指挥）以及第16集团军（由布施将军指挥）。A集团军群的进攻由其3个装甲军和助攻的摩托化步兵师担任先锋。他们不仅将碾过敌军前线，而且将通过向敌人领土猛烈开火取得突破，但是如果他们的行动失败，那么整个德军的进攻也就将化为泡影。

由海因茨·古德里安的第19装甲军（第1、第2、第10装甲师加上增援的"大德意志步兵团"）和莱因哈特指挥的第41军（包括第6和第8装甲师）组成的克莱斯特的装甲集团军是进攻的主力。这两个军都由冯·魏特夏将军的第14摩托化军进行支援。虽然古德里安以德军第一坦克专家而著称，但他火爆的脾气使他只能听命于较为谨慎的埃沃德·克莱斯特将军。

担当克莱斯特装甲集群北翼护卫任务的是霍特的第15装甲军（第5和第7装甲师）。第7装甲师的指挥官是当时尚默默无闻的埃尔温·隆美尔少将，他在波兰战役期间已经指挥过希特勒的警卫队作战。虽然是步兵出身，但隆美尔对装甲部队在波兰战争中的表现印象深刻，于是他向希特勒请求并获准指挥一个刚刚升级的轻武装师。短短几个月时间，隆美尔就掌

← ← 德军在阿登高原地区取得突破的后果之一是盟军的彻底失败并从敦刻尔克撤退。在这里，英国皇家"乌尔斯特"步枪队的士兵正在敦刻尔克一临时码头上等待渡海

握了复杂的指挥装甲部队的技巧。在接下来的战役中，他将从一批原有的装甲将军中声名鹊起继而名声大振。

法国守军

抵抗德军侵略的是两支力量薄弱、装备不佳的法国军队。一支是第9集团军（由克拉普将军指挥），它包括4个步兵师、两个轻摩托化师和两个骑兵师。另一支是第2集团军（由亨茨格将军指挥），它包括5个步兵师和两个骑兵师。这两支军队都缺乏正规编制，大都是劣质的预备军或要塞师，并且缺乏反坦克炮和防空炮。第9和第2集团军都归比洛特将军的第1集团军群指挥，而从战争开始起就劳累过度的比洛特更关注北面比利时平原的战况。

5月10日清晨，大批装甲部队蜿蜒通过阿登地区，越过德国边境线进入比利时和卢森堡。德军装甲师有多达2 000辆坦克和数千辆其他车辆，这

↓隆美尔的第7装甲师正在深入法国，空中有一架德军侦察机在头顶掩护

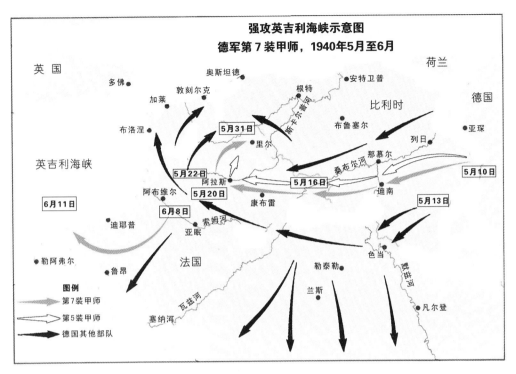

么多车辆一时难以行动，于是发生了军事史上最严重的交通阻塞。据龙德施泰特的参谋部统计，装甲部队绵延160千米。交通不畅是德军最高统帅部最为忧虑的事情，德国人担心盟军会察觉德军通过阿登地区进行侵略的计划，而且长而固定的纵队是空中打击的绝佳目标。德军用坦克设置了强大的保护屏障。奇怪的是，盟军的空中行动却是出奇的少，因为法军对空中侦察没有兴趣。

↑1940年5月10日，德军对法国和低地国家发动大规模进攻。埃尔温·隆美尔少将指挥第7装甲师担任前锋，从阿登地区一直打到英吉利海峡

德军的计划

德军行动的一个特点就是其绝佳的参谋规划，即确保不出现后勤故障，并尽可能顺利地进攻。德军在所有路口都部署了军警，由他们指挥交通并按事先计划好的程序进行。损坏了的车辆被无情地推出道路。第1装甲师的一位坦克手这样形容部队行进的情况：

> 随着时间一分一秒地流逝，道路上渐渐变得更热闹了，越来越多被困在艾弗尔高原的部队开始前进。我们追上行军的、骑马

的纵队。在这个不安的夜里，发动机的噪音刺激着人的神经。驾驶员必须集中精力，否则就会跌入沟里，外面漆黑一片。

一旦德军进攻的消息传到盟军最高统帅部，法军最高统帅甘末林将军就会执行"戴尔计划"。根据甘末林的指令，克拉普的第9和第2集团军的骑兵部队奉命迎击任何可能从阿登地区入侵的德军。由于盟军深信德军将主要通过比利时中部入侵，所以部署骑兵也主要是为了侦察德军在这一地区的活动。5月10日，法国第9集团军的骑兵遭遇德军坦克部队，法军不战而败。第2天，法军骑兵与德军装甲部队又展开数次交锋。法国第2集团军的第2和第5轻骑兵师损失惨重被迫后撤，第9集团军的骑兵部队也被迫撤到默兹河沿岸。

到了5月11日，盟军已经发觉德军正在通过阿登地区，但还不知道进攻的德军数量和意图（盟军指挥部收到的情报是，这只是德军要将盟军注意力从比利时中部的主要战场移开而展开的佯攻——其实德军的意图恰恰相反）。第1集团军下属的空军指挥官达斯捷将这次进攻称为"一次活跃

↓坐在总部装甲指挥车中的古德里安。这使他能够与前线部队一起前进，但也能通过无线电通信与其他部队和陆军总部保持联系

的挺进"。盟军最高统帅部对这些情况一直反应迟钝，他们只是采取了
"监视情况"的策略。

古德里安的进攻

　　当第15（由霍特指挥）和第41（由莱因哈特指挥）装甲军比较顺利地
朝第一个重要障碍默兹河开进时，古德里安的第19装甲军则正在穿越色莫
河灌木丛生、河岸陡峭的山谷。虽然古德里安的部队遭到空袭，并且法军
正从默兹河上的色当一带用155毫米口径大炮不断进行远程炮轰，但德军
越过色莫河的行动却进行得很顺利。之所以会这样，主要是因为法军撤退
时不够协调，所以德军步兵能够渗入并绕过法军的优势兵力进行突袭。5
月12日，古德里安在色莫河岸上一个旅馆里筹划挺进色当的方案时遭到法

↓一门德军150毫米
口径的野战炮正朝法
军阵地开炮。开火
前，每发炮弹都从蜡
盒中拖出（底部右
方）。蜡盒是用来在
运输中保护炮弹的

军炮袭，他幸运地死里逃生。他后来回忆道：

> 突然发生了一连串的爆炸，另一场炮击来了。似乎一个内有引信、炸药、地雷和手榴弹的弹药库被炸起火了，一个爆炸接着另一个爆炸。挂在我书桌正上方的野猪头掉了下来，差点击中了我；其余战利品都也掉了下来，我面前那扇窗户被炸得粉碎，玻璃碎片从我耳旁呼啸而过。

抵达默兹河

5月12日，第1和第10装甲师的主力通过阿登地区到达默兹河，兵临色当要塞（色当是1870年普鲁士取得对法军决定性胜利的地方）。夜间，法军退出色当（河的东岸），炸掉了默兹河上即将失守的桥梁。古德里安缺少炮兵，而此时第2装甲师还在其他两个部队后面，古德里安不知道自己是否应在第二天马上进攻色当，但他的上级克莱斯特已经获悉该河一边看似强大的法军防线并不完整，遂主张他立刻发起进攻。古德里安接到命令时，上司保证德国空军在第二天会全力支援进攻，这会帮助古德里安解决进攻时缺乏炮兵的问题。

5月13日中午，法国守军遭到开战以来最猛烈的轰炸。一波又一波的俯冲式轰炸机，包括轻型和中型轰炸机、战斗机涌入法军阵地，

↓伪装好的德军划着充气筏过河。德军已经专门为渡河过程中可能遭遇的法军和低地国家的袭击做了准备，德军步兵进攻时很好地利用了这些轻便的充气筏

而法军则只有第55和第71步兵师的B级预备军编制，大多数士兵都是"又胖又懒散并已30多岁的人"。德国空军的重击对德军胜利起到了关键作用，负责突袭默兹河的部队密切地关注着这一切。第1装甲师的一位高级官员一直看着自己的俯冲式轰炸机如何逞雄，他事后这样回忆道：

> ……就在这时，它们（飞机）像猛禽一样扑向猎物，然后朝目标投下炸弹。我们可以非常清楚地看见炸弹，连续不断的弹雨呼啸着落在色当和附近的掩体阵地上。每次爆炸都是铺天盖地，震耳欲聋。这一切混合在一起，再加上"施图卡"俯冲式轰炸机俯冲时拖长的尖叫声，炸弹呼啸着冲下来，爆炸声在周围震天动地响成一片。敌军乱成一团，此时仍有更多的德国空军中队飞来，然后冲下来轰炸同一个目标。我们站着注视着这一切，像被催眠中的幻觉一样，一切都像地狱一般。

"施图卡"俯冲式轰炸机的重要作用还有心理上的。实际上它们在多山多灌木的默兹河西岸造成的伤亡相对较少，但是对于经受这种轰炸的惊慌失措的对手来说，似乎每一架飞机都是冲着自己来的。一位法军军官描述了对他的部下的影响：

> 炮手们停止开火，趴在地上，步兵们缩在壕沟里，被炸弹爆炸和俯冲式轰炸机的尖叫吓得目瞪口呆。他们没有跑到反坦克炮前予以回击。他们唯一关心的是缩起头来以求活命。5个小时的噩梦足以让他们吓破胆，他们根本无力反击敌方步兵的进攻。

令盟军闻风丧胆的"88"型防空炮

在轰炸期间，德军88毫米口径的防空炮经常被用来打击水域附近的敌军。虽然该炮是为了击落飞机而设计的，但其高速小弧度的炮击对于歼灭敌军坦克来说却是再理想不过了。

5月13日16时，德军飞机返回基地，法军炮兵被打哑了。此时第一波攻击部队开始渡过默兹河，"大德意志步兵团"和第1步枪团（来自第1装甲师）开始乘充气式进攻筏渡河。虽然有些船在渡河时被击沉，但到达河

↑在入侵法国期间，德国战斗机飞行员们成绩斐然，并且将在对英作战时继续如此表现。战斗机飞行员——日克韦德上尉脖子上戴的是德国最高荣誉——骑士勋章，这反映出他战绩骄人。他到1943年5月战死时已取得了135次胜利

对岸的船已足以建造起第一阶段的桥头堡。德军步兵精锐部队杀上河岸的斜坡，捣毁沿途掩体和其余设施。"大德意志步兵团"的士兵们注意到，法军没有进行任何抵抗就从弹药库之类的防守阵地撤退了，因为法军士兵担心自己会被杀死或被俘虏。"大德意志步兵团"的一位军官这样描述此次行动中士兵们必须具备的速度和自救能力：

> 　　我们不能停止：我们必须在白天拿下目标，然后为装甲部队整修道路，不能给敌人任何喘息的机会。准备了第二个弹药盒后，我们马上又布置出反坦克炮的位置，新来的突袭部队这时也冲了上来，机枪队从左边的步枪手位置向下扫射，这样才能使整个连继续前进。掷弹兵又一次冲了出去，他们爬上斜坡穿过坑坑洼洼的乡间小路，穿过带刺铁丝网构成的路障直到法军背后。他们从山脊后面向法军开火，机枪和手枪射出的子弹弹无虚发，手

↓德军乘橡皮艇冒着战火过河。当他们过河时，船和人变得非常容易受到敌人的火力攻击，尽管战友会提供火力支持

榴弹在前方爆炸了；我们不顾敌军强大的火力，我们更没有时间休息。先头部队已经占领了敌军的阵地，他们与我们并肩作战，战斗在疯狂地进行着。

混乱的法军

法国防线开始崩溃，幸存者逃往后方报警。5月13日20时后，在离色当8千米的布尔森村，法军重炮兵连一片大乱，他们毁掉了大炮和弹药，逃往后方。其实这时只有几支德国步兵部队盘踞在默兹河西岸，德军所有的坦克和重武器都还没有过河，但是对德军进攻的恐惧已使得法军乱成一团。

到了午夜时分，德军已经渗透至色当南面，古德里安命令工程兵在河上架起浮桥，让坦克和炮兵过河。第1装甲师已经向前推进并占领了战

↓ 菲泽勒Fi-156"鹳"式飞机被德国军队用作侦察机和轻型多用途飞机。因中一架菲泽勒Fi-156"鹳"式飞机正飞过一队在法国战斗期间进行短暂休整的德军坦克。下方坦克是捷克制造的38式坦克，1939年德国吞并后从捷克斯洛伐克获得

一一一队法军炮兵正准备将一座155毫米口径的火炮运到第2集团军前线。虽然法军在炮术运用上历史悠久，却未能阻挡德军渡过默兹河并插入法国广阔的乡村

略要地——马菲高地，而第1步枪团在短短的数小时战斗之后也已侵入10千米。到5月14日早晨，第19军已经安全地建成了一座桥头堡，它能够为随后的突围集结兵力。

5月13日下午，龙德施泰特的第41装甲军的第6和第8装甲师越过蒙特梅附近的默兹河发起进攻。但他们缺乏空中支援，而这一点在古德里安的进攻中已被证明非常重要。此外，他们在进攻中还遭遇了法国第9集团军少数正规编制之一的第102步兵师的顽强抵抗。德国步兵在坦克炮的支援下继续进攻，他们的炮火能够直接打到法军防线的豁口和炮台。德军想在河岸上建立一个立足点，却被钉在那儿，不利的地形以及法军的顽强抵抗挡住了德军的前进步伐。

稍北面，霍特将军的第15装甲军于5月12日至13日夜间抵达迪南一带的默兹河，由隆美尔少将的第7装甲师打先锋。由于法国守军不断开火，德军无法渡河。隆美尔努力维持他明显动摇了

的军队的士气。而随着清晨的薄雾开始消散，德军又处于新一轮火力攻击之下。为了掩护士兵前进，隆美尔赶到前线命令部队点燃附近房屋以制造烟幕。不过即便是采用了这个办法，隆美尔也不得不承认："我赶到那里时，形势很不妙。我们的船一艘接一艘地被法军夹攻的火力毁掉，过河行动停滞不前。"

虽然主攻停止了，但前一晚上第7摩托营的侦察部队发现默兹河上迪南南部的一个堤堰不仅完好无损而且无人驻守。尽管负责这段河流的法国军团指挥官知道这个情况，但是他派去的营却没能执行命令。德军士兵在隆美尔的鼓励下，走过这个堤堰的步行桥并在对岸建起了一个不稳固的立足点。5月13日，当法军试图消灭德军的这个立足点时，德军的摩托营努力地坚守着，但在"施图卡"俯冲式轰炸机不断的攻击下，防御步兵未能与第4轻骑兵的坦克配合，最后被击退了。

越来越大的德军压力

到了13日下午，默兹河上的隆美尔部队得到坦克和炮兵的增援后，法国守军的抵抗开始减弱。这次战斗再次证明坦克在摧毁掩体方面非常有效。据第25装甲团的柯尼希上尉所述："坦克炮的火力是75毫米口径的大炮，以及错落有致、

←←德军一运输人员的车辆遭到法军炮火袭击。在战役开始阶段获得的领土上，德军的伤亡非常少

开火迅速的20毫米口径机关炮。大炮和机关炮很快就产生了效果。士兵们像在训练时一样开火，没有一个目标或敌军的可疑行动会逃出他们的视线。"这天结束时，第7装甲师的工兵们已经建起了一座浮桥。到5月14日早晨，15辆德军坦克已经顺利过河。

落后的盟军战术

　　13日的行动对德国装甲部队来说至关重要：他们越过了横亘在他们与不设防的旷野之间的主要障碍。尽管他们的三个桥头堡都很小，却已足以令其为第二阶段的战斗集结兵力。

　　盟军对德军进攻的反应还是基于第一次世界大战时的遏制理论，法国增援部队直指前线，但盟军不是立刻作战炸毁德军的桥头堡，而是停下来等待德军下一步的行动，这就使德军得以喘息。5月14日一整天，德军坦

↓武装党卫军利用浮桥将一门步兵炮划船运过河。这是武装党卫军第一次被广泛用于战斗，他们多数情况下打得不错

克和其他车辆安然渡过默兹河。唯一真正的威胁来自空中，当时法国及英国空军正在轮流袭击默兹河上的桥梁。14日，大约有200架盟军飞机抱着近乎自杀式的决心突袭色当一带的浮桥。但是就像德军已经在荷兰马斯特里赫特河流沿线的桥梁上建好了防线一样，他们在色当一带也如法炮制。盟军在德军的防空炮和神出鬼没的战斗机的打击下损失惨重。到这天结束时已有85架盟军飞机被击落，而德国装甲部队则仍在继续过河。

　　地面上，法军最高统帅部开始启用战略预备军。该预备军虽然由于"布雷达计划"而被削弱，但还有两个强有力的装甲师。5月14日，分配给亨茨格的第2集团军的第3装甲师奉命进攻色当的桥头堡。由于该装甲师需要重新添加燃料，因此向色当行进缓慢，而且当该师接近目标时，上面的命令又改变了。于是该师又奉命采取防守战术，并将坦克沿18千米的前线展开。

↓英军在路旁休息，
等待与德国陆军交战

一一失败的面孔：一位丧失斗志的法军士兵被拉去做俘虏之前凝视着镜头

稍北面，第1装甲师奉命向迪南前进，但其进展也慢得要命。据一位法国观察家记载："他们花了很长时间才到达阵地，因为途中道路上挤满了逃亡的部队和平民，该装甲师7小时内只前进了32千米。因为缺少汽油，所以那天无法战斗。指挥官被迫取消原先的计划。"此时第15装甲军团正在建立迪南桥头堡阵地。法国第9集团军的克拉普将军得知第1装甲师停止执行命令的消息后，便命令该师在发动反击之前等待第4北非步兵师前来支援。

德军胜利通过默兹河令克拉普大吃一惊。到5月14日晚，他开始考虑从默兹河后撤至一个新的"终止线"。在法军防线稍南面，第2集团军指挥官亨茨格将军命令其左翼在色当进攻中受挫的部队向南撤退。结果在两路法军之间空出一个很大的空隙，而古德里安的第19装甲军团正准备从色当桥头堡杀入这一空隙。

↓法军S-35中型坦克是1940年盟军拥有的最好的装甲车辆：它行动迅速，易于操作，装甲完备并配备了一座47毫米口径的大炮，该炮既能打出普通炮弹，又能发射高爆炸弹

古德里安计划让第1和第2装甲军团向西袭击并包围法国第9集团军的右翼，而让第10装甲师和"大德意志步兵团"采取一种守势战略，拖住法国第2集团军的左翼。5月15日开始对法军第21军作战时，德军第10装甲师的坦克还没到位，结果大多数战斗都由以"大德意志步兵团"为首的步兵部队完成。法国第21军包括第3摩托化师，并有第3装甲师的坦克支援，从理论上来说，这一强大兵力本可以给古德里安的左翼造成沉重打击，但

法国S-35中型坦克

↑德军38式轻型坦克越过不设防的法国领土。38式装备了第7和第8装甲师，受到德国装甲部队的好评

是已被分散的法军坦克以及坦克从属于步兵战的要求使这次胜利化为了泡影。

法军的反击

5月15日，法国第21军小心翼翼地展开进攻，他们在前进时遭到"大德意志步兵团"的反击。白天，战斗围绕着山顶上的斯通内村展开，大部分时间都是德军反坦克炮和法军坦克之间的战斗。法军第3装甲师重达32吨的B型坦克是一种可怕的武器，其厚重的装甲是德军37毫米口径的反坦克炮所无法穿透的。但是为了阻止法军突破德军的斯通内防线，"大德意志步兵团"利用其高超的战术击退了一次又一次的法军坦克进攻。第14反坦克连指挥官贝克·贝洛克斯特因成功防守斯通内而荣获骑士十字勋章，他这样描述法军从村庄水塔附近的一个位置发起的突袭：

大约10辆法国坦克在一个宽阔的战线上并排开过来。驾驶员以每小时40千米的速度横冲直撞并不断开火。我们从水塔上开炮，3辆在道路中央的坦克被击中，立刻动弹不得，但是仍然保持着整个队列！决战开始了。在长达一个小时的战斗中，辛德朗的部队停止了开火，而侧翼炮则从水塔上和灌木丛生的山上开火，攻打该村的战斗停滞不前。在法军的猛烈进攻下，我们的一些步兵连逐渐崩溃。自动炮一次次奏效……4个重型步兵炮被拉到开阔的阵地上，从水塔中发射150毫米口径的炮弹。但法军没有让步，损失越来越大。一些反坦克炮虽然被打得伤痕累累，却还在继续射击。

在这10个小时的战斗进入高潮时，来自贝克·贝洛克斯特连的一个双炮组受到3辆法军B型坦克的袭击：

　　3辆重型坦克的炮火眼看着就要消灭这个反坦克组了，但该组却纹丝不退。一会儿，法军一辆大型坦克越过前线。左炮指挥官吉斯曼下士发现这辆坦克右边有一个小肋骨形状的东西：那显然是发射装置，而且不比弹药盒大多少。吉斯曼瞄准这个发射装置开火，火舌从坦克中喷射出来。于是德军两辆坦克都朝法军32吨重坦克的发射装置开火，不久法军左面的一辆坦克被打坏了。现在辛德朗带着仅存的一门大炮撤回村里。三辆32吨重的坦克被摧毁。

"大德意志步兵团"代表了当时德军的精华，德军此次防守的坚强斗志与法军在默兹战役时临阵而逃形成了鲜明对比。

奄奄一息的防守

15日快结束时，法军的坦克进攻虽然已经沿着第21军的前线伸展开来，却也开始引起德军注意。17时左右，"大德意志步兵团"的指挥官雷夫·冯·施维林上校向第10装甲师指挥官萨尔将军的报告，他的部队已被从斯通内赶出，而且处于"一种完全精疲力竭的状态，难以继续战斗"。对德军来说幸运的是，恰恰就在法军指挥官下令停止进攻时，德军第14摩托化步兵军的增援部队正陆续赶来。第二天，德军重新占领了斯通内。

第1和第2装甲师势如破竹，直插法国第9集团军右翼，德军暴露的左翼由"大德意志步兵团"和第10装甲师负责掩护。克拉普试图利用斯帕精锐的第3旅第152团（来自一流的第14步兵师）以及第53步兵师来堵住德军的去路。当德军第2装甲师从法军第53预备师的阵地中势如破竹地开出一条路时，德军第1装甲师却被斯帕的部队和第152团打得停滞不前。但到这天结束时，精疲力竭的法军也被迫撤出战场。这样古德里安的第19装甲军前面的最后一道法军防线也就被打开了。

不过沿默兹河向下，莱因哈特的第41装甲军却被法军的第41军困在蒙泰梅一带的桥头堡里。法军稳住了阵脚，承受着德国空军进攻的巨大压力。当克拉普命令部队退到"终止线"时，法军第41军开始四分五裂。5月15日上午，第6和第8装甲师的坦克从蒙泰梅冲了出来，他们碾过正在撤退的法军第41军的阵地，将法军冲得七零八落。

到这天结束时，先头部队的德军坦克已经前进到蒙科尔内，离默兹河

↓德军涌上一座山坡准备进攻法军的防守阵地。事实证明，德国步兵和他们的装甲部队一样具有侵略性

约60千米，离克拉普设在维尔旺的司令部仅有17千米。在向蒙科尔内前进的途中，莱因哈特的装甲部队遇上法军第2装甲师的精锐部队，该部队正在重新部署的路上，结果法军大部分炮兵装备都丢失了，坦克编队在被冲散后已无所作为。第2装甲师（法军三个完备的装甲师中仅存的一个）在还没投入战斗之前就这样被歼灭了。

↑法军的一个坦克兵向德军投降，身后是遍体鳞伤的B型坦克。尽管它装甲很重，但德国地面部队还是使大量的B型坦克失去了战斗力

不幸的时机

德军大举进攻的右拳——霍特的第15装甲军团，以隆美尔的第7装甲师为先锋，进行了同样戏剧性的出击。德军又一次迫使克拉普做出对德军有利的撤退命令，而当法军准备撤退时，他们遭到德军装甲部队的打击。法军第1装甲师预料到会有撤退命令，所以他们已经将炮兵装备撤到了后方，但在重新加油时，却遭到德军第7和第5装甲师的夹击。当德军使用方便的金属制液体容器添加燃料时，法军坦克还在很辛苦地使用易遭攻击的机动式加油机给坦克添加燃料，虽然法军坦克手发起反击，但也只是断断续续地进行一些抵抗。到5月15日时，第1装甲师作为一个战斗编制已被消灭，法国第11军的步兵在这次进攻中也惨遭失败。当天夜晚，隆美尔的坦克已经碾过菲利普维尔，远远地越过了克拉普越来越概念化的"终止线"。

法军失败主义的滋长

在5天的战斗中，克莱斯特的装甲部队和第15装甲军已经打败了法国第9和第2集团军的8个师，在法军防线上打开了一个宽70千米的缺口。法国第9集团军处于崩溃的边缘，其备受打击的指挥官克拉普于5月15日夜间接到了撤职令。他的继任者吉罗将军（从弗兰德的第7集团军调来）对恢复局势无能为力，并于5月19日就被德军俘虏。第一次战斗的惊恐之后，失败主义情绪就开始在大部分法军中蔓延并变得愈发严重。大批法军要么丢掉武器从战场逃跑，要么就不战而降，而且后面这种情况还越来越多。

第6装甲师的一名德国士兵在该师的战争日记中写下的一份报告，描述了看见一队法国士兵秩序井然地在军官带领下束手就擒的情景：

> 他们没有武器，头也不抬一下。他们在没有任何守卫的情况下自愿进入监狱。最后有两万人在这一天之内跑过来向我方投降。这些法军士兵和他们的军官怎么可能会完全失去斗志，而自愿做战俘呢？

↓尽管"梅塞施密特"Bf-110型飞机在抗击高效单引擎的战斗机（如"闪电"、"飓风"之类）时反应缓慢，但在进攻地面时很有用，这方面它跟夜间轰炸机一样成功

法军如此轻易地投降令德军士兵大吃一惊，他们本以为法军会像其父辈们在第一次世界大战中那样战斗。途经菲利普镇押送法军战俘时，隆美尔注意到："数以百计的法军摩托化士兵和其军官们从灌木丛中走出来，缓缓放下武器。他们中间有一些军官向我提出请求，例如，允许保留他们的勤务兵以及将其背包从菲利普镇取回。"

法军最高统帅部对德军通过阿登地区进行大举进攻的反应既迟钝又混

乱，主要是由于笨重的指挥链阻碍了对新情况迅速做出反应。

　　像以往一样，法军将领们沿用了第一次世界大战时陈旧的战法，他们假设德军能够攻入盟军战线，但总会受阻。1940年的法国将领们以1918年时的逻辑断言：德军最近的大规模进攻将最终丧失势头并被遏制，而实际上德军通过阿登地区发动的进攻势头此时正猛。

　　法军最高统帅甘末林将军直到5月13日德军装甲部队渡过默兹河时才意识到德军通过阿登发动进攻的严重性。但就是到了这个时候，他仍然相信通过派出预备军，形势就会得到"挽救"。但是法国战略预备军因其大多数最好的部队都被派去执行"戴尔计划"中的"布雷达方案"而遭到致命的削弱。在随后数天里，甘末林还想继续营造一个有信心的氛围。迟来的转折点发生在5月15日晚，当晚甘末林接到报告，称第9集团军实质上已崩溃，德军已抵达蒙科尔内。震惊不已的甘末林于是打电话给他的老政治盟友、现任外交部部长达拉第。电话打通时，美国驻法大使威廉·布利特正与达拉第在一起，他记下了两人之间绝望的电话通话。当甘末林说自己没有预备军抵抗德军进逼时，达拉第喊道："那么法军岂不是完蛋了？"

↑1940年，两名英国皇家空军战斗机飞行员在讨论战术。由于害怕英国受到攻击，英国皇家空军的战斗机司令部把大部分中队都留了下来进行本土防御；回想起来，这是明智的，因为这样飞机就可在不列颠之战中使用甘末林答道："是的，这确实意味着法军的毁灭！"

法国绝望的请求

当晚，法国政府直接向温斯顿·丘吉尔请求派更多的部队和飞机来支援法军。5月16日，丘吉尔飞到巴黎，目瞪口呆地听着甘末林讲述形势的严峻性。原本弥漫在法国政府和军方中的自满情绪被沮丧、绝望和恐慌所代替。法国政府唯恐德国的进攻目标是巴黎，所以正准备逃往图尔。丘吉尔注意到在甘末林解释法军困境时，"外面的奥塞码头的花园里大堆营火燃起了浓烟，我们透过窗户可以看到高级官员们正推着手推车将车上的档案扔入火中"。虽然丘吉尔不愿从英军防线调出飞机，但他还是承诺再派给法军6个空军中队。

与盟军相同，希特勒也有盟军所经历的不安。虽然德军前线指挥官有信心稳操胜券，但希特勒对法军装甲师的部署大吃一惊。尽管法军的进攻协调不佳，收获甚微（也许除了他们自己的毁灭之外），但这些进攻却向希特勒暗示这或许只是大反击的第一阶段。希特勒一贯喜欢赌一把，而德

↓随着德军的前进，难民们纷纷逃离家园。1940年5月和6月，成百万的难民堵塞了法国北部的道路，严重地妨碍了盟军的行动

国陆军总司令部的将领们则非常保守；但在5月16日至17日，当德国陆军总司令部总参谋长哈尔德将军认为盟军的力量不足以朝色当发动反击，他们只能眼看着德国装甲师长驱直入时，希特勒的态度这次却软了下来，他命令装甲师停止前进，等待步兵到来后再发动进攻。

5月15日夜间，古德里安接到克莱斯特的电话命令，在步兵赶上来支援之前推迟一切行动。古德里安在进行了强烈抗议之后，获准再前进48小时。5月17日晨，克莱斯特招来古德里安，简短地命令他必须遵守停止前进的命令。古德里安一气之下递交了辞呈，后来经过第12集团军指挥官李斯特将军的斡旋才软化下来。最后双方达成一道折中命令，古德里安在形式上接受克莱斯特（和德军最高统帅部）的权威领导，但是获准继续前进进行"火力侦察"。古德里安钻了这个空子，用整个第1和第2装甲师进行了"侦察"！

戴高乐的反攻

5月17日，当古德里安率军涌入法国时，夏尔·戴高乐上校则沿着德

↓德军步兵师在突破法军防线之后越过法国北部的不设防地带。对这些人来说，如果他们要跟上快速移动的装甲部队并巩固他们的战果，就必须进行艰苦的行军

军南部侧翼发动了进攻。戴高乐奉命指挥第4装甲师后，发现该师有名无实，仅有一些训练不足的坦克组和摩托化的步兵。当17日第一抹曙光浮现时，戴高乐朝蒙科尔内进攻并插入敌军防线长达32千米左右，然而在德军强大的空中和地面优势面前他也不得不停下进攻的脚步。戴高乐在其回忆录中写道："整个下午，'施图卡'轰炸机从天而降，不停地俯冲袭击我军坦克和卡车。我们无法进行反击。最后越来越多的德军机械化分遣队愈发活跃地开始在我军后方进行短兵相接的战斗。到夜幕降临时，法军已撤退，并俘虏了130个德军士兵。"

↓法国北部索姆地区，一辆法军B-1坦克已伤痕累累，其带有炮塔的75毫米口径的大炮清晰可见。与德国坦克不同的是，法国坦克没有大量的一起使用，因此对战场的影响小得多

两天后，第4装甲师又一次发动进攻，目标是塞尔河上的桥梁，该处对瓦兹河和亚眠河之间正朝西行进的装甲车至关重要。法军坦克几乎都快要碾过古德里安的司令部了，但是面对饿鹰般的俯冲式轰炸机发起的一次次轰炸，法军却不得不再次被迫撤离。由于乔治将军有令必须保住坦克，也由于受到德军包围的威胁，戴高乐只好将其受袭部队暂时撤到埃纳河后的安全地带。

已突破法军防线的德军装甲师现在乘胜追击。5月16日，隆美尔的部

队已经俘虏了约1万人，缴获100辆坦克，自己伤亡却很小。17日，装甲车抵达桑布尔河——瓦兹运河和利昂一线。盟军从所有前线全面撤退，此时德军也已注意到法军的抵抗正在减弱。由于希特勒和克莱斯特感到不安，古德里安及其坦克指挥官不得不于17时停止前进，但第二天他们又继续前进。德军正越过第一次世界大战时的旧战场。到5月18日晚，古德里安已抵达圣昆汀，而隆美尔也稳住了康布雷阵地（1917年英军坦克的进攻地点）。

德军增援

现在，"装甲通道"北面的盟军部队正在朝西撤退。为了防止盟军从该方向发动进攻，霍特的第15装甲军奉命巩固其在康布雷附近的阵地。此时隆美尔已说服其指挥官获准向前推进，并在5月20日占领阿拉斯周围的高地。就在18日，霍普纳的第16装甲军已被从B集团军群调来参加南方的大规模装甲突袭行动，该集团军负责守卫第15装甲军左边的阵地。A集团军群现在总共有9个装甲师以及6个摩托化师。

5月19日，古德里安和莱因哈特的几个师大部分时间都在运送供给、对阵地做小修补并准备最后冲入亚眠和英吉利海峡沿岸。由于装甲部队已经连续10天作战行军，它们须做短暂休整，然后准备给法军以毁灭性的打击。德军之所以能够前进得如此迅速，应该大部分归功于其装甲将领们的战术策略和决心，尤其是在像古德里安或隆美尔这些人的指挥风格与其敌人采取的缓慢且墨守成规的战法之间更是有着天壤之别。古德里安的参谋沃尔特·内林这样解释其指挥官如何指挥部队：

> 古德里安的工作方法很有趣，上午他会带上副官和提着无线电设备的通信兵，坐上一辆装甲指挥车出发，随行的还有一辆走陆路用的半履带车和两个骑马的传令兵。这样他就可以直接从前线指挥整个部队的行动。外出时他一直与我保持无线电联系。晚上他回来后总会召开一个形势讨论会。他的这些方法被事实证明很有效率，并被推广到整个坦克军。为了有助于短线通信，军部总是不遗余力地尽可能地跟随突击装甲师。

5月20日早晨，德军坦克又一次上路了。9时第1装甲师开进亚眠，第

→→德军机械化部队进军时遇到一队法军俘虏。虽然没有足够的军队监管俘虏，但是德军发现法国人居然出奇的顺从，因为德国人的前进速度已经破坏了他们的士气

2装甲师朝阿布维尔"跳蛙式"前进，其行军速度又一次令盟军震惊不已：英军一个炮兵连在操练场上被俘时只拿着空炮弹，因为那时炮手们正在进行开火演习，而一个英国皇家空军中队则因其恰在此刻开走飞机从而避免了被俘的命运。5月20日20时，第2装甲师的一个营开进海边小镇努瓦耶尔，坦克手们虽然疲惫却很高兴，他们现在可以眺望大海了。仅仅一天时间，他们就已经令人难以置信地前进了100千米。在头11天中，德军装甲车从法军防线杀出重围，前进了几乎400千米。他们给法军带来了致命的打击，令法军再也无法恢复元气。

希特勒喜出望外

此时，希特勒和国防军最高统帅部也都对自己竟能如此迅速而轻松地取得胜利感到惊讶。约德尔将军在其日记中写道："元首欣喜若狂。他看到胜利及和平都掌握在他手中。"确实，整个行动令德军决策者放松了警觉。他们还未制定出一套新方案来巩固并发展装甲军取

↑随着长长的尖叫声，一架"施图卡"式轰炸机投下炸弹——这对下面的盟军步兵来说是个令人泄气的画面

得的胜利。古德里安断言："在这个非同寻常的晚上，我们不知道应该继续向哪个方向前进，克莱斯特集群也没有接到任何有关以后进攻的指示。"

在接下来的两天中，德军在英吉利海峡的装甲部队除了在法国的战斗后做短暂休整之外，实质上没有任何行动。直到5月22日他们才接到命令，古德里安的装甲车继续向北行进，进一步缩紧围困法国第1集团军和英国远征军的"口袋"。古德里安预言："我们浪费了两天时间，但我们将要在敦刻尔克把这两天补回来。"

5月18日，甘末林将军最后意识到德军有穿越阿登地区的企图。与许多人担心的都不一样，德军的目标并不是巴黎，而是要在英吉利海峡将盟军切成两半。由于"装甲走廊"两边长长的侧翼使德军暴露在盟军的火力之下，甘末林在19日晨发布第12号秘密指示，协调从北面和南面的部队对该"走廊"发起进攻。但是对盟军来说不幸的是，这个计划晚了数天，现在已没有足够的机动部队去执行该计划了。

还在命令下达之前，甘末林就被法国总理雷诺撤去职务，并于5月20日由魏刚将军接任。魏刚是位73岁的老军人，他被从叙利亚召回以求最后一搏试图扭转法国面临的灾难局面。尽管年事已高，他仍是一个精力充沛的军人。虽然他拒绝"保证一定能成功"，但他将急需的决心带到了法军最高指挥部。由于他对甘末林计划的实用性感到担忧，所以他决定在自己视察前线之前取消这一计划，结果法国又一次浪费了时间——而此时已耽误不起时间了。

盟军的新计划

5月20日，英国陆军总参谋长艾恩赛德将军在与英国远征军指挥官戈特勋爵进行过会谈后，又与法国第1集团军群指挥官比洛特将军谈了话。

艾恩赛德像魏刚一样尚不知晓战斗的真实情况。戈特指出，他的大部分部队正在东面与德国第6集团军交战，所以他缺乏资源来穿越"装甲走廊"，尤其是现在该处正有奋勇前进的几个德军步兵师在进行增援。

戈特告知艾恩赛德，他正在计划发动一次有限进攻，用没有在埃斯考特河防线上作战的两个师攻打阿拉斯一带的德军。于是，艾恩赛德会见了比洛特和布兰查德（第1集团军指挥官），他对两位法军将领缺乏斗志而感到忧虑。他注意到他们处于完全沮丧的状态，他们虽毫发未损，精神上却早已被击败了，他们没有计划，甚至没有想到要制订一个计划。尽管艾恩赛德的评价不完全公平，但这至少表明他已了解到事态的严重性。在与比洛特的激烈辩论中，双方同意法军将支援英军21日的进攻。但是戈特对法军的承诺却没抱太大希望，并说："法国人永远不会进攻。"

英军现在可用的部队包括兵力不足的第5和第50师以及第1集团军的坦克旅，这些部队都由富兰克林将军指挥。但是由于部队需要驻守沿埃斯考特防线的阵地，兵力又被抽空，以至于只剩下两个坦克营和两个步兵营以及有限的炮兵和反坦克支持来进行此次进攻。坦克分遣队由58辆Ⅰ型和16

↓ 刚刚投降的法属殖民地士兵处于德国空军地面部队的监管之下。和英国一样，法国也有很多海外殖民地的士兵为他们作战

辆Ⅱ型坦克组成。这两种坦克都装备精良，但Ⅰ型坦克只配有一挺机枪，所以真正有效的进攻力仅限于具有可发射0.9千克炮弹的Ⅱ型坦克。虽然英军事先承诺会有空军掩护，但当天盟军一方却无空军前来支援，因而偌大的天空也就只能让给德国空军逞威了。

现在再回头去看，进攻阿拉斯的意义比起指挥部队进行战斗的富兰克林和马戈尔少校所预期的要大得多。他们那时的任务很简单：支持阿拉斯的驻军，堵住阿拉斯南边的道路，切断德军（通过阿拉斯）自东而来的通路。

法军的此次进攻本来应由奥特梅尔将军的第5军担当，可是在布兰查德的联络官沃特林少校告知奥特梅尔预定的计划时，他所得到的回答却是：第5军的状态不适合进行这样一次进攻。沃特林回去向布兰查德报告了一个令人忧心的消息："奥特梅尔将军看来完全累垮了，他彻底灰心，正在床上默默流泪。"20日晚，布兰查德告知戈特，奥特梅尔的部队直到5月22日才能行动，但是皮鲁的骑兵部队将会尽可能地提供侧翼掩护。

虽然皮鲁是法军中少数几个有能力而又决事果断的指挥官之一，但他的部队在上次激战中已经被耗尽了，而且此时又分散在各步兵编制中，因此他对第二天行动的贡献必然是有限的。但是尽管如此，戈特仍然决定进攻。

盟军落后的情报部门

盟军根本不清楚德军在阿拉斯南边的兵力情况，当时德军的兵力包括隆美尔的第7装甲师和武装党卫军的"骷髅"机械化步兵师，并有第5装甲师提供支援。当英军发动进攻时，隆美尔正带领其部队在阿拉斯侧翼展开行动。由于英军组织兵力速度缓慢，直到21日下午坦克才上路。盟军部队包括一队坦克营、一队步兵营，以法军第3轻机械化师作右翼，沿东南方向朝阿拉斯驶来——途中他们遭遇了隆美尔的第7装甲师。

右方的英国军队突然袭击了行进在杜桑的德军，隆隆前进而又强大的英军坦克一到，许多党卫军部队都仓皇逃窜。当英军进攻时，隆美尔和其参谋正在部队中间前进，他开始以其惯有的热忱准备改变威利村的形势：

> 敌军坦克的炮火在我军中造成一片混乱，士兵以及车辆挤满了威利村的乡间道路和院子，我们根本没有办法全力击退来犯敌

军。我们尽力稳住阵脚。通知各师成员突变的情况之后，我们驶往村庄西面1 000码处的小山上。我们发现那里有一个轻型的反坦克炮群设在山谷和一个小灌木丛中，而且大多数都披上了伪装。距我方阵地以西1 200码左右，冲在前面的敌军坦克（其中包括一辆重型坦克）已经越过阿拉斯–博梅兹铁路，并向我军一辆装甲车开炮。此处局势极其紧张，因为此处还有几辆敌军坦克非常接近威利村北面。远处，榴弹炮组的全体成员弃炮而逃。我命令全速射击这些坦克。由于敌军坦克距离很近，非常危险，只有每门炮都迅速开火才能挽救局面。不久我们就打得敌军领头坦克动弹不得。离我们这个小灌木丛西面约150码处，一位英军上尉从一辆重型坦克里爬出来，举起双手摇摇晃晃地向我们走来。我们已打死了他的司机。那边榴弹炮组旁边——尽管相距1 200～1 500码——我们的反坦克炮和防空炮开火迅速，已经成功地阻住敌军

↓帮助德军保卫敦刻尔克后，一队英国和法国战俘组成的混合队伍被赶往战俘营

↑第7装甲师指挥官
埃尔温·隆美尔将军
正在与下属讨论如何
处置俘虏的英法军
官。德军的快速推进
使得许多盟军高级军
官在法国被俘

并迫使其撤退。

隆美尔只描述了英军右翼的前进如何结束，实际上英军左翼部队进展
更大，该处英军攻占了数个村庄并越过了德军阵地。英军一先头部队甚至
抵达科赫河上的旺库尔——此次进攻的最终目标，但是由于缺乏后援以及
德国空军的干预，英军又被迫撤退。英军在这次进攻中前进了16千米，摧
毁了大量德军坦克、枪支和运输车辆，活捉了400多名俘虏。像前几次与
盟军装甲部队交战时一样，德军88毫米的高射炮极其有效地打退了英军坦
克。事实上，它们是装甲师中唯一能穿透英军Ⅱ型坦克正面装甲的大炮。
截止到这天战斗结束时，英军只剩下26辆Ⅰ型和两辆Ⅱ型坦克还能使用。
英军的进攻结束了。

阿拉斯战役的影响

英军进攻阿拉斯的重要性并不在于其实际行动——因为这只是一次
突袭——而在于它对德军心理上产生的作用。德军突袭的程度可以从隆美
尔21日晚的电报中看出："15时30分至19时，数百辆坦克及掩护的步兵进

行了一场非常激烈的战斗。"实际上，隆美尔把数量不多的英军错误地估计成了5个师。希特勒对局势非常担忧并把凯特尔派往阿拉斯重新部署军队。德国第7和第5装甲师处于守势，第6和第8装甲师也转而去东面支援阿拉斯一带的德军。

从此之后，德军行动开始趋于谨慎。龙德施泰特承认战役中只有此次进攻真正给他带来了忧虑。陆军总司令部的注意力从让古德里安冲击英吉利海峡转移到阿拉斯一带的防守上，这当然就给了盟军宝贵的时间，最终使盟军能够选择在敦刻尔克撤退。

虽然盟军这时尚不知晓德军已经缓和了其对装甲行动的态度，但是阿拉斯一带德军阵地的兵力再加上盟军无法协调行动让戈特相信，英国远征军要生存就必须撤到英吉利海峡的港口，然后撤回英国。

当英军在阿拉斯一带作战时，魏刚将军正在去往比利时会见盟军各指挥官的路上。前一天他已经向北飞过"装甲走廊"，并且花了很多时间寻找盟军高级指挥官。5月21日，魏刚建议在伊普雷召开法、英、比军司令会议。但当他抵达时，却只有利奥波德国王在那儿。比洛特下午晚些时候才到。戈特因为耽搁了行程，所以等他到达伊普雷时，魏刚已经离开了，这让后者相当恼火。

↓英军一些重型防空炮被遗弃在敦刻尔克的海滩上

夹击"装甲走廊"

魏刚的计划是同时从北面和南面夹击"装甲走廊"。首先，他命令比利时军队和法国第1集团军承担北面反击的主要任务，但是利奥波德国王和比洛特则设法让他相信，比利时军队已经无法重新部署这样一次大规模行动。于是魏刚决定让英国远征军作为主力，但他还须先说服戈特同意该计划。当戈特到达伊普雷时，他告诉与会者，德军已经越过埃斯考特防线的主要屏障——斯凯尔特河，而且有切断南面部队的危险。此外，戈特认为北面盟军的实力不足以发动一次反攻。这次会议结束时，大家一致同意比利时军队和法军应减轻英军阵地的压力，使戈特能够召集5个师于5月23日发动反攻。

　　盟军此时真是祸不单行——比洛特在驶回司令部的途中遭遇车祸受伤。在受此打击之后，他已记不清预定中反攻的详细情况。盟军只好让布兰查德接替比洛特去指挥第1集团军群，而皮鲁则临时接管了第1集团军指挥权。这一人事变动造成的混乱进一步削弱了争吵不休的盟军指挥层。在后来的战役中，三支盟军部队都是各自为战。

　　5月22日，克莱斯特的装甲集群奉命继续进攻。古德里安的3个装甲师将沿英吉利海峡向东北方向进攻，3个师分别进攻三大港口——加来、布洛涅和敦刻尔克——占领这三大港口将会切断盟军大批撤回英国的后路。

　　在这场战役中，德军第一次遭遇盟军较多的空中行动。由于德国空军的行动地点离基地越来越远，而英国皇家空军则相应地要近一些，两个港口的法英驻军拒绝投降，并进行了英勇的防御。这就为盟军朝最后一个可以疏散的港口撤退赢得了宝贵的时间。

　　布洛涅处的守军一直坚持到5月25日，加来直到26日晚才被攻陷——在听了投降条件后，英军在加莱的指挥官尼科尔森答道："我们只有一个

↓敦刻尔克的形势要求地面部队必须适应。这里的英军卡车并排组成一临时码头，使军队能够不需蹚水或游很长距离就能登上正在等候撤退的船只

回答：不！跟德军一样，英军的任务就是战斗。"

德军第1装甲师奉命向东开进并占领敦刻尔克，5月23日晚该师先锋部队已抵达格拉夫林南面的阿河，并因在那里遭遇法军的顽强抵抗而停步。当古德里安准备在第二天再次发动进攻时，德军一些高级指挥官却又产生了新的疑虑。龙德施泰特对位于"装甲走廊"南面的法军感到不安，而且他还没从阿拉斯之战的惊恐中缓过来。于是23日晚，他命令克莱斯特停止进军，并重新部署装甲部队，准备击退法军可能从南面发起的进攻。

希特勒命令装甲部队停止前进

第二天，希特勒视察龙德施泰特设在查尔斯维尔的指挥部。在那里，龙德施泰特向元首报告自己对可能来自南方的威胁心存疑虑，他认为多沼泽的弗兰德平原不适合坦克行动，而且不管怎样，北部包围圈中的盟军投降只是个时间问题。希特勒完全同意他的这一看法，因为他也希望用装甲部队来对付索姆河南面的法军残余部队。当时陆军总司令部的勃劳希契和哈尔德主张继续对守卫在敦刻尔克的盟军进行坦克进攻以防止放跑任何盟军，但希特勒却在5月24日发布了"菲勒命令"——装甲车停止前进。

古德里安正要命令部队为保住敦刻尔克港发起最后一次进攻，此时"菲勒命令"来了，而且还必须绝对服从，这对他来说不啻是一个晴天霹雳。"希特勒命令左翼停在阿河。"古德里安写道，"元首不允许装甲军渡过这条小溪。没有人告诉我们这么做的原因。命令很简单：敦刻尔克要留给空军解决。我们哑口无言！"这一"停军令"是德军1940年在西线战役中所犯的唯一重大错误。如果装甲车放手前进，那么盟军不是被困就是被迫投降，并将永远损失掉20万英军最精锐的部队，而这些部队在以后的战争中对英军有着非同寻常的价值和意义。

尽管比洛特之死造成了一些问题，盟军仍坚持执行5月21日在伊普雷会议上商定的作战计划。但是，外部事件却又一次使盟军的计划化为泡影。早先占领了荷兰的屈希勒尔将军的第18集团军被重新部署在赖歇瑙的第6集团军的右翼，5月23日和24日夜间，这两路德军的猛烈轰炸揭开了对盟军战线大举进攻的序幕。当时防守该条战线的比利时军队，面对如此强大并有空军全力支持的德军进攻，意志开始动摇。德军此次的突袭目标是精心策划的，德军瞄准利斯河上的科特赖克镇的两边地带，此处是比利时军和英国远征军之间的枢纽。比利时军赶忙调遣最后一支预备役部队前去

补上这条战线的缺口。

　　英军指挥官戈特勋爵太清楚德军进攻的危险性了：如果德军突破成功，他们就将切断英国远征军和英吉利海峡以及英国的交通。更为严重的情况是，由于英国远征军的弹药供应特别少，而此时路上又挤满了仓皇逃命的难民以及撤退的士兵，如果供应系统被切断，英国远征军甚至可能无法作战。

戈特的决定

　　5月25日，戈特擅自决定取消将已商定的"魏刚进攻计划"（该进攻计划已被推迟了）下达部队，本来他应该派部队占领一屏障要地以抵抗德军从东部的进攻。戈特这么做等于决定放弃法国北部和比利时的战役。这是个重要决定，它将让英国的盟友自生自灭。但戈特也有他的苦衷——作为英军统帅，他的首要任务是要保存英国远征军的力量参加以后的战斗。为了防止被前进的德军包围，富兰克林将军已将机械化部队从阿拉斯撤出，现在轮到被德军包围的法军有苦难言了。戈特开始命令其部队为了战斗撤到敦刻尔克。

　　早在5月19日，英国战务部和海军总司令部就已经开始考虑"在危险的情况下可能出现但一般不可能发生的大部队撤退"。该行动的

←←英国皇家空军的飞行员们在散居的茅屋中等待，准备在法国北部上空展开行动。尽管地面上的人常常不知道英国飞机在头顶作战，但英国皇家空军在限制德国空军在敦刻尔克上空的活动方面发挥了关键作用

代号是"发电机"，由海军中将、多佛港务司令伯特伦·拉姆齐爵士主持制定。拉姆齐精力充沛又有能力。作为预防措施，他召集了他所能找到的每一艘船组成了一个舰队，包括捕捞船、渡船、机动艇甚至还有一些刚逃难到英国的平底荷兰艇。除了这850艘左右的商船，拉姆齐还布置了39艘驱逐舰和其他轻型海军船只组成了一支强大的舰队。这一计划非常秘密地进行着，并未征求法军意见，这一计划不仅带来仇恨，还意味着一旦开始撤退，法国海军只能发挥相对很小的作用。

"发电机计划"步入正轨的同时，英军和比利时军队正在拼命地战斗以挡住德军第18和第16集团军组织的联合进攻。5月25日，德军成功地插入多处比利时军防线，第二天德国步兵就已开始深入比利时内地。5月26日下午，利奥波德国王告知布兰查德和戈特将军，比利时军已经撑不住了。也是在5月26日，时间是18时57分，英国海军司令部启动了"发电机计划"，将部队撤出比利时和法国海岸，但是当时大部分英国远征军都还

↓精疲力尽，倦于战斗的英军经过敦刻尔克考验后在一英国港口登岸。在德军眼皮底下救走30多万人是军事史上的一大伟绩

在与德军交战，距这些海滩也都还有一段距离。

比利时人投降

5月27日上午，比利时最高指挥部不得不宣布投降。这么做会让在佛兰德斯的英军和法军处于更困难的境地，因为这样一来就会有更多的德军去对付英法联军。12时30分，利奥波德给戈特发电报："军队士气非常低落。军队已在密集的轰炸下连续战斗了4天，已经完全无法继续战斗了。在此情况下，我不得不宣布投降以避免亡国！"法军当天下午晚些时候也收到了类似的消息。

为了给盟军争取更多的时间以撤退到更有利的阵地上，5月27日晚，比利时与德军就停火谈判拖延了数小时。但到5月28日凌晨4时，比利时武装部队还是奉命放下武器，因为比利时已经接受了德国提出的无条件投降的要求。比利时的投降遭到英军特别是法军的谴责，因为比利时人停止战斗的决定将使其盟友的军队处境危险。

更为糟糕的是，希特勒现在又收回了他的"停军令"。所以在5月27日之后，装甲师的机动部队又投入战斗。由隆美尔领导的霍特的第15装甲军作为夹击行动的一只"钳子"朝阿尔芒蒂耶尔前进，另一只钳子则由从东面赶来的第6集团军的步兵充当。

27日晚，当德军进行夹击的两支部队实现会合时，由莫利涅将军指挥的法国第1集团军的两个军就被包围在里尔一带。莫利涅的部队主要由北非人组成，在走投无路的情况下他们英勇奋战，帮助英国远征军和第1集团军残余部队相对安全地撤到敦刻尔克桥头堡。德军对法国里尔守军的斗志留下了深刻的印象。当该处守军最后投降时，他们被获准以全战荣誉走出里尔，由维格将军的第28军担任仪仗队。

里尔被困及失守加剧了英法之间的紧张关系。当时法军的一些指挥官包括布兰查德将军宣称，在英国远征军撤到敦刻尔克后，里尔的守军就根本守不住了。在法军看来，英军的撤退显得特别自私。但是从更广的角度来看，英军能做的并不多，而且，整个灾难的首要原因就是法国的军事无能所致。

稍北面，古德里安的部队奋力渡过阿河，于5月28日占领了沃尔穆和布维勒。29日，敦刻尔克前面的最后一个目标——格拉夫林也被占领。但是面对防守严密的敦刻尔克桥头堡，德军的前进速度慢了下来。最后，古德里安的大多数坦克从混乱的战场上撤出准备执行"红色行动"——大规模进攻法国残留领土。古德里安后来对这一阶段战役的评论反映了装甲部队指挥官们所感到的困惑："如果我们当时成功地截住敦刻尔克港的英国远征军，以后的战争进程会是怎样的呢？但是现在已无法推测。"

英国皇家空军面临着在敦刻尔克边界上形成一个空中网和将卢夫特瓦夫挡在海湾的艰巨任务。在撤退期间英国皇家空军共派出飞机2 739架次，其中损失了177架。戈林元帅曾向希特勒吹嘘，只需把消灭敦刻尔克的盟军这一任务交给德国空军就行了，而不是那些"反动"部队。虽然希特勒表示怀疑，但他还是给了德国空军此次任务的优先权。尽管海滩上的军队很难忍受"施图卡"轰炸机和德军其他轰炸机的连续轰炸，但因天气不佳再加上英国皇家空军的有效行动，德国空军除去在5月27日和6月1日占据上风外，其余战斗并未像戈林所吹嘘的那样成功。

撤退初期，英军的纪律常常很差，喝醉酒和恐慌事件屡见不鲜，致使海军官兵不得不用武力手段管束一些人。但在前线部队到来后队伍变得稍有秩序——盟军大多数部队都在耐心地排着长队等待上船。

撤退步伐加快

5月27日，盟军撤退的总人数仅为7 669人，这似乎证实了艾恩赛德将军私下的评论——英国远征军若能将三万人运回英国就很幸运了。但到5月28日，港口设施得到更好的利用，撤退人数上升到17 804人。在接下来的几天里，这一数字继续上升，5月31日，高峰时达到68 104人。但当时也出现了一个问题，就是正在撤退的英军和他们的法国战友之间具有差别，其中部分原因是法国最高统帅部还没接到允许其部队撤离的命令。当丘吉尔因此受到魏刚指责时，这位英国首相命令应将英法军队一视同仁地撤出海滩。

6月3日，当最后一批英军正在撤离时，一法军殿后部队仍然继续驻守敦刻尔克一带，而此时的德军离海滩已不足1英里。第二天早上，拉姆齐冒险派船只最后一次运上尽可能多的法军。事实上，法军比预期的要多得多。虽然已有27 000名法军从敦刻尔克撤离，但还有多达3万名法军留在后面单独对付德军的最后进攻（德军利用这一事件在法军中煽动反英情绪）。6月4日，德军进驻敦刻尔克。这样距德军第一次进攻不足一个月，法国北部的战争就结束了。

敦刻尔克：胜利还是失败？

值得注意的是，在这次大撤退中共有约33.8万人撤离了敦刻尔克（其中11万是法军），而付出的代价则仅是损失了6艘英军驱逐舰、两艘法军驱逐舰和一些其他小船。这是一场即兴的胜利，是从失败的夹缝中获得的胜利。此时英军虽已遭遇了一连串灾难，但这次大撤退行动却大大提高了士气。但也正如丘吉尔首相在6月4日对下议院发出的警告："撤离并不意味着打赢战争！"由于大多数英国远征军的武器和设备都留在了法国（包括2 473门大炮、63 879辆军车、20 548辆摩托车、50万吨的储备和弹药），因而还需要一定时间来重新武装撤离的部队。英军有68 111人死亡、受伤或被俘；荷兰有2 890人阵亡，6 889人受伤；比利时军队则有7 500人阵亡，15 850人受伤。

据统计，德军在法国战役中共有10 252人阵亡，约5万人受伤或失踪。另据德军报道，德军已俘虏100多万盟军。此时战争并未结束——最后一批逃离北方德军的盟军部队正从敦刻尔克转移过来，德国装甲部队正驶往南方以摧毁剩余法军，占领巴黎。

↓盟军战俘在铁丝网下开始了新的生活，苦难将会持续五年。盟军战俘正在做广为人知的军事苦役——捣马铃薯，也叫削土豆皮

7

法国的沦陷

在比利时投降和英军从敦刻尔克大撤退之后，只有那些被炮弹震蒙了的法国残余部队仍在抵抗着士气昂扬的德军。然而，法国距离其沦陷也已为时不远。

1940年6月5日，即在敦刻尔克被占领之后的第二天，德国最高统帅部就开始执行"红色行动"，以摧毁索姆-埃纳河一线南部的法国军队。在古德里安的部队猛扑海边和"装甲走廊"形成后不久，德军就在索姆河和埃纳河畔夺取了几个桥头堡。他们将以这些桥头堡作为跳板，把法军对他们的所有抵抗都扼杀在摇篮里。

为了执行"红色行动"，装甲师从敦刻尔克地区开向法国南部，并重新得到加强和重组。他们被编成5个独立军，每一支都拥有两个装甲师和一个摩托化的步兵师。第15装甲师在靠近英吉利海峡附近的德军右侧行动；第14和第16师被编入克莱斯特集群中，隶属于博克的B集团军群，并被部署在亚眠和佩罗恩；另外两支部队，即第39军和第41军则被编入古德里安的装甲集团军，部署在沿埃纳河畔的德国左侧，是龙德施泰特的A集团军群的一部分。德军新的部署给在法国境内的德军注入了新的力量，在这场战役中，德军总共投入军队达104个师。

德军的计划是突破法军防线，然后命令他们的摩托化编队迅速进攻，迫使法国陷入孤立境地，并对他们形成包围之势。第15师沿英吉利海峡朝布列塔尼半岛进攻，克莱斯特的装甲集群将绕过巴黎，直插法国中部（而

←←纳粹党的卐字旗在巴黎街道上空飘扬。这是德国统治的象征，法国政府宣布巴黎为"不设防城市"。德军未遭到任何抵抗，于6月14日进入巴黎

巴黎则留给步兵部队去占领）。古德里安的部队将直接从法国东部向南进攻，目标是切断驻扎在马奇诺防线和防线之后的法军退路。驻扎在马奇诺防线正面的是勒布将军的C集团军群。该军群将采取一切行动，迫使法国防线的守卫者认识到德军的威力并尽一切力量阻止法军逃往南部。

脆弱的法军防线

法国在战争的开始阶段，损失就已经非常大了，即使把阿尔卑斯前线的后备部队从意大利边境撤回也无济于事，这似乎注定其败局已定。而在英吉利海峡和默兹河之间长达360千米的防线上，魏刚仅仅部署了大约60个师的兵力。在这些部队中，还有两个波兰师和英国的第1师以及第51装甲师，但这些部队严重缺乏坦克、大炮和高射炮。虽然此时有两个英国师正在乘船来法国的途中，但是仅就数量上来说，英军的到来对法国在最后战斗中的帮助也是微乎其微的。

"魏刚防御计划"抛弃了色当战役以来一直认为应在前线防守的一贯错误做法，而选择了基于棋盘防御体系之上的"刺猬防御方案"——在

↓德军正在海岸线上休息，不久之后，即6月8日他们就突破了法国的西部防线

每个防线上设立一个个的点，比如一个小山或村庄，里面挤满了步兵和枪支。这些点被称为"防御刺猬"。每个"刺猬"都有强有力的防御性能。守军必须坚守阵地，即使遭到德军猛攻并被包围，他们也不能离开阵地。而且在每个"刺猬"背后，都还有一个灵活机动的后备部队，他们很可能被用来抵抗德军的任何反攻和渗透。然而由于缺乏足够的机械化部队，他们无法应付德国5个装甲师的强大攻势。因此一旦防线有一处被刺穿，那么德军就很容易下手了。

　　法国空军早在战争初期损失就很大，虽然有英国皇家空军的帮助，并且后来也部署了许多飞机，挽回了一些损失，但是由于德国空军实力太强大，而且训练有素，指挥得当，因而使得法国空军根本无力回天。

"红色行动"

　　"红色行动"刚开始执行时并不很顺利。B集团军群在6月5日就发动了进攻，而A集团军群则一直到9日才缓缓行动。这一次，法军表现出了前所未有的决心和坚强的意志，根本不同于几周前的默兹河之战。结果

↓一位德国士兵站在有利位置俯视刚刚被他们炸毁的法国城镇

德国装甲师不但没有突破这些桥头堡，反而由于遭到法军猛攻而受阻。一名德国士兵这样写道："在那些已被摧毁的村庄里，法国人坚持抗战到最后一人。当我们的步兵打到他们身后6米处时，那些'刺猬'仍在坚持抗战。"所有"魏刚防线"上的法军都在誓死奋战，浴血杀敌。

在这场战斗中，德军第23师遭到了令人敬畏的法军第14步兵师的沉重打击。法军第14步兵师是法国仅有的几支劲旅之一，它在色当战役中突围出来。德·拉特尔·德·塔西尼将军率领的第14师对德军发起猛烈的反攻，并占领了埃纳河上的几个桥头堡。在这场战斗中，法军共俘获德军1 000人。德军将领舒伯特对法军在这场战斗中的表现深为佩服：

> 那些进攻的敌军士气高昂，不可动摇，部署得当，顽强地抵抗我们的炮击，居然没有什么损失。敌军的承载和战术技能与以

↓一支自信且装备精良的德军步兵队伍走在一座在最近的战斗中遭到严重破坏的小镇的街道上。尽管德军的进攻在早期遭到了一些挫折，但最终还是在索姆河防线上击溃了法军

前的战斗完全不同。第14师的部队让德国步兵接近射程范围内，以便确定他们的位置。有很多法国的狙击手就躲在树丛中一直对德军开火，直到他们筋疲力尽，弹尽粮绝。他们全然不顾德军的进攻。

　　法军第14师的士兵惊人的坚强。当他们的人员无法逃脱或是受伤时，他们还跑回来照顾这些人。当他们撤退时，他们把一些补给留给那些伤病员。第14师在6月9日和10日的英勇战斗使人想起了法国军队在1914—1918年间的凡尔登战役。

不堪一击的防线

　　对"魏刚防线"的防守差不多用尽了法国最精锐的部队，但是由于德军在数量上的绝对优势和新编队的强大火力，防守最终还是失败了。隆美

↓在这幅破败不堪的场景中，法军向德军投降。一旦德军突破法国防线，法国的抵抗变得疲弱不堪，最终沦于失败

尔的第7装甲师打先锋，在进攻的第一天夜间德军就突破了法军的防线。法军已充分认识到德军的威力。隆美尔善于发现和利用对方防守中的漏洞，他派坦克兵去低地进行侦察，结果发现了两座还没有被法军毁坏的铁路桥。当德军装甲部队驶过铁路桥后，法国防线顿时崩溃，德军坦克长驱直入开向塞纳河！6月8日，德军先头部队首先到达塞纳河畔的埃尔伯夫，在他们转向西北到达海峡附近的费康之前，鲁昂城就已被重重包围。

圣·瓦莱里败降

德军的行动使法国第9集团军陷入了困境，该集团军包括英国第51师和法国第2、第5轻骑师。尽管英法盟军一直都在坚持抵抗，但他们处于一个不可能的位置，这种防御并没有收到任何效果。6月12日，大约有45 000名盟军（其中包括12位将军）在圣·瓦莱里向隆美尔投降。让隆美尔感触极深的是英国军队的顽强抗击，而更让他兴奋的则是德军俘获了英军第51师的师长——维克托少将。然而，对于被俘的英军来说，这却是一个令人伤心绝望的时刻。隆美尔这样记述当时的情况：

↓一支拉着榴弹炮的德军小分队正通过一座浮桥。德国步兵师的主要火炮是105毫米榴弹炮，能够发射14.81千克炮弹，射程超过12 000米

尤其让我们惊奇的是，被俘的英军居然服服帖帖，那些高级军官在房子前有说有笑。唯一令他们不安和难以容忍的是不断有人拍照，以及我们的宣传公司和摄影师们的采访。被俘的将军们被请到一个德军的露天炊事班就餐，但他们并没有去，他们说还有粮食吃，因此只有我们自己人在那里吃饭。

6月14日，勒阿弗尔被占领后，德军第7装甲师奉命继续朝

瑟堡方向前进。与此同时，他们的兄弟部队——第5装甲师——则在朝西向布列塔尼半岛进军。他们几乎没有遇到什么抵抗——瑟堡在6月19日落入德军之手，这是第7装甲师在这场特殊战斗中的最后一次行动。

与霍特第15装甲军的胜利相比，克莱斯特的另两支装甲军在索姆河流域却没有取得任何实质性进展。为了不使进攻半途而废，博克转而挥师向东，紧跟古德里安穿过埃纳河。经过两天激战，由布韦松将军率领的装甲集团军下属的一支部队，即第39装甲军对德军进行了侧面攻击。法军第4军由于过度疲劳，并严重缺员，军心开始动摇。5月11日，古德里安首先突破"魏刚防线"，接着克莱斯特集群也接踵而至。11日夜暮时分，德军占领兰斯。第二天晚上，古德里安到达马恩河畔的夏龙，克莱斯特集群开始朝巴黎东部进攻，而步兵部队则径直从北部攻向巴黎。

魏刚的悲观情绪

法国人对此时的战势已经近乎绝望。虽然"魏刚防线"上仍有为数不

↓这是一个位于意大利边境附近的法国要塞，尽管意军避开了这些要塞，但是他们在开阔的战场上对法军发动进攻时也未能获胜

↑进入巴黎后不久，
疲惫的德军士兵坐在
炮架上就睡着了。首
都的损失对法国人是
一个毁灭性的心理
打击

少的英勇战士，并且战斗的士气仍很旺盛，但是魏刚对法国军队能否抗住
德军的进攻却表示怀疑，并因之而很悲观。他在很多场合都讲述他的悲观
想法，这给法国总理雷诺造成了很大的恐慌。雷诺本来是决定继续战斗，
但是由于此时形势变化，他也开始有所改变。6月9日，魏刚告诉政府，德
军随时都有可能突破防线。他用悲观、忧郁的论调向政府报告说：“如
果真的发生那样的事情，我军会抗战到底，但解散法军只是一个时间问
题。”几天后，当德军果真突破法军防线时，魏刚的悲观论调又传到了政
府：“如果政府命令我去这样做的话，我会坚持抗战，但此时此刻我必须
表明立场，政府必须尽快考虑结束德法之间的战事。”

6月10日，法国面临的情形更加可怕了，因为就在这一天，墨索里尼
对法宣战了。这位意大利的独裁者面对德军对法国的一系列胜利心怀不
满，于是他决定也插上一脚，好分享一点战果。他向全世界宣布：意大利
参战是为了从法国手中解放萨沃伊、尼斯和科西嘉。宣言的实质不言自
明。当法国处在失败的边缘，它却要再踩上一脚——意大利的这一行径自
然遭到了全世界的强烈谴责。美国总统罗斯福对此非常气愤，他声称墨索

里尼是"双手紧握匕首刺进邻居的背后"。

　　进攻法国的意军包括两支部队，其中有24个师的精锐部队和8个后备师。对德意两国边境之间的阿尔卑斯通道的保护由法国的奥利将军指挥，在这条通道上只有3支法国预备师和3支要塞师把守。5月20日进攻开始。奥利在军队的部署上很有技巧，他把意军扼制在狭长的山谷中，而他自己的部队则占据了高地。因此，虽然意军在数量上占有很大优势，但在这场战斗中却似乎毫无意义。意军的进攻很快就陷入停顿状态，只有位于科特达祖尔的意军取得了一些进展。当停战协定生效时，法军还在坚守阿尔卑斯防线。这次行动让法军非常满意，同时也暴露出意军的缺点。

　　当德军逼近巴黎之际，大量的难民从首都逃往南部；政府也已逃向图尔，然后到达波尔多。是保卫巴黎还是让德军占领它，这个问题直到6月11日才被决定下来——最后魏刚宣布巴黎为"不设防城市"。事实上，这个决定还是有一定道理的：如果防守，德军就会绕过巴黎，那样一来德军只有用炮弹和轰炸迫使法军投降，因此防御没有任何军事意义，抵抗只会引发一系列可怕的破坏和大量的人员伤亡。但放弃首都无疑是对法国人民心理上的一个沉重打击。当听到政府要放弃保卫首都的命令时，作家安德

↓一队德国炮兵穿过巴黎。经过爱丽舍宫时，一位高级军官向他们致敬。德国的宣传机构迅速向世界媒体发布了这样的照片，以强调他们胜利的完整性

↑战败的耻辱：满脸忧郁的巴黎居民眼睁睁地看着德军接管这座城市

烈·莫洛瓦这样说道："就在那一刻，我知道一切都完了，法国失去了巴黎，成了一个无头的躯体，我们战败了。"

6月14日，德国第18军的先头部队在未遇到任何抵抗的情况下，首先进入巴黎。德军的占领有序而又节制。几天后，巴黎居民就开始了一切正常活动，成千上万名德国士兵也开始在街上游荡，四处观光。

德军节节胜利

当德国步兵开进巴黎时，德军装甲师也在战场上取得了新的突破——霍特的第15装甲军占领了诺曼底和布列塔尼半岛；克莱斯特的装甲集群穿过了塞纳河到达罗米利，然后向中央山丘和勃艮第挺进；古德里安的装甲集团军向东南部进军绕到外侧，把部署在马奇诺防线南侧由普雷特拉将军率领的法国第2集团军群包围了起来。

为了配合古德里安的进军，勒布的C集团军群开始正面进攻马奇诺防线上的各个要塞。德军此时的进展相对比较缓慢；法军在有些地区撤了出来，但这是在确保新的防线建立之后才撤退的，因为此时德军已经突破了埃纳河防线。经过几天的短兵相接，德军未能占据马奇诺防线上的任何要塞——即便是在德军重型炮的掩护下，"施图卡"俯冲轰炸机投掷穿甲弹对法军阵地进行连续轰击，他们也未能拿下法军的主要阵地，马奇诺防线的坚固程度由此也可想而知。但对整个战争来说，仅仅对马奇诺防线的守卫所产生的效果无异于杯水车薪。

古德里安的装甲集群隶属于 C 集团军群，此刻他们正朝瑞士边境进军。6月16日，德军占领贝尔福。第二天，第29摩托师到达瑞士边境的庞塔利尔。此时法国第2集团军群已经陷入了包围之中——他们被困在马奇诺防线，陷入古德里安的装甲部队对它形成的钢铁包围圈中——结果法军有40万人被俘。这是历史上最易于得手和最彻底的包围战之一。

就在古德里安完成他的包围圈时，克莱斯特的装甲部队在插入法国中部。这支德军于6月16日到达第戎，把正在向克莱蒙费朗和里昂进军的法国部队切成两截。当德军到达索利厄时，装甲部队的进攻受阻——第16装甲军在此地与由波兰第10装甲旅和法国第3装甲师的残兵组成的盟军进行

↓法国首都的沦陷是可想而知的。第一次世界大战中，德法激战4年也未能占领巴黎。但1940年，在不到6周的时间里，德军就占领了巴黎。法国武装部队正处在全线崩溃的境地。此时，许多人认为英国也会很快遭此厄运

了一场激烈但短暂的战斗。

至此德军发现有组织的抵抗差不多已经结束了——这场战争与其说是较量作战技巧，倒不如说是一场先进武器的较量——最后的反抗是由卢瓦尔河畔的索米尔军事学院的学员组织发起的。6月19日，那些拒绝投降的学员和一些当地武装部队从学院的军械库中拿出了古老的武器。战斗持续了两天，法国人表现出极大的战斗精神和誓死的勇气，但最终仍因弹尽粮绝而失败。

法国政治上的崩溃

法国军事上的溃败也带来了法国政府的解体。以雷诺为首的主战派曾和戴高乐派结成联盟，但是戴高乐派刚刚被吸入政府中，担任负责战争事务的副国务秘书就遭到以魏刚和贝当为首的"主和"派的反对。6月11日，丘吉尔在最后的危急时刻对法国进行了访问，这也是战时他最后一次访问法国，此前他对法国已经进行过三次访问。他此次访问的目的很明显，就是督促法国坚持战斗。这一次，魏刚又向英国请求飞机和部队支援。由于遭到"主和"派的冷遇，丘吉尔未提供任何实质性的支援。"主和"派此时深知，他们已被英国抛弃了，他们除了向德国请求停战外，已别无选择。

雷诺和他的不断减少的支持者试图保住几支部队来对抗德国，他们声称，即使法国陷落，他们还是可以在北非的属地上继续战斗。绝望中他们被迫向美国请求武装支援，但因那时美国处于中立状态，美国毫无疑问地拒绝了法国的请求，所以对法国提供军事援助只能祈求英国内阁和正在伦敦的戴高乐

←←在著名的巴黎圣母院附近，一名德国军官正在翻阅塞纳河沿岸"左岸书摊"上成堆的图书。德国士兵急切地想在巴黎驻扎

↓在关卡上全副武装的德军士兵。虽然战争已经结束，但仍需要一支庞大的军队监督德国新近取得的胜利

了。雷诺提交了一份"联盟宣言"，建议由英国和法国组建一个非常规的机构，旨在将英法两国人民团结起来进行战斗。雷诺把这份宣言在16日下午呈送给政府，但是英法联合的主张却遭到法国政府的断然拒绝。此时，雷诺才真正感到心碎，他向法国总统勒布伦提交了辞呈。勒布伦随即任命了84岁的老元帅贝当接替他的职位。

6月17日，贝当派特使去西班牙，请求西班牙政府作为中介与德国公开进行和平谈判。此时，那些反对与德国媾和的官员都在准备离开法国到海外去继续战斗。17日晚，戴高乐和英国联络官斯皮尔斯将军同乘一架飞机飞往英国。一到英国，戴高乐就立即树起"自由法国"的旗帜以吸引和聚集所有的海外法国人。其他人试图逃跑却都没有成功，他们最终沦为阶下囚，并一起被送到了德国的集中营里。此时对于仍在法国的英国军队和法国的盟军部队，同样是一个生死关头，各支部队都在争先恐后地撤出。在德军进入之前，英国第2远征军共有约145 000人撤离，同时撤离的还有相当数量的波兰人和捷克人。

↓一支德国军乐队正行进在英吉利海峡中的岛屿上，这是英国唯一一块向德国投降的领土，在诺曼底登陆后，他们将一直被占领直到战争结束

希特勒接受了西班牙政府代表提出的和平谈判建议。尽管此时德国武装部队已对法国取得了压倒性的胜利，但是希特勒并没有要求他们完全投降。他希望这样做能阻止法国流亡政府在其北非殖民地进行反抗，毕竟在那里法国还有相当数量的武装力量，尤其是海军力量。在停战协定中，德国接受了保证法国主权完整的建议，也就是说，海外领地仍在法国的司法管辖之下（如果它们不试图分离出去参加英国的抵抗事业）。法国本土则被分成不同的几个占领区（北部和西部）和非占领区（南部）。非占领区由刚成立的贝当政府管辖。尽管法国军队被解散了，但贝当政府仍获得了一支地方武装部队来维持现有的秩序。法国强大的海军舰队中的绝大部分都在地中海基地，它们也都仍在法国手中，但必须以中立形式存在，并要服从德军或意军的监督。

虽然和平协定的条款相对来说是比较温和的，但是希特勒决定，必须使法国人感到停战谈判本身就是一个极大的耻辱。7月20日，贝当接到指示，派一个代表团去巴黎，这个代表团第2天就到达了。由亨茨格将军率领的代表团在21日被带到贡比涅森林的一片空地上，那儿已经摆放了一节火车厢，这就是1918年签订《凡尔赛条约》时所用的那节火车厢，它是刚刚从巴黎博物馆中被拖出来的。

希特勒出席了谈判，一开始他就决心报复法国——那个曾在第一次世界大战中获胜的国家，此时的他兴奋不已。亨茨格手持停战协定被告知，这些条款没有任何讨论的余地。亨茨格在与此时在波尔多的政治领袖们进

↑希特勒在埃菲尔铁塔前留影。这个德国元首非常满意他的胜利，因此他在法国度过了一个短短的假期，游览了巴黎，并参观了他在第一次世界大战中曾战斗过的战场

行协商之后，于1940年6月22日上午8时50分代表法国签署了停战协议。由于意军的参战，6月24日，法国又与意大利签署了停战协议。到6月25日下午1时35分，在法国的所有抵抗都结束了。

希特勒的胜利

↓希特勒在视察一节火车厢。在这节车厢里，举行过1918年和1940年的投降仪式。而德国在1940年的胜利，终于雪洗了《凡尔赛条约》加在希特勒和德国人身上的耻辱

阿道夫·希特勒在第一次世界大战中曾是一名下士，但在20多年后他却在不到6周的时间里就打败了其强敌法国。第一次世界大战时的德皇苦战了4年也未能取得这样的辉煌战果。1914—1918年，德军在西线的伤亡人员达到百万；而1940年，根据陆军总司令部统计，德国的损失则相对较小，仅有27 074人死亡，111 034人受伤，以及18 384人失踪——当然在失踪的那些人中大部分最终都死了。在1940年对法国的战斗中，德军在6月份的日常伤亡率是其5月份的两倍，这反映了在战争第2阶段中法军提高了其作战技巧和誓死战斗的巨大决心。

　　法军的损失比起德军要大得多，至少有9万人阵亡和20万人受伤。被俘的法军人数一直在变化，开始是145万人，后来增至190万人（其中有一大部分被关在德国的集中营中，作为对法国政府"友好行为"的交换条件。换言之，作为人质）。

　　德军在西线对盟军的打击在现代军事史上也是一个奇迹。希特勒的胜利主要是因为德国有一支高素质的武装部队，作战计划周密，指挥得当；相反，法国战败则是因为它的武装部队缺乏战斗力，从最低级别的士兵到最高级别的指挥官，都没有很好地进行规划与指挥。法军的软弱着实令它的盟友和对手都大吃一惊——在第一次世界大战中曾经那样英勇战斗的法军（在第二次世界大战后期也是如此）在1940年为何会如此轻易地溃败呢？

　　两次世界大战期间，法国就一直存在着政治上的隐忧，这也是削弱法国决心的一个因素，但最终原因还是由于法国的军事系统十分落后：军队装备不足、战略上布局不合理是致命的错误。战术技巧在第一次世界大战中是至关重要的，但到1940年的第二次世界大战中，这一点已经没有多大意义了。再加上法军指挥官又缺乏必胜的信心，因此法军在战斗开始后的几天里就已经注定了其战败的命运。

德军的胜利

　　至此德国已经占领了大部分欧洲，只有英国仍在顽强抵抗。当时大多数人都预计，英国最终也会向希特勒投降——这只是一个时间问题——要么和平受降，要么武力迫降。但是丘吉尔却拒绝向纳粹德国投降，加之英国的皇家空军也取得了一些胜利，这些都促使战争继续进行下去。虽然英国和新的德意志帝国被英吉利海峡相隔，但是德国空军部队却可以直接飞越海峡，而其地面部队则可移师其他地方继续作战。

8

意大利的非洲之难

德国在1939—1940年的巨大胜利，诱使墨索里尼蠢蠢欲动，他也想像希特勒征服欧洲那样，在非洲建立自己的新罗马帝国。

意大利的法西斯元首贝尼托·墨索里尼自1922年夺取政权以来，就一直梦想通过一点一滴地积累占领地，效仿古罗马帝国。但是意大利经济实力不足，军队人员素质低下，装备匮乏。更为重要的是，墨索里尼在广大的意大利民众当中缺乏支持。因此，他要实现上述目标是很难的。但他似乎不顾这些致命的缺陷，决心孤注一掷。在利比亚、多德卡尼斯半岛、厄立特里亚和意属索马里，意大利已经建立了自己的殖民地。1936年，意大利侵占了埃塞俄比亚；1939年，又侵占了阿尔巴尼亚。这两个国家由于缺乏武器装备，难以自卫，最终败给意军。在战争胜利的鼓舞下，墨索里尼决定继续扩大战果，包括1940年6月进攻法国和英国，接着又于10月进攻希腊。这一系列的军事行动把意大利拖向了战争的深渊，大大超过了意军的作战能力，给墨索里尼本人和意大利带来了灾难性的后果。而这些军事冒险行动也直接导致了意大利法西斯政权的最终垮台，以及1943年墨索里尼被他的同胞推翻和监禁。

德国1940年对法国的巨大胜利使墨索里尼蠢蠢欲动。通过向法国和英国宣战，墨索里尼以为可以抢夺一点胜利果实，他甚至认为这两个强敌——英国和法国从此强权不再，他们在海外的殖民地也将纷纷解体。殊不知，英国并没有被打败；德法还签订了停战协定，使法国在南部建立了

←←刚到西部沙漠的英国军队正在挖战壕。在法国沦陷和英国空战之后，中东将成为英国和轴心国下一次较量的主要战场

→→墨索里尼（和他在一起的是德国外交部部长里宾特洛甫）感觉自己就是命运之神，然而不久之后的事态发展则恰恰相反

维希政权。墨索里尼梦寐以求的法国在非洲的殖民地也完好无损，仍处于法国的统治下，而墨索里尼正是希望在非洲取得实质性的领土利益。由于意大利在轴心国中地位很低，如果对德国不利，希特勒自然就不会顾及意大利的想法。

意大利的指挥体系

佩特罗巴多格里奥元帅是意大利武装部队的总司令，但是他的职权被墨索里尼削弱。实际上，墨索里尼是三军的总指挥，对整个军队有直接指挥权，但三军缺乏协调，独立行动。1940年，巴多格里奥将军因为试图改革军队的这一指挥体系，使之更富于协调性和有效性，而最终被换了下来，由卡瓦莱罗取而代之。

意大利在利比亚的军队是由伊塔罗巴尔博元帅指挥的，他在1940年6月28日遭自己人"友好交火"而意外身亡。继之，罗多尔弗·格拉齐亚元帅担任指挥。奥斯塔公爵则是意大利军队在东非的总指挥，但由于这一地区的意大利殖民地远离本土，因此他对所属的军队实际控制力并不强。

意大利军队总指挥部面临的另一难题是墨索里尼的一系列鲁莽而又草率的决定：这位元首动辄把部队部署在他认为可以产生巨大影响和能够给

他带来无上光荣的地方。在与英国的战斗中，他派遣了一支装备有战斗机和轰炸机的远征军，但这支军队遭到英国皇家空军的重挫。德国入侵苏联时也发生了同样的事情，墨索里尼也派出了大量的武装部队，还有空军部队。墨索里尼"反对布尔什维克主义"对意军是一场灾难：派到东线去的23万意大利军队，伤亡过半。墨索里尼给希特勒留下的印象是，他把本已枯竭的意大利军事资源运用到了极限。

意大利的军事力量

1940年，意大利尚有73个师，总人数达160万。意大利军队原先设想通过军事行动和补充兵源，可以达到126个师，但是最终这一目标并没有实现，不仅兵源不够，装备也不足。而且对后来新招募的一些人员没有进

↓英国和英联邦军队在亚历山大港庆祝他们胜利到达。他们只是英国派往中东的一部分增援力量

行很好的训练和组织，以致实际作战能力很差。这些人员都被编进了步兵部队。尽管意大利的17个步兵师号称有"自我运输"的能力，但与英国的摩托化步兵相比，还相差甚远。意军只有有限的装备、3个装甲师、两个摩托化师和3个轻型师，其余部队装备的那些武器和坦克事实上早就过时了。这些缺陷在西部沙漠战役中暴露无遗，但在那场战役中意大利装甲队表现出的战略和战术技巧在其他战场上却很少见。

在意大利军队中，真正较好的就是6个山地师。这些部队有在山区作战的经验，部署在意大利北部和巴尔干地区，同时还有意大利法西斯民兵部队，也就是大家所熟知的"黑衫军"。这些"黑衫军"被编入各个军团，有两个步兵营的兵力，每个步兵师都补给一支黑衫军，这在人力上对意军来说是一个增强（一般情况下每个意军师级编制只有两个而不是通常的3个步兵团）。意军同时也招募了大量的法西斯极端分子进入军队。另外，还有3支黑衫军分队也参加了利比亚战役。在利比亚殖民地上，约有8 000人的殖民军和13 500人的正规军。

意大利空军因为在20世纪20—30年代期间有过多次革新而声名鹊起，但到了1940年则正处于没落状态。由于意大利空军的飞机尤其是战斗机都

↓苏伊士运河是英国通往印度和远东的生命线。当轴心国试图从英国手中夺取苏伊士运河时，英军准备誓死保卫它

是过时的,因此意大利空军行动缓慢,这就决定了其失败的命运。菲亚特CR-32型和CR-42型双引擎式飞机与英国皇家空军的"飓风"战斗机根本无法相比,它们本身几乎不能代表当时战斗机设计的前沿。空军人数上也远远不及英军。随着战争的进展,德国空军基本上担负了轴心国所有的空中作战任务。意大利空军只能进行一些本土防卫、侦察和小型的轰炸行动。

意大利的目标

墨索里尼希望把利比亚作为征服非洲的跳板。利比亚周围从西到南都是法国的殖民地,东邻英国控制的埃及。最初意军处在防御的位置,但是,由于法国已退出战争——它的殖民地自然受到《德法停战协定》的保护,因此意军最高指挥部把侵略的目光转向了埃及。埃及是英国在中东和北非势力范围内的一块基石,如果意大利能够征服埃及,自然会赢得德国的尊敬。

埃及保护着英国在中东的殖民地——巴勒斯坦和约旦,并对包括叙利亚、石油资源丰富的伊拉克和伊朗在内的中东其他更广泛的地区施加影响

↓英国军队正在埃及受训以对付即将进犯的意军。尽管意军人数较多,但是英军训练有素,装备良好,领导有力,在即将到来的战役中将给意军以沉重的打击

↑韦维尔将军，英军在中东的总司令

和控制。亚历山大港设施齐全，可以使英国皇家海军的控制延伸到东部地中海。苏伊士运河是英国通往印度和远东的生命线。因而如果失去埃及，对英国首先是个战略上的灾难。而对意大利来说，占领埃及就等于占领了通往苏丹的通道，并可以把它在东非的所有殖民地联结起来。

1940年意大利在利比亚的军队大约有25万人、1 800挺机枪、350辆轻型坦克和8 000辆卡车。意大利的空军力量相对来说比较弱，但是它布置在前线的150架飞机比英国皇家空军当时部署的飞机要占优势。因为这时，英国兵力集中于西线。意大利军队分成两部分：一支是在西部（即的黎波里塔尼亚）由加里博尔迪将军率领的第5集团军，由6支常规步兵师加两支小型的黑衫军师组成；另一支是第10集团军，由贝尔蒂将军率领，部署在东部的昔兰尼加，由3支常规步兵师、一支黑衫军师和一支利比亚当地人组成的部队组成。意军第5集团军之所以这样分配，反映了其最初的意图是想从法军手中夺取突尼斯。既然现在埃及是主要进攻目标，那么贝尔蒂的第10集团军就需要加强，开始增加到了9个师，最后增加到了10个师。

英国在埃及的军事力量

英国在埃及的部队由英军在中东地区的总司令韦维尔将军直接指挥。韦维尔把近10万人的部队部署在伊拉克、约旦、巴勒斯坦、埃及和苏丹这样广大的地区。在埃及，韦维尔集中了大约36 000人的部队，组成了两支非整编师对抗利比亚边境的意大利军队。他的部队包括：第4印度师（由少将贝雷斯福德·皮尔斯率领）和第7装甲师（由少将奥摩尔·克雷格率领）。尽管两军都人数不足，武装、弹药缺乏，但是这两军人员训练有素，成为刚成立的由奥康纳中将率领的西部沙漠部队的主要力量。

第4印度师是由英军和印度军组成的钢铁般的盟军，具有丰富的沙漠作战经验，这对即将开始的数月沙漠战来说非常有利。第7装甲师从1938年由少将霍巴特率领以来一直受到重视，在沙漠战中起了主要作用。霍巴

↓英军的一辆Ⅵ型坦克。1940年秋天，在保卫埃及、抵抗意大利军队的过程中，英军力量严重不足。英军增援部队主要依靠大量善战的部队人员的英勇奋战，才使英国掌握了战争的主动权

特将军是英国装甲战的开拓者。

与英国坦克军的其他军官相比，霍巴特更懂得如何在此时对装甲部队进行重新组织和精心部署。在他的指挥下，部队进行了无数次训练。霍巴特把各种各样的坦克兵、步兵、炮兵以及那些特种兵种和其他管理人员都作为一个整体，联合组成一个强有力的编队，以便能够应付沙漠作战和行进中的各种困难和战斗。这支部队被称为"沙漠之鼠"，以显示他们在沙漠环境中的活动能力。一向沉默寡言的奥康纳将军称赞1939年时的第7装甲师的指挥员和士兵，说他们是他"看到的训练最好的部队"。

英军的部署

↓一支意大利的运输队正沿维尔巴尔比亚驶来，这是从利比亚到埃及的一条主要的沿海通道。意大利向埃及的进军缓慢而谨慎，给了英国时间来建立他们的军队

第7装甲师沿埃及边境部署，经常对敌人的领地进行一些小规模袭击，这不仅使意军感到极为不安，而且也使他们高估了英军的力量。在还没有被任命到利比亚指挥作战前，格拉齐亚尼元帅就一再催促意军应尽快对英军采取行动。他认为意军入侵埃及的最后期限应是1940年7月15日。

然而，一到利比亚，格拉齐亚尼就变得非常谨慎了。他开始要求有足够的时间做准备，然后再进攻（进攻只能选在一条沿海的通道上）。而墨索里尼则催促他立即行动，一系列越来越愤怒的电报在意大利和利比亚之

间飞来飞去，最终于9月13日开始进攻埃及。

当意大利的将军还在犹豫不决时，英国的战时内阁已做出了一项艰难而又果断的决定。1940年的整个夏季德军入侵的威胁仍然咄咄逼人，英国的上空战斗不停，德国进攻舰队又从莱茵河畔集结到了英吉利海峡的另一端。在法国和比利时最近发生的灾难、敦刻尔克大撤退后，英军仅就本土自卫而言已经缺少武器装备了。但是要保卫埃及及英军通往殖民地的生命线，韦维尔的部队就必须得到加强，尤其是坦克、大炮和交通工具。

8月15日，英国战时内阁做出决定要加强英军在埃及的力量。增援的部队和装备包括3个坦克营（总共154辆坦克）、48门反坦克炮和48门25磅的榴弹炮，另外还有一些步兵武器和弹药。派往埃及的部队经过好望角，9月19日到达红海，准备进入苏伊士运河。丘吉尔后来回忆说："当我们自己还处在危险中时，却给埃及的英军输血，这项决定是难以做出的，同时也是正确的，没有人为此犹豫。"

入侵开始

1940年9月13日，意大利第10集团军的4个师和1支装甲部队入侵埃及。由于环境的原因（气温高达50℃），同时也由于缺乏一条合适的进攻

↓英国轻型坦克正在沙漠中行进。埃及和利比亚的特殊地形给敌对双方的武装行动提供了广阔的空间

→→一门意大利的野战炮正在往炮车上搬运。意大利摩托化部队使用了大量的这种便携式大炮，但事实上，它的作用并不大

路线，又没有准备反坦克地雷，再加上格拉齐亚尼天生的谨慎，致使进攻异常缓慢。经过4天的行军，意军沿边境只走了105千米，一支黑衫军占领了西迪巴拉尼，在那里意大利的"入侵"被格拉齐亚尼制止了。进攻的代价是意军死120人，伤410人。而那些奉命撤退的英军第7装甲师只损失50人。意军并没有进攻梅沙·马特鲁，因为韦维尔在那里已经建立了防线。格拉齐亚尼命令士兵挖战壕，在维尔巴尔比亚建立一些必要的防御工事，因为这是通往利比亚的主要通道，也是英军去亚历山大的主要通道。意军在西迪巴拉尼储备了大量的食物和弹药，还建设了一条淡水管道。格拉齐亚尼是一位有经验的殖民地官员，他知道，英军已在埃及部署了相当强大的兵力。不过从理论上说，此时意军进攻还是可行的，因为事实上英军从9月到10月初在埃及的力量并不充足，这就给了格拉齐亚尼一个机会去进攻亚历山大港和开罗，则这两个地方是英军抵抗最薄弱的环节，但他很快就失去了这个好机会。整个10月，情形有所变化，英军后援部队源源到来，并迅速开到前线，补充到这一地区的英军其他队伍中。

英军反击

韦维尔意识到格拉齐亚尼在西迪巴拉尼的停留只是暂时的，他立即决

定派奥康纳去前线将意军赶出埃及，如果进展顺利的话，还要把行动延伸到利比亚。英军准备9月21日开始第一阶段的行动，但直到10月中旬"指南针行动"形成后英军才开始反击。

韦维尔的问题是要知道哪支部队最适合进行反击，因为一方面"指南针行动"在制定过程中；另一方面埃及外部的事态发展又使他的责任范围扩大，要耗去一部分资源。10月28日，驻扎在阿尔巴尼亚的意军突然进攻希腊，韦维尔接到英国最高司令部的命令，要求给希腊提供军事援助。当时，英国皇家海军陷在东部地中海地区的战事中，一时难以脱身，对阿尔巴尼亚地区的意军的进攻也正在着手准备。

此时英军侦察部队恰好发现了在西迪巴拉尼的意军第10集团军的阵地存在一个致命的缺陷：意军在这一地点的阵地分为两部分，一个在海岸线上；另二个是内陆的兵营，彼此相隔长达24千米。英军的进攻计划可以利用意大利营地的这段空隙，由奥康纳指挥西部沙漠部队从陆地上悄悄行进，然后步兵部队再越过意大利的沿海岸线的营地，这样就切断了意军支援的任何可能性。这一计划绝对保密，只有几位高级军官知道。其他军官最多也是得知英军将在5天内有一次突袭行动。直到最后一刻韦维尔才通知奥康纳：如果这次奇袭成功，英军将取得全胜。

塞尔比的部队

英军从第4印度师、第7装甲师和塞尔比的第2编队招募并组织了3万人的部队。塞尔比准将率领的部队，大约有1 750名精干士兵，包括3支摩托化步兵部队，并装备了一些装甲车和高射炮，还有一些野战炮。他的任务

↓一支意大利的运输队正沿维尔巴尔比亚驶来，这是从利比亚到埃及的一条主要的沿海通道

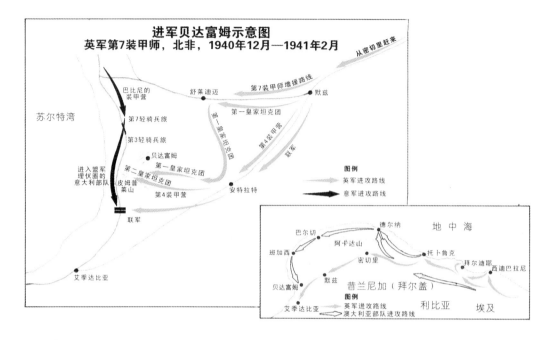

↑1940年12月8日，英军第7装甲师对占据埃及西迪巴拉尼的意军发起强大攻势。两天后，英军收复西迪巴拉尼。1941年1月初，意军全线撤退。1月22日收复托布鲁克之后，第7装甲师为了切断敌军沿海岸线的退路，彻底消灭这支意军，便沿昔兰加尼战线的凸出部继续追击意大利逃军。2月6日和7日，盟军在贝达富姆布好埋伏

就是沿海岸前进，对敌军实施有限的正面攻击。而其他两支部队将从外侧围剿意军。

此时，意军空中侦察队报告说英军出动了大批摩托，但是又解释说，这些部队只是为了应付意大利的进攻而正在加强防御。当奥康纳的部队在1940年12月8—9日继续前进时，在那个寒冷冬天的沙漠之夜，他们发现了在意军两个阵地之间的空隙地带，真是喜出望外。

西迪巴拉尼大捷

第4印度师在坦克营的支援下，全歼了西迪巴拉尼附近的意军。意军将领马里提尽管受伤却仍坚持战斗，最终阵亡。8时30分战斗结束，第4印度师只损失63人，却俘获敌军2 000人。随后第7装甲师进行了一场更大规模的扫荡，到达西迪巴拉尼以西的海岸，阻止了西迪巴拉尼敌军的撤退，并切断了它的支援路线。经过几天战斗，英军取得了全胜，意军被俘人数达到38 000人，并损失了237门大炮和73辆坦克。从英军包围中逃离的意军全部越过边境撤到了利比亚。

就在这时，奥康纳却突然失去了第4印度师，因为意大利正在入侵东非，所以英军从他手中调走了第4印度师。如果他要继续追歼意军就必

意大利"菲亚特"CR-42型战斗机

须等待澳大利亚援军到来后才能行动。奥康纳说："这简直太不可思议了。"他甚至还没意识到英军的作战计划已经改变了。"第6澳大利亚师从未在沙漠战中受过锻炼，而且还要重新用现代化的大炮加以武装。调走第4印度师的直接后果是，我们只能推迟进攻巴尔迪亚的行动，这样一来我们就完全失去了奇袭意军的机会。"

围攻巴尔迪亚

当澳大利亚军队被运往战斗前线时，奥康纳已于12月14日率领他的其他部队进入了利比亚，接着又进入了巴尔迪亚——这个由45 000名意军据守的要塞。澳大利亚军队到达后，很快部署就绪，1941年1月3日，对巴尔迪亚周围进行了围攻。这完全是一场武器的较量，英澳盟军由23辆坦克领头，加上英国皇家海军和空军的火力支援，大举进攻意军。第6澳大利亚师派出了步兵夺取巴尔迪亚，并有一组25磅"埃塞克斯"型大炮进行火力支援。伽那·图特描述了这场进攻：

> 为了进攻巴尔迪亚，我们把大炮移到一个新的位置，我们启动了第一个大型计划。首先炮击意军阵地，然后我们突破了铁丝网去攻击新的目标。我们遭遇到一队意军，很快我们就意识到他们是步兵，不是炮兵。他们居然死在自己的炮火下，在意军阵地周围到处都是他们自己士兵的尸体，他们肯定一直在战斗。最后我们的步兵坦克团和澳大利亚军队赶到并占领了他们的阵地。

↑意大利"菲亚特"CR-42型双引擎式飞机，以20世纪30年代中期的标准来看，这是很有用的战斗机。但是到了1940年，航空技术发展迅速，这种飞机已经过时了。它根本无法与英国皇家空军的"飓风"式战斗机相比。"菲亚特"CR-42型战斗机，配备有2挺口径为12.7毫米的机关枪，2颗重100千克（220磅）的炸弹，最高时速达每小时441公里（274英里）

澳大利亚军队穿过了反坦克战壕——那些战壕是意大利军队用来防守巴尔迪亚的阵地——直接朝海岸进攻，把意大利军队截成两段。经过一些零星的战斗，意大利守军于1月5日投降。奥康纳深知速度的重要性，在巴尔迪亚战斗结束后，他又立即率领第7装甲师沿海岸赶到托布鲁克。托布鲁克是这一地区少有的深水港之一，它对于从利比亚到埃及的沿海补给通道具有重要的战略意义。它的失守使意大利军队在北非的所有作战行动大大受挫。

第一次托布鲁克战斗

英国装甲部队切断了托布鲁克周围的所有交通。澳大利亚部队到来后，1月21日凌晨，英澳盟军立即开始进攻。经过长途行军，现在可用的坦克只有12辆了。奥康纳把澳大利亚骑兵营补充给装甲师，并把缴获的意军坦克配备给了他们。而此时，意大利在利比亚的守军为了保卫这块殖民

地，比以往任何一次战斗都要卖力。英军的贝克上尉是这次行动的一名军
官，他描述了这场突破托布鲁克防线的战斗：

　　接近一块干涸的洼地时，大约在距托布鲁克4.8千米处我们遭
到炮火攻击，根本无法知道炮火是来自哪个方向。在靠近洼地边
缘的时候，我发现了一些炮火，于是命令军队去进攻，我们顾不
得旁边的机枪和反坦克炮。到处都是炮火，然后在近距离内我听
到一阵轰炸声。问题是首先该进攻哪个方向，我们一直向前，尽
管一路颠簸。我们的枪手第一枪就射中了敌人的炮台。

　　我们又去寻找其他的火力点，敌人的炮弹在我们身后爆炸，
掀起一阵尘土。在这阵迷雾中我很快转身，立即发现就在我们不
远处有一些人，穿着绿色的军装，外衣敞开着，汗流满面，他们
正在掉转炮口，准备对付我们。我们立即射击，如果一时没有击

↓一支英国补给车队
正驶向前线。在北
非，士兵必须得到一
切，包括水，因此后
勤需求大于战争战
场。随着双方前进，
他们的供应变得捉襟
见肘，迫使他们放慢
脚步

←一约克和兰开斯特团的士兵们发现了优质的水，沙漠中严重缺水

倒他们，那么我们会很快绕过去再射（没想到一举成功）。我们一股脑儿地朝工事里乱开枪，接着对方摇旗投降了。

英军向托布鲁克的进攻速度之快和攻势之猛令驻守的意军防不胜防，尽管意军进行了顽强的抵抗，但已无法挽回失败的命运。21日夜暮时分，托布鲁克防线崩溃，第二天，意军投降。进展如此之快以至于托布鲁克的海水蒸馏工厂还没有被破坏就落入了英军手中。港口内一些关键的设备立即得到修复，几天内又重新发挥作用，不过都为英军所用了。

英军面临的一个大问题就是如何把这么多的意军俘虏集中起来，清点之后送到后方。大部分战俘面对被俘或囚禁似乎并不是很沮丧，也很少有人想逃离。他们只是偶尔给俘获他们的英澳士兵一些小幽默。霍夫曼下士是一名曾被招募在第6澳大利亚师的记者，他这样描述亲眼看到的一幕：

法西斯的嚣张气焰在被俘的一名意军少校身上充分展现出来。当部队到达一个安全地点时，他冲到队伍前面，敞露着胸

口，用意大利语大声叫道："朝我开火……还我尊严！"这个勇敢的罗马人的叫喊激励着那些俘虏，他们显然断定我们拿他们没办法。

这个试图自杀的少校不断叫喊着那句话，后来一名澳大利亚步兵拿着一把明晃晃的刺刀走向他，说："混蛋，在我刺死你之前赶快退回去！"听到此话，这名法西斯少校灰溜溜地回到了队伍中。

英军继续进攻

英军连续五天发动袭击把意军赶出了埃及，下一步行动就是对墨索里尼的北非帝国发动进攻。但而眼下英军处于两难境地：是继续进攻去占领班加西和利比亚东部的昔兰尼加，还是转入防御呢？当时丘吉尔正在考虑支援希腊军队抗击阿尔巴尼亚边境的意军。他在1941年1月6日写信给参谋

↓ 两名英军士兵正在检查在沙漠中坠毁的一架"菲亚特"CR-42型战斗机。在沙漠战役初期，双方的空军力量都比较小，都不具备空中优势

委员会："在埃及的东部一带确保安全之后，我认为英军应首先考虑去支援希腊。"

然而，奥康纳还是获许继续进攻，抗击意军。尽管已筋疲力尽，装备和配给也已严重不足（主要缺少汽油），但是英军前进的速度并没有放慢。1月30日，英军夺取了德尔纳，意军没有抵抗就狼狈逃窜了。奥康纳此时看到一个机会可以干净彻底地歼灭意大利第10集团军。如果他继续沿海岸进攻，他一定可以将意军赶出昔兰尼加。但是如果大量的意军逃往的黎波里，则会给英军在北非的军队留下隐患。

奥康纳派第7装甲师的剩余部队抄沙漠近路赶到了杰布阿卡达山区，他想切断意军的退路，阻止他们逃跑，并缴获他们的武器。

奥康纳决定一搏

奥康纳知道对于机械化部队来说，沙漠行军非常困难，但是他已经决

↓一批刚应征入伍的意大利士兵在动身去意属索马里之前，正在那不勒斯的码头上欢呼

定一博。时间是关键，英军必须赶在撤退的意军突出重围到达安全地带之前赶到贝达富姆的海岸公路上。尽管缺少可维修的机器，第7装甲师还是穿过密切里，经过一段多山的地形到达默兹。2月5日，虽然他们遭遇了意军第10集团军向南赶往的黎波里的先头部队，但他们仍然及时赶到了贝达富姆的海岸线通道上。同时，海岸线通道上的澳大利亚军队正把意军赶到他们在贝达富姆所设的包围圈中。

　　看到自己退往的黎波里的道路已被英军切断，虽然暂时还很安全，意军仍试图突破英军装甲军的包围。尽管在数量上占优势，但是由于他们的进攻没有很好地协调，最后终于惨败。第7装甲师的炮兵和坦克部队重创意军，缴获了大量的意军车辆。英军只以极小的损失就摧毁了敌军46辆坦克。不过，英军部队认为敌军的武器只有少数能用。著名记者切斯特·魏莫特亲历了这一战斗，他这样记述道：

↓一支意大利信号连入侵阿比西尼亚后，正在进行联络，而当地部落的土著人则在观望。意大利军队在装备简单的阿比西尼亚军队面前炫耀了一下他们的武装威力

意大利布雷达88"山猫"式飞机

午饭后，战报送到的时候我们简直难以相信。有人说15辆坦克在为一支运输部队开路，接着还有人说25辆中型坦克在后面负责殿后，又有人说还有30辆中型坦克散落在队伍中间。也就是说总共有70辆，但是只要快速运动我们还是能够把这些坦克部队打得落花流水。这真是一项艰巨的工作。我们战斗了整整一个下午，到天黑时，可能只有不足30辆留在那儿了。虽然这样，我们有半数以上的中型坦克，因为一些机械障碍已经不能再用了，因为它们已经连续几天不停地前进了。其中有一个坦克团那天下午曾有两次用完了弹药，不能作战，必须重新补给。尽管如此，战斗仍在继续。

意军投降

试图冲出英军包围的最后努力失败后，一些意大利军队摇着白旗求降了，残余的部队已经放弃战斗。英军长途行军800千米，打败了意军10个师，俘虏13万人。至于英军自己则只有500人死亡，1373人受伤。奥康纳把这个消息报告给在开罗总司令部的韦维尔："狐狸已经被歼灭。"

这是英军的一次光荣的胜利——自从1939年开战以来的第一次胜利。可以理解的是，奥康纳想充分利用这次胜利继续进攻，占领利比亚首都，给意军以毁灭性的打击。然而，英国整体的战略计划压倒了奥康纳一切后继行动的希望。这次压力来自丘吉尔，他命令首先派军队去支援希腊，他还说第一阶段的沙漠战可以允许失败。奥康纳得知错失良机，不能乘胜追击，并一举把轴心国从北非彻底消除非常失望，但他还是服从命令，毫无保留地接受了英军最高指挥的决定。

↑意大利布雷达Ba.88"山猫"式飞机，1936年首次露面被墨索里尼称为一大成功。但在战斗中，这种飞机却是失败的。1940年9月意大利进攻西迪巴拉尼遭到"流产"。由于沙子渗入飞机，导致引擎过热，飞机不能保持平衡在一定的海拔高度。11月，这种飞机大部分都被拆去了其中有用的部分，而留下废壳作为英军进攻的诱饵

←←这是一张德国军队在东非战争中的珍贵照片。意大利军方认为德军和自己并肩作战是光彩的事，因此接受了德军的卐字旗

↑一辆意大利轻型坦克。这种坦克只配备了机枪，由于太轻而没有实际作用，对意军来说只能用作维持治安或是侦察而已

　　当英军先遣部队准备向阿格海拉（今卜雷加港）进军时，英军第一阶段的沙漠进攻就告一段落了，他的特点是独一无二的。此时，双方不约而同地都想抓住问题的关键，把战争打到北非荒漠中去。沙漠的恶劣环境使几乎所有人感到震惊（除了少数有经验的人员外）。夏天，在卡车的引擎盖上可以煎鸡蛋；冬天，一阵雪后，沙漠覆盖厚厚的霜冻。前方和后方距离如此之远，所有必需物品，包括汽油、弹药、食物、水都必须从几百千米的后方军需库中长途跋涉运往前线。除了气候恶劣之外，部队还要忍受沙尘暴的侵袭。这是沙漠中唯一能使敌对双方停止战斗的因素。鲍伯·塞克斯，一名刚到沙漠的英军士兵，这样描述他第一次遭遇沙尘暴的可怕经历：

　　　　沙尘暴以大约每小时65千米的速度向我们袭来，像特快火车一样，带着厚厚的沙土。所有的氧气仿佛都随风而去，苍蝇正疯狂地飞舞着，我们热得受不了，浑身是汗，沙尘把我们包围了，眼里，鼻子和耳朵里都是沙子。我坐在防空洞里等着，心想过几分钟就会过去的。突然我惊呆了，大堆的沙土从缝隙中灌进了防空洞，我想我快被埋起来了。我在四处找出路，在风中我无法站立，沙土鞭打着我的脸和手。此时天昏地暗，我感到一个人很孤独。然后有了一线光亮，太阳开始出来了，像一个很脏的橘子。风沙的呼啸声渐渐减弱，一会儿，风停了。我平安地经历了一次沙尘暴。当我们把脸上的沙子扫干净时，发现脸已被沙子打得出血了。

恶劣的沙漠环境

对于饱经沙漠之苦的士兵来说，沙尘暴、酷热、苍蝇，这些要求士兵必须保持沉着与镇静才能应付。对于刚到沙漠服役的其他士兵，要花相当的时间调整自己来适应这种新的生活环境。一名刚从相对舒适的马耳他来到沙漠的英国皇家空军飞行员在描述沙漠中的宿营地时，毫无热情地写道：

↓意大利的"菲亚特"M-11/39中型坦克，装有一门主炮和两支机关枪，这种坦克大部分用于沙漠战中，到1940年至1941年的冬天，大部分被英军所击毁

我很快就发现沙漠中的生活是不轻松的，海水蒸馏以后，喝到嘴里又热又咸，根本不能解渴，只能使我们活着而已。我们找不到任何可以解渴的东西，事实上，持续的干渴都快让我们发疯了。这真是太可怕了。每当晚上睡不着，想着泡沫牛奶、柠檬水、苹果酒和来自山泉的冰水，一想起这些，就觉得此时的生活

意大利"菲亚特"
M-11/39中型坦克

真是糟透了。白天，我们差不多快被可怕的炎热和成千上万的苍蝇逼疯了。到了夜晚，虱子、臭虫和蟑螂又来折磨我们。沙土一来，就盖住了我们的嘴、鼻子和头发。

当你极不明智地走出帐篷时，那就更可怕了。一天晚上，我的一个战友到附近100码远的一个帐篷去看他的朋友，结果他失踪了整整14个小时。

如果沙尘暴持续时间短暂，情况尚可，如果剧烈起来，苍蝇是一种永远的滋扰。没有人能习惯这些害虫。"那儿有成千上万的苍蝇。"一位老兵抱怨说："那些硬硬的绿头苍蝇，非常大。在你喝茶前，必须把手放在杯口上，在手指之间吮吸，以防止苍蝇进入，否则就会有许多苍蝇掉进茶杯里。"

但如果不从这些方面去考虑，每天战斗和生活时，人们则很喜欢沙漠的广阔和它粗犷的伟大。"我喜欢在沙漠中。"一个有着沙漠经历的老

↓ 1941年5月安巴阿拉吉要塞失守后，意大利部队被迫投降，正朝囚禁地走去。意大利驻军对这一阵地的坚决防御赢得英国和英联邦军队的尊敬

兵说："这是一种很好的、健康的生活。到了夜晚，有一种难以说出的平静，天空是那样辽阔。"

英属索马里被占

对墨索里尼来说，意大利军队在昔兰尼加的失败是个重创。因为在此之后，意属东非接连落入敌军之手。1940年的"非洲之角"包括一系列殖民地，意大利占有厄立特里亚、意属索马里和阿比西尼亚（今埃塞俄比亚），他们在1936年驱逐了统治者海尔·塞拉西之后占领了这些地方。法属索马里在《德法停战协定》后就实行了非军事化。因此这一地区就只剩下不堪一击的英属索马里了。

1940年8月1日，意军5个步兵旅越过边界进入英属索马里。因为英军中东总司令韦维尔命令英国守军从泽拉港和柏贝拉港撤退，英军只进行了一些象征性反击。8月19日当意军到达时，这些港口已经被英军放弃了。意军对英属索马里的占领是意大利战争的第一次也是唯一的一次胜利。

墨索里尼命令意军在北非的指挥官奥斯塔公爵采取进攻战略，向北进攻，进入英国控制的苏丹。由于缺少战争资源，尽管墨索里尼吵嚷着要对喀土穆发动进攻，奥斯塔还是拒绝了他的要求，反而加强力量保卫东非，以免英军反攻。

在1941年年初，英军就开始了把意军驱逐出"非洲之角"的行动。英军准备把侵略军从他们的各个基地中驱逐出去，以确保自己中东殖民地的安全。从奥康纳指挥的西部沙漠之战中调来的第4印度师和第5印度师为普拉特中将的部队提供了中坚力量，英印盟军加上从塞内加尔来的一个法军营和海外的法国军团（这支部队已经加入了自由法国的事业）将从苏丹进入厄立特里亚。英国和南非军队从南面的肯尼亚进入了意属索马里。另一支部队从肯尼亚北部进攻，最后驻扎在亚丁的英国军队穿过亚丁湾，在英属索马里的柏贝拉港登陆。

复杂的地形

东非地区复杂的山区地形使所有的行动都异常艰难，双方只得依靠骡子，甚至骆驼来运送装备。与西部沙漠战不同，意大利参加这次战斗也相当有决心。1941年1月15日，普拉特的部队开始直接向坚固的克伦山区进攻，从那里可以控制厄立特里亚和阿比西尼亚北部的所有交通要道。在克伦，意大利军队的防御工事相当坚固。印度两个师在英印盟军到达之前爬到了克伦山区的顶峰。英印盟军遭到意军的一系列反击。在持续的强烈火攻和空中袭击及大炮轰击下，意军才被迫撤退。持续围攻了53天，克伦终于落在盟军手中。普拉特继续进攻，4月1日，占领了厄立特里亚首都阿斯马拉。

向南挺进

在肯尼亚，中将阿兰·坎宁安领导一支由第11、第12非洲师和第1南非师组成的部队于2月向意属索马里进攻。2月19日，阿兰·坎宁安的部队突破意军在朱巴河的防线，迅速沿海岸线进攻，5天后占领摩加迪沙。接着英军又从摩加迪沙向北部进军进攻阿比西尼亚，3月29日到达吉吉加，在那里与3月16日在伯贝拉登陆的英军会师。两军联合后，在阿兰·坎宁安的指挥下，3月30日突破马匀达关口，切断了迪雷达瓦的火车线路，于4月5日到达阿比西尼亚首都亚的斯亚贝巴。国王塞拉西一世返回首都。而阿兰·坎宁安不费吹灰之力就到了北方与普拉特中将会合，接着两军又从厄立特里亚挥师向南。

奥斯塔拒绝投降

尽管意大利在阿比西尼亚的统治在事实上已经崩溃了，但奥斯塔公爵仍拒绝向英军投降。他带着剩余部队，决定在安巴阿拉吉山附近的高山区再进行一场防御战。5月3日，南非部队和埃塞俄比亚游击队到达这一地区，开始向安巴阿拉吉这座高达3 414米的山地进攻。他们对高地上的意军进行了围攻，5月12日，坎宁安和普拉特的两支部队结合起来给奥斯塔上紧了门闩。

此时的意军情形是：缺少弹药和水，又遭到南非部队炮火的猛烈轰击；意军的守卫实在是没有希望了。奥斯塔开始考虑向英国正规军投降（事实上，埃塞俄比亚游击队在进攻高地的过程中歼灭了大量意军，这也是促使奥斯塔选择部队投降的原因）。5月19日谈判开始，奥斯塔接受了投降条件，他剩余的5 000名士兵走出了安巴阿拉吉山区。英军和南非部队给足了他们荣誉和面子。

意军在安巴阿拉吉高地的投降使意军投降总数达到23万人，但仍有8万意军继续在战斗。他们被分在两个地区：一部分在亚的斯亚贝巴西南部的加拉·西达莫省，由加泽拉斯将军率领，大约有4万人；另一部分在首都西北部的贡德尔地区，是一支由纳斯将军率领的精锐部队。大部分英军和南非部队正准备撤到其他战场作战。这样就把这场战争最后阶段的任务交给了留在阿比西尼亚的非洲军。然而，由于雨季到来，道路泥泞，致使数量很少且路途遥远的非洲军行军缓慢。

战役的最后阶段

　　英军指挥部集中主要兵力进攻加泽拉斯的部队。由于湍流和大雨，再加上道路崎岖不平，致使所有的行动异常艰难。但是非洲军还是把意军追到了加拉·西达莫省。6月21日，盟军进入季马，而意军则逃到了农村。意军此时浑然不知，从刚果来的一支军队正朝他们进军，并在半路截住了他们。意军和刚果军在7月3日交火，一阵激战后，加泽拉斯的部队筋疲力尽，缴械投降。

↓位于安巴阿拉吉地区意大利军队阵地的一部分。展示了在战役中双方交战的崎岖多山的地形

意大利在东非统治的结束

在东北部地区，纳斯将军的部队已在塔纳湖上游的山区驻扎下来。他们的总部在贡德尔。尽管此时意军阵地很坚固，但他们缺乏装备。印度军和非洲军的进攻被反复击退。意军虽然多次反攻，但部队到9月27日已弹尽粮绝，精疲力竭，位于沃尔切夫特要塞的意军被迫投降。而贡德尔地区的意军主力部队仍在坚持抵抗，直到遭到英军的连续炮击之后，才于1941年11月28日，也就是珍珠港事件前近一周的时间被迫投降，至此意军在东非的抵抗彻底结束。这是一场长期而又艰辛的战役，同时也宣告了墨索里尼建立东非帝国的迷梦彻底破灭。

埃及南部边境侧翼地区的安全得到确保以及英国在东非其他领地的保卫战完成之后，加上英军对阿比西尼亚的征服，这一系列事件促使罗斯福总统取消了1940年6月10日颁布的禁令，禁令不允许美国船只在红海航行，这是为了避免美国人员的伤亡。而此时，美国船只可以在苏伊士运河

↓当地人民聚集起来听国王塞拉西一世的归国演讲。在被意大利长期占领期间，阿比西尼亚人民坚持抗战，终于击败了意军

自行装运，大大增加了从美国运来的供给，缓解了英国军队在中东的物资
需求。

英军在东非胜利的进一步结果就是"塔科拉迪"航线的建立。这是一
条空中运输线，从西非经过塔科拉迪和拉米港到达喀土穆，最后到开罗。
这条航线由自由法国组织。这条航线在把大量的飞机和物资运往中东的过
程中发挥了重要作用。韦伯·肯尼迪·肖（英国沙漠远征军的一位先锋
官）描述说："当我们在拉米堡等着乘船前往开罗时，每天都能看到塔科
拉迪–喀土穆–开罗一线有成打的飞机飞过。那时我意识到，我们的法国联
军为确保我们这条交通生命线的安全起了关键的作用。"

隆美尔到达非洲

英军在昔兰尼加和东非的两次巨大胜利大涨了英军的士气，但是这
种高涨的士气很快就被其他地区的事件蒙上了阴影。在奥康纳入侵利比亚
期间，由于意大利第10集团军全军覆没，墨索里尼只能答应接受德军的直
接军事援助。1941年2月12日，隆美尔中将被任命为指挥官，到达的黎波
里时受到意大利军队的热烈欢迎。同他一起来的还有后来非常出名的德国
"非洲军团"。2月24日，一支德国侦察队第一次与在北非阿盖拉前线的
英军发生交火。

这是德军大规模进攻的第一步。但是，此时在开罗的英军最高指挥部
担心的是德军把主要力量集中在巴尔干地区扩张势力。丘吉尔已经答应给
希腊提供援助，因为希腊是欧洲大陆上唯一积极地抗击轴心国的国家。随
着德军的介入，英军的援助将很快产生逆向作用，这给英国和希腊都带来
了灾难。

9

巴尔干闪击战

由于法国的陷落，欧洲的大部分地区或落入轴心国的统治之下，或投靠了轴心国。只有历史上一直不稳定的巴尔干地区，特别是被德国所控制的罗马尼亚的石油供应，仍旧是德国的一大隐患。

在第二次世界大战开始的第一年中，轴心国和同盟国在巴尔干地区的军事干预都有所收敛：英国在此地区没有战略利益，更为重要的是英国在其埃及和巴勒斯坦的基地之外，缺乏采取行动的能力；对德国来说，巴尔干的确有战略意义，但是他们只满足于对自己东南欧的邻居们施行经济和外交上的控制。巴尔干各国都是右翼独裁政权（无论其名义上的宪法制度如何），大多数都接受了在德国统治范围内的从属国地位。然而，从整体上说，巴尔干地区一直不稳定，这是出了名的。国内的不和或者外部的干涉很容易就打破它们表面上维持的均势。

德国一向依赖罗马尼亚的石油供应以保证其经济发展和战争机器的运转，因此希特勒害怕任何有可能影响德国燃料供应的因素出现。与此相关的，就是德国担心英国有可能向德国的石油基地发动袭击。尽管这一时期，英国人还缺乏攻击这些目标的能力，但石油基地的安全与德国利益休戚相关。于是1940年10月，希特勒授权德国在罗马尼亚的驻军去保卫这些基地。

从1940年秋开始，另一个影响德国对巴尔干地区政策的因素，就是希特勒一心想要在不远的将来进攻苏联。希特勒和他的高级指挥官断定，在

←←1939年希腊，一门防空大炮正向目标开火。墨索里尼执意入侵希腊，引起了一场巴尔干地区的政治和军事危机，同时英国和德国也卷了进来

他们进攻苏联的计划实施以前，自己的南部侧翼需要得到保护。为了确保这一点，就要求采取相应的军事行动。匈牙利、罗马尼亚和保加利亚的傀儡政权对德国在该地区的利益不可能造成伤害，但南斯拉夫和希腊并不是轴心国体系的成员，因此它们对希特勒的计划仍构成潜在的威胁。

墨索里尼的野心

　　墨索里尼对德国在巴尔干地区的优势地位深感不满，他认为巴尔干地区本应该置于意大利的统治之下。1939年，意大利不费吹灰之力就占领了阿尔巴尼亚，墨索里尼侵略计划的下一步就是入侵希腊。与希腊700万人口相比，意大利的4 500万人口也显示了意大利在军事力量上的优势，而且希腊也缺乏现代武器和装备，其武器装备只相当于战前水平。因此墨索里尼认为在数量和装备上均处于劣势的希腊军队不会给他带来多大的麻烦。但是他一贯狂妄自大的心态，让他忽视了自己军队的弱点，同时也使他低估了对手顽强抵抗的决心。

↓希腊的一门野战炮准备向意军阵地开火。希腊军队意志坚强，斗志昂然，完全能与意大利军队抗衡，意大利人对墨索里尼的海外冒险计划毫无兴趣

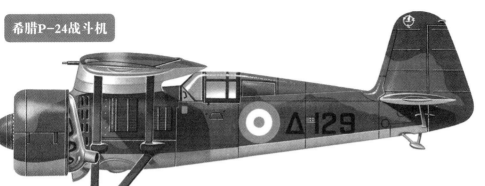

希腊P-24战斗机

意大利入侵希腊的计划没有透露给德国，因为德国十之八九也不会赞成这样的冒险行为。当希特勒听到这个入侵方案时，他正在法国（和维希政府谈判），而该方案此时已迫在眉睫，他急忙下令调转自己的火车驶向佛罗伦萨，企图说服他的轴心国伙伴能够放弃入侵希腊的计划。但是他来迟了一步：10月28日，当希特勒和墨索里尼在车站会面时，墨索里尼骄傲地对他吹嘘道："我们的部队已开始行动！今晨黎明时分，我们的部队已顺利突破了阿尔巴尼亚与希腊的边界线。"希特勒并不看好意大利军队的行动，但事已至此，短期内他已无能为力，只有静观事态的发展。

希腊政府拒绝接受意大利在入侵行动开始前所发出的最后通牒。相反，希腊实行了全民总动员。国王乔治二世是希腊君主立宪政府的首脑，不过实权掌握在首相梅塔克萨斯上将手中。希腊军队的总司令是帕帕戈斯上将。希腊的军事力量包括15个步兵师（其中9个师受过一些山地作战的训练）、4个山地旅和1个骑兵师。

意大利的侵略计划

在维斯孔蒂·普拉斯卡上将的指挥部署下，意大利军队在西面埃皮鲁斯地区的进攻希腊行动将由4个师执行，另外还部署了两个师作为后援部队。考虑到这个入侵计划的野心勃勃的实质，这种军事部署的规模之小，实在令人吃惊；这也反映出意大利最高统帅部狂妄自负的心态。意大利人本来指望能够在希腊实施全民动员前突破希腊的边境防线，但恶劣的天气——淅沥小雨变成了滂沱大雨，地面泥泞不堪——延缓了意大利军队的进程，也使意大利空军被迫停飞。恶劣的天气、多山的地形以及希腊人日

↑虽然难以与当时最先进的战斗机相媲美，但希腊皇家空军的P-24战斗机在反击德国空军和意大利空军的战斗中表现出色。希腊的P-24型以1930年波兰的飞机为原型研制而成，而整个希腊空军只有36架这样的飞机

益顽强的抵抗，这些因素综合在一起，使意大利的入侵进程在第一周内便陷于停顿。

墨索里尼对这样的结果失去了耐心。11月9日，他免去了维斯孔蒂·普拉斯卡的职务，而让副参谋长索杜取而代之。索杜的解决方案就是重组战线拉得过长的意大利军队，给他们提供了后援力量。但这些援军一时还不能到来。与此同时，沿阿尔巴尼亚–希腊边界的希腊军事力量正逐步增强，结果到11月12日，希腊的步兵已有意大利的两倍之多。帕帕戈斯没有采取防御战术，而是决定利用意大利军队的失误，在意大利援军到来之前削弱数量占优的意大利军队的攻势。11月14日，希腊从亚得里亚海到与南斯拉夫交界处的边境地区，展开了全线出击。

← 在沿希腊和阿尔巴尼亚边境地区的多山地带里，一场战斗中阵亡的意大利士兵。意大利军队的装备不足以应付在希腊遇到的情况

希腊第5军——已增加到了5个师的力量——在战线右翼取得了突破，重创了意大利的3个师并把他们击退到了阿尔巴尼亚境内。紧接着这次出击之后，希腊取得了更多胜利；到11月底，意大利军队不仅被赶出了希腊，甚至还有失去阿尔巴尼亚的危险。

到了12月初，希腊的攻势开始减弱。由于坦克和反坦克炮的匮乏，希腊军队在山谷和低凹地区的攻击力量已不如以前那样猛烈。因此，希腊指挥官更愿意将其行动区域限制在他们的步兵能发挥最大作用的多山地带。另外，天气更加恶劣，气温开始降至零下20℃，使希腊军队的攻势完全停顿下来。在这样的环境下，希腊军队和意大利军队都苦不堪言，同时也都缺乏供给和医疗支持。1941年1月10日，希腊军队占领了重镇克里苏拉以后，双方陷入僵持状态。两军都安营扎寨，等待着春天的好天气到来。

德国干预希腊战事

意大利在希腊的惨败，使希特勒大为恼火。这并不是因为他同情意大利的处境，能够理解意大利的领土野心，而是因为这次战争打破了巴尔干地区错综复杂的外交平衡状态。当意大利入侵希腊时，英国应希腊之邀在克里特和希腊大陆地区建立了空军基地，以便给处于困境中的希腊军队提供一定的空中援助。英国皇家空军进入希腊——尽管数量很少——才是希

↓在入侵希腊的战争中，意军用一架重型机枪作为防空武器对付希腊战斗机

↑作为英国向希腊提供军事援助的首批成员，英国皇家空军在雅典登陆。英国支持希腊反对轴心国，尽管它在中东并没有足够的军事力量去执行该战略计划

特勒最为关注的事情，因为英国皇家空军的到来使德国在普洛耶什蒂附近的罗马尼亚油田很容易遭到攻击。希特勒认为德国必须去援助意大利，于是在1940年11月12日，他指示德国陆军总司令部准备一份入侵巴尔干的计划，以摆平希腊这个"讨厌鬼"。

但是在开始实施任何入侵希腊的军事计划以前，德国准备先通过外交手段迫使其他巴尔干国家屈服。匈牙利和罗马尼亚已经坚定地站在轴心国一边，于是德国便向保加利亚——地处罗马尼亚和希腊之间——施加压力。

1941年2月8日，德国与保加利亚双方签署协议，允许德国军队进入保加利亚境内。于是李斯特上将的第12集团军穿过保加利亚，沿着希腊边界开辟了战线，德国空军也建立了空军基地准备进攻希腊。保加利亚卷入轴心国体系是在1941年3月1日，加入德意日三国同盟，成为轴心国的一个小伙伴。

为把南斯拉夫拉进轴心国的阵营，德国颇费了一番工夫。南斯拉夫作为一个独立国家出现是《凡尔赛和约》的结果，它由6个大的民族组成，各民族彼此间矛盾重重。由塞尔维亚人控制的政府与希腊有着悠久的历史情结和家族渊源关系，而且他们也不想失去自己在希腊萨洛尼卡（塞萨洛尼基）港口的特权。若意大利占领希腊，南斯拉夫人则将失去这一特权。

他们准确地预感到意大利会觊觎南斯拉夫，因此，贝尔格莱德的态度更加偏向希腊的抵抗事业。

　　南斯拉夫的摄政者保罗亲王和他的政府，总体来说对盟军的事业很有好感，但他们也清楚地意识到，在德国的军事压力面前，他们是无能为力的。当德国进一步向南斯拉夫施加外交压力，迫使其加入三国军事同盟时，保罗亲王和其部下同意了德国的要求。他们别无选择，只有向希特勒屈服。3月25日，南斯拉夫极不情愿地成为《三国同盟条约》的一个签约国。至此，德国武装力量进入巴尔干对付希腊的道路已经打通。4月初，德国制定了入侵希腊的方案，代号为"马里塔"行动。

英国向希腊提供援助

　　虽然希腊政府坚决保卫自己的国家免受意大利的侵略，但他们也并不想激怒希特勒，因为他们完全清楚，希特勒的军事干预会让希腊遭殃。而另一方面，英国正着手准备在巴尔干南部地区建立一个反轴心国联盟。丘吉尔和外交部部长艾登本希望能够把土耳其、希腊和南斯拉夫都拉到盟国

↓占领南斯拉夫首都贝尔格莱德以后，德国党卫军指挥官正在接受一家广播电台的战时采访

↑图中是1940年意大利入侵希腊时，一位希腊的炮兵团中尉。他头戴着法式军帽，穿着宽松的马裤，脚蹬马靴，同时身上带着地图夹和双筒侦察望远镜。在战斗中，所有希腊士兵必须戴英国式或希腊新式钢盔。在整个战争中，希腊士兵英勇奋战。他们能够击败意大利侵略者，让全世界人都始料不及

这一边，但土耳其决定保持中立；南斯拉夫和希腊则表示，在公开反对德国以前需要强大的军事支持以消除自己的顾虑，而当时英国还没有能力提供这种支持。

当初，希腊在反击意大利的侵略时接受了英国的空军支持，但拒绝了英国所提供的全面军事援助，它担心自己若接受了这种援助，会让希特勒觉得这是对德国的全面挑衅，导致德国可能对自己采取军事行动。因为希特勒为了取得入侵苏联时所具备的优势势必要确保南翼的稳固形势，从这一点考虑，希特勒无论如何也会侵占希腊。事实上，希腊允许英国皇家空军在自己本土上存在已为德国人的入侵提供了借口。当希腊政府发觉德国军队正在向保加利亚和希腊的交界处开进时，他们对德国入侵的担心终于变成了现实。因此，希腊最终还是接受了英国提供的所有军事援助。

为什么英国明知在中东资源那么有限，却还想卷入巴尔干战争的漩涡——这仍是一个有争议的问题。丘吉尔支持英国卷入希腊战争，只是因为这是一条反击德国的途径。丘吉尔是那种在战略决策过程中，激情往往起主导作用的人，因此他的军事顾问们也并不完全赞同他的冲动的干预计划。但在1941年前几个月，英国驻中东地区军队总司令韦维尔上将和其他几名高级军官，竟出人意料地同意了丘吉尔和艾登制订的干预计划。

英国面临的后勤问题

除了从利害攸关的北非战场调遣远征军前往希腊外，英国再也没有足够的军事力量来保证干预行动的成功了。英国从埃及到希腊沿地中海的漫长的供应线很容易遭空袭，而且英国在中东也缺少必备的空中战斗机——无论是数量上，还是质量上——去保护这条供应线。相反，轴心国却有异常充足的战斗机，在巴尔干及其周围海域的上空占据绝对优势。因此，英国陆军和海军将因为空军力量的薄弱而付出惨重代价。

在上将亨利·梅特兰·威尔逊爵士的指挥下，1941年3月5日，一支英联邦军队被调遣至希腊。最初，韦维尔曾向希腊许诺，他将会派出两个澳大利亚步兵师、一个新西兰师、一个波兰步兵旅和一个装甲旅，加上炮兵部队和后援军团，总数将达10万人。但结果，这支远征军被削减至58 000人。步兵由第2新西兰师和第6澳大利亚师组成（总数近34 000人），同时也派来了第1装甲旅（约配有100辆坦克）和两个炮兵团。

然而，意大利赶在英国在希腊北部开辟防线前发动了春季攻势。在卡

瓦莱罗上将（他已于1940年12月底取代了索杜）的全面指挥下，意大利这支迟来但强大的后援部队已从意大利穿过了亚得里亚海。这样，意大利就能够以这28个师组建成的第9和第11集团军，向希腊发动攻势。这次意大利人对结果充满自信，相信能让墨索里尼越过阿尔巴尼亚，目睹自己即将取得的胜利。

意大利开始发动攻势

1941年3月9日，拥有11个步兵师和1个装甲师的意大利第9集团军开始向希腊进攻。但当意大利步兵大队前进时，遭到了埋伏着的希腊炮兵部队的猛烈轰击，意大利军队伤亡惨重，无法继续向前推进。9日晚，卡瓦莱罗在日记里写道："希腊炮兵部队部署得力，所有防守部队都经过精心安排。因此他们能快捷、成功地进行反击。"

接下来的两天里，意大利企图摧毁希腊的防御力量，但经过激战却无济于事。意大利军队最终取消了这次进攻。此次行动中，意大利的3个先遣军死伤人数达12 000人。墨索里尼黯然返回了意大利，他感到自己在军事上已名誉扫地。而对轴心国来说，唯一值得庆幸的就是，这次攻势已拖垮了希腊军队，耗尽了帕帕戈斯上将所剩的全部军事储备。

马塔潘角海战

紧接着意大利陆军的失利，其海军也遭受挫折。德国鼓励意大利在地中海采取更加强硬的政策，去攻击英国运送援助希腊的远征军的船队。同时，德国向意大利许诺，新抵达西西里基地的X特种飞行队将给予意大利援助。意大利同意在两天内横扫希腊至克里特以南50千米处的加夫多斯岛。英国通过破译意大利海军所使用的复杂的德国模式密码知道了该计划。这份情报帮助了英军在地中海的海军总司令——安德鲁·坎宁安上将，他决定发动一次突袭行动，拦截意大利的舰队。3月28日夜间，英国船队神不

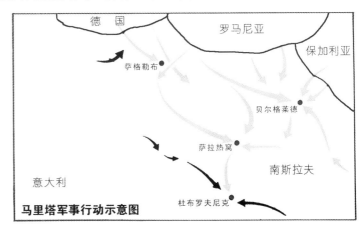

马里塔军事行动示意图

知鬼不觉地进入了马塔潘角。他们用鱼雷击沉了3艘意大利巡洋舰，并一举摧毁了战列舰"维托里奥·维尼托"号。

德国的空援没有如期赶来，意大利舰队就已仓皇逃回港口。意大利军队在此重整旗鼓，以备后战。

虽然表面上看，英军在马塔潘角海战中的胜利保护了其在东地中海的船只免遭意大利的海军袭击，但德国空军此时已蓄势待发，准备攻击英国驻地中海的舰队；同时它也将掩护德军入侵希腊。此时希特勒还没来得及实施征服希腊的计划方案，南斯拉夫所发生的事件就使形势发生了急遽变化。

南斯拉夫加入德意日三国同盟的

消息，让国内的许多人顿感失望。3月27日，在米尔科维奇上将的领导下发动了一场军事政变，推翻了以保罗亲王为首的南斯拉夫政府，并由西莫维奇在贝尔格莱德组建了新政府，摄政者的位置由彼得亲王接替，称为彼得二世。这场政变在贝尔格莱德大受欢迎，人们挤在街头高呼着支持希腊和英国的口号："宁为坟墓，勿为奴隶。"在英国，当丘吉尔听到政变的消息后不禁喜形于色，他宣称："南斯拉夫找回了自己的灵魂。"

希特勒发怒了

虽然英国希望南斯拉夫的这次政变能够成为反轴心联盟开始的标志，但南斯拉夫的新政府并没有公开对抗德国，只是希望南斯拉夫能够保持中立。但希特勒对贝尔格莱德的政变颇为恼火：在他看来，这次政变不仅使自己脸上无光，也威胁到了他对希腊所采取的计划，并妨碍了他入侵苏联的准备活动。在政变当日，从希特勒所发出的一道指示中足见其对南斯拉夫所发生情况的不满："最高统帅部决定，不要指望南斯拉夫新政府会有什么忠诚的表现。要做好从军事上摧毁南斯拉夫的准备，一旦时机成熟就要立刻发动攻势。从政治意义上说，尤为重要的一点是，轰炸南斯拉夫决不能心慈手软，要以闪电般的速度对其进行军事打击。"

←←德国武装党卫军正驾车在贝尔格莱德的大街上驶过。这个城市没有抵抗就落入了德国之手。德国也完全控制了南斯拉夫的军队

↓意大利军队开进南斯拉夫的一座城镇里。德国已率先进入南斯拉夫，意大利军队也跟随德军成为南斯拉夫的占领军

德国的计划

德国将不宣而战，攻击南斯拉夫的机场并空袭贝尔格莱德，以此拉开对南斯拉夫的战争序幕。这个侵略计划是与入侵希腊的"马里塔行动"同时制订出来的。按照德国军队的一贯做法，为了适应新需要，德国总参谋部又出台了对付这两个国家的新计划。德国希望匈牙利、保加利亚和意大利能够提供援助，条件是这些国家也能从肢解南斯拉夫中得到领土上的好处。而为了达到从政治上分裂南斯拉夫的目的，德国也怂恿克罗地亚人和南斯拉夫其他一些民族发动反对由塞尔维亚人控制的南斯拉夫政府的叛乱活动。

为确保能够达到希特勒"闪电般速度"的要求，德国军队在其全面军事部署中，加入了强大的装甲力量的支持。入侵两国的行动将需要德国调动两个集团军，即32个师，其中10个师配有坦克装备，4个师配有摩托化装备或相应装备。然而形势变化太快，以致8个师还没有及时赶到前线，德国就开始了行动。

↓一辆德国坦克在萨洛尼卡的大街上行进，两旁是围观的希腊人

德第2集团军（由冯·魏克斯率领）驻扎在匈牙利和奥地利，将联合

意大利第2集团军穿过斯洛文尼亚和克罗地亚并进驻波斯尼亚。预计在克罗地亚和斯洛文尼亚，德军不会遇到很激烈的反抗，因为它们并不支持贝尔格莱德现政府。德国对南斯拉夫的主要攻击任务将由克莱斯特装甲集群完成，它是李斯特上将指挥的第12集团军的先锋装甲部队，第41装甲军将从罗马尼亚的蒂米索拉直接攻入贝尔格莱德，第14摩托化军和第11军将从保加利亚开进贝尔格莱德和塞尔维亚的中心地带，第40装甲军也将从保加利亚攻入南斯拉夫的马其顿，为入侵希腊做准备。德国人仅用12天就击败了南斯拉夫，这是一次应用闪击战的典型范例。

南斯拉夫的军队

南斯拉夫不具有抵抗德军进攻的力量。和平年代它只有15万的常备军，此时已最大限度地动员到了140万。但当德国人沿南斯拉夫边界进攻时，这些新兵并不能胜任保卫领土的任务。

1941年4月6日，德军第4航空队（由亚历山大·勒尔上将指挥）的"施图卡"俯冲式战斗轰炸机对贝尔格莱德进行了两天两夜的持续轰炸，平民伤亡惨重，死伤约17 000人。随着德国第12集团军的装甲部队开进疏于防备的马其顿，德军首先在南斯拉夫南部发动地面进攻。南斯拉夫的主力部队都部署在中部和北部地区，但除极少数部队积极抵抗外，南斯拉夫的大部分军队对战争并不抱什么信心。

德国人不费一枪一弹就接管了克罗地亚军队，这时德国第2集团军发现自己的侵略进程要比预想的容易得多，所以在第2集团军发动攻势的第二天，德军总参谋长哈尔德上将就宣称："从前一天所收集到的消息来看，南斯拉夫北部的防线正在迅速崩溃。据我们的空军人员介绍，南斯拉夫人正放下手中武器，或者有些已成为俘虏。其中南斯拉夫的一个旅被我

↑一艘希腊战船被德国的俯冲式轰炸机击沉。这反映了德国的空军优势

们的一个摩托化连全部俘获。另有敌军的一位师长向其上司发电报说，他的军队正丢下武器，准备回家了。"

维特西姆的第14摩托化军（包括两个装甲师和一个摩托化师）从索菲亚到尼斯，沿着摩拉瓦山谷前进了500多千米，而这一行程只花了不到7天的时间。莱因哈特的41装甲军已于4月13日摧毁了贝尔格莱德。随着首都和大部分地区的陷落，南斯拉夫大部分有组织的抵抗活动也难以为继了。

轴心国其他成员也都蜂拥而至：意军紧随德军进驻了南斯拉夫的达尔马提亚海岸，并且于4月17日顺利占领了毫无防备的杜布罗夫尼克；一支匈牙利军队占领了诺维萨德；而保加利亚的一个步兵师则跟随德国坦克兵进入了马其顿。和以往的情况一样，真正作战的是德国军队。3月17日，南斯拉夫正式向德国投降。

南斯拉夫的抵抗运动

随着南斯拉夫的投降，6 028位南斯拉夫军官和337 684名其他各种官

← 当德国"施图卡"俯冲式轰炸机准备轰炸另一地面目标时，德国步兵也同时仰望天空，注意着情况的发展。德国空中行动与地面行动的密切配合对其军事优势的维持起到了很大作用

兵成为德国战俘。不过其余近30万人则侥幸逃生，其中许多人都是塞族人，他们是这次抗德运动的中流砥柱。这些塞尔维亚人当中又分成两派：米哈伊洛维奇上校所领导的保皇派游击队以及布罗兹所率领的共产党游击队——布罗兹更为世人所熟悉的称呼是铁托。相比之下，德国军队的伤亡情况不过是392人受伤，15人失踪，151人死亡，这也反映出德国轻而易举便降伏了南斯拉夫。

希特勒顺利实现了其要摧毁南斯拉夫政治基础的愿望。早在4月10日，南斯拉夫萨格勒布的广播电台就已公布了一条消息：乌斯塔沙组织的残暴头子安东·帕维利奇将领导建立一个"自由和独立克罗地亚国"。匈牙利获取了伏伊伏丁那，这是一个由德拉瓦河、多瑙河和蒂萨河所形成的三角地带，居民中有少数匈牙利人；保加利亚占据了南斯拉夫境内马其顿的大部分地区；而意大利则控制了斯洛文尼亚南部、斯普利特南部的达尔马提亚沿海地区、黑山以及马其顿的西部（科索沃）；德国占领了斯洛文尼亚北部和整个塞尔维亚。

↓蓬头垢面的德国山地军步行进入拉尼亚城。对大多数德国军队来说，艰难地行进是他们包围英国和希腊守军的手段

南斯拉夫被肢解以后，掩藏在南斯拉夫王国统一背后的民族矛盾也随即爆发。民族屠杀规模之大令人吃惊：在轴心国统治期间，种族屠杀表现得极为凶残，成千上万南斯拉夫人惨遭杀害。德意法西斯当然是最大的刽子手，但当地种族的表现也有过之而无不及，仅仅三个月的时间里，克罗地亚乌斯塔沙的军队就杀害了25万南斯拉夫人（主要是塞尔维亚人）；而塞尔维亚的保皇派又向共产党人开火。这种混乱的屠杀直到铁托统一了全国才得以停止，但根深蒂固的仇恨和积怨却永远难以消除。

"马里塔行动"

↓几位希腊农民和一位东正教神父一起向德国军队献花。尽管图片中希腊人与德国人表现出了友好意向，但他们的友谊毕竟是有限的

德国人在占领南斯拉夫的同时，也向希腊进犯。英国和希腊的联合防御要强于南斯拉夫，但他们也不得不屈服于德国的武装力量。德国军队在数量和资源上都占有优势，并且训练有素，指挥有方。

希腊在北方的防御重点是迈塔克萨斯防线，主要防备来自保加利亚的进犯。本来希腊的防御计划里预计南斯拉夫能够防守住南斯拉夫与保加利亚的边界地区，因此迈塔克萨斯防线就以南保边界为终点，这样就使得

希腊的马其顿地区易受来自南斯拉夫边界山区的敌军的攻击。英国并不赞同希腊部署迈塔克萨斯防线，威尔逊上将更倾向于主张英希军队的主力应部署在阿利亚克防线之后，因为该防线较短且易于防御。然而这就意味着主动把萨洛尼卡丢给了德国人——希腊人舍不得这座城市，没有接受英国的建议。尽管把主力部署在迈塔克萨斯防线被认为是一个战略失误，但英希盟军所面对的最大问题主要还在空中。1941年4月，希腊没有能力组织起有效的空中防御力量，英国皇家空军共有192架飞机，但其中只有约80架能够使用。而且这些战斗机设计落后，无法与德国空军新式的战斗机相抗衡，即使是英国派往希腊的"飓风"式战斗机也无法与德国的"梅塞施密特"Bf-109型战斗机相媲美。与英国进行不列颠之战之后，"梅塞施密特"Bf-109型战斗机就已开始升级换代。其实单从数量上看，双方在空中的差距就已很明显：德国与意大利的联合空军力量能够一次性向前线提供约1 100架飞机。

　　1941年4月6日晨5时15分，德国第12集团军开始发动进攻。部署在保加利亚东部的第30军（由奥特上将指挥）有5个步兵师的兵力，占领了无防御能力的色雷斯省，然后朝西向部署在内斯托斯河沿岸的迈塔克萨斯防

↑几名党卫军士兵在镜头前微笑，他们正向希腊进军。德国武装党卫军在巴尔干战争中取得许多显赫战果

一一德军两架"梅塞施密特"110型重型战斗机正在希腊沿海执行巡逻任务，它是一种有用的对地攻击飞机，对陆军的前进提供了支持

线进军。伯姆指挥的第18山地军拥有两个山地师和一个装甲师，它的任务是从北面直接进攻迈塔克萨斯防线。

希腊的顽强抵抗

当德军的俯冲式轰炸机向希腊防区进攻时，却意外地遭到了猛烈的炮火反击。那时欧洲最好的防御工事中，只有迈塔克萨斯防线的防区才拥有装有旋转炮塔的37毫米口径高射炮。与马奇诺防线的低水平要塞师不一样，希腊的防御部队都是精锐之师。当德国第30军企图越过内斯托斯河时，他们被击退并遭到重创，而沿鲁佩尔关隘拼杀的山地军队也被迫撤退。最终德军第18军调动了能直接射入希腊防御要塞的炮眼中的高速炮，才使进攻迈塔克萨斯防线的战事有所进展。

↓一名德军士兵俘虏了一位新西兰军官。派往希腊的澳大利亚和新西兰部队在英军指挥下伤亡惨重

然而德军并没有在迈塔克萨斯防线正面实施突破，而是由第2装甲师和由施托姆将军指挥的第40装甲军从两侧包抄该防线。当时这两支装甲力

↑党卫军强占了一艘希腊渔船后，准备渡过科林斯运河。这是一次大胆的行动，它将从侧翼攻击英国在希腊南部的防区

量完成入侵马其顿的行动后便挥师南进希腊。

德军取得突破

维尔中将的第2装甲师——1940年它在攻击法国境内的"装甲走廊"时已发挥过举足轻重的作用——于6日开进了南斯拉夫，一举歼灭了布雷加尼察师，并占领了斯特鲁米察。它接着又于4月8日，沿阿克西奥斯河流域向南进入希腊，一路上它只遇到希腊军队的轻微抵抗，而防守基尔基斯的希腊军队也无法阻挡住德国装甲部队的进攻。在德军攻入希腊境内90千米之后，萨洛尼卡港口终于落入德军之手。这样防守迈塔克萨斯防线的希腊军队就被切断了后路。4月9日下午2时，希腊驻守该防线的指挥官巴科普洛斯上将命令其下属7万人的部队放下武器，向德军投降。

对希腊发动的最关键战役是由施托姆的第40装甲军完成的，它曾摧毁过斯科普里周围的南斯拉夫军队（俘获了2万士兵和7位将军）。德国军队前进的重心主要是通过莫纳斯提尔峡谷，该峡谷沿山脉直入希腊。这个地区的春天还没来临，因此德国人不得不在大雪和严寒中作战。

德国入侵希腊的先遣部队是第9装甲师和"阿道夫·希特勒警卫旗队师"。它是一个装备精良的摩托化旅，曾经在与法国的战斗中表现不俗。4月10日，"阿道夫·希特勒警卫旗队师"受命去拿下通往希腊的主干道——克里特通道。与在南斯拉夫所遇到的情况不同，这次德国党卫军的对手是由受过较好训练的澳大利亚和新西兰士兵所组成的英国远征军。此次战役中，德国军队的伤亡人数有所上升，但经过两天的激战，防卫部队还是被摧毁了。德国人攻入了希腊的中心地区。

不久以后，德国党卫军部队的侦察营便发觉，自己与盘踞在克里苏拉关隘的希腊军队陷入了一场艰苦的战斗中。营长库尔特·迈耶派出两个连从侧翼向目标迂回进攻，自己则带领一支小分队沿主干道攻入该关隘。在德军的前进途中，希腊军队使用了大量可拆除炸药，并且用枪炮向党卫军扫射。迈耶和其士兵被猛烈的炮火围困住，很难再向前挪动。迈耶后来详细记述了他是怎样依靠党卫军的领导才智来解决这个难题的：

↓德国党卫军冲锋队头子迪特里希在与希腊人举行谈判时拍下这张照片

我的喉咙里像是塞满了东西，心里堵得慌。我便冲着埃米尔（一名希特勒警卫队成员）大叫，希望能让进攻继续进行。但埃米尔只是看着我，好像我已经精神失常了。机枪正扫射在我们前面的石头上，我怎样才能使部队跨出这第一步呢？正不知所措间，我想到了手中圆圆的光滑的手榴弹。于是我便冲全队士兵喊了起来，大家目瞪口呆地看着我正挥舞着手榴弹。我拉掉引信，并准确无误地把它扔到了最后一个人的身后，以后我再没看到过配合得如此默契的跳跃行动。就好像被大蜘蛛咬了一口，我们同时冲出这个岩石坑，跃进另一个弹坑，停滞不前的状态被打破了。手榴弹帮我们克服了胆怯的心理。我们相视一笑，又投入了下一次的战斗中。

↓德军举行仪式庆祝在巴尔干战争中击败盟国军队，以及征服希腊成功。巴尔干战役是德国强大军事力量的又一例证

盟军撤退

　　德军侦察营通过了该关隘后，第二天就占领了卡斯托里亚城。这次战斗中共俘获了11 000多名希腊官兵。与此同时，由另一翼行进的第40军也使得控制阿利亚克蒙的英希联军的防区岌岌可危。为防止侧翼受攻击，英军指挥官威尔逊上将命令其部队开始向新的防区撤退。4月18日，当英军再次处于将被行动快捷的德国装甲纵队包围的危险中时，其试图将德军遏制在环奥林匹斯山一带的计划也落空了。英希联军的第二条防线就是塞莫皮莱地峡，威尔逊希望能在那儿阻止住德军的进攻。

　　和以前的情况相同，德国装甲师对敌军的杀伤力最大，英希联军和担任护卫任务的约100辆英军坦克无法与之匹敌。英国皇家第3装甲团的遭遇很能说明，在这次实力不均的战争中，英国落后于德国的程度。在援助希腊以前，英国皇家第3装甲团已被迫将其落后、反应缓慢的A10型坦克升级为A13巡逻坦克，而实际上这种坦克在当时已算不上是先进的了，它的履带已在非洲沙漠的军事行动中遭到极大损坏。该团的一位军官——克里斯普曾披露过，在一次反击德军的战斗中，这种坦克表现得很不可靠：

↑希腊的高级将领坐在一辆德国货车里，被护送去参加与德国的投降谈判。从此，希腊将由德国和意大利军队共同占领

↑被德军俘获后，一名英军士兵正在帮助受伤的战友。在希腊战役中，7 000多名英国和英联邦军队士兵被俘

当坦克在泥泞中艰难跋涉时，冰冷的雨水夹杂着雪粒打在我们的眼皮上。我命令坦克手只有等到坦克上了坚硬的地面上时再转弯。虽然如此，装甲连还是不得不丢掉一批废弃了的坦克。经历一个寒冷的夜晚后，才得知昨天敌军装甲部队要行动的警报有误，我们只好回去。我们算了一下这次毫无意义的行动的损失：丢弃了5辆坏了履带的坦克，后来两辆坏了活塞的坦克也报废了，因为当时再也没有多余的部件能够供给它们。

英国皇家第3装甲团的坦克都留在了希腊。在52辆坦克中，51辆出了毛病，剩下的唯一一辆也被敌军击垮了。英国坦克兵感到极为沮丧。

英军准备撤退

德国向希腊中心地带的突破给同盟国带来了灾难。4月19日，同盟国在雅典举行了一次讨论当前形势的会议。参加者有希腊国王乔治二世、希军总司令帕帕戈斯以及英军将领韦维尔和威尔逊。各方一致认为，反击德国的战斗失败了，英国远征军应该从希腊撤退。从那以后，塞莫皮莱和底比斯地区的军事行动都是为配合英联邦军队赢得时间，以撤离到克里特和埃及。历经了挪威和法国的惨败之后，在不到一年的时间里，英国已第三次被赶出欧洲大陆，这对英国是一个严重的打击。但更惨的是希腊人，他们将面临轴心国的野蛮占领。

在英国做出准备撤离的决定后不久，德军第40军就向西越过了平杜斯山脉，把希腊军队与英国军队隔离开来。这样希腊就只有独自迎战驻阿尔巴尼亚的意军了。4月21日，德国党卫军占领了亚尼纳，从背后攻击希腊军队。希腊驻守埃皮鲁斯的指挥官德拉科斯上将向德军投降，投降仪式在拉里萨举行。16个希腊师放下手中的武器，为德国穿过希腊西部再向南进军让出了道路。4月23日，乔治国王及其政府离开希腊，对德国军队的有组织的抵抗到此结束。

同盟国军队在巴尔干战争中惨遭失利之后，紧接着又遭到一次致命的打击。4月6日，"格林·弗雷泽"号弹药船在比雷埃夫斯港被德国轰炸机击沉。巨大的爆炸威力——11千米之外的窗户都受到了震动——击沉了比雷埃夫斯港内的11艘船，也使希腊的这一主要港口陷于瘫痪。这次灾难使盟军供给物品难以靠岸，同时也意味着英国不能利用该港口作为撤退的后路。因此，在雅典和伯罗奔尼撒半岛周围的一些小港口就派上了用场。

大撤退开始

4月22至24日，英国人一边沿塞莫皮莱防线守卫他们的阵地，一边开

↓英国军事将领和海军人员正在克里特岛上视察防区。那里将成为希腊沦陷后的下一个战场，对德国来说，克里特岛将是进攻在马耳他和北非的英国人的一个有用中转站

→→德国山地军乘坐容克Ju—52型运输机准备飞向克里特，他们的任务是去援助伞兵部队。他们占领了克里特岛的机场，让容克Ju—52型运输机着陆

↓滚滚浓烟中，一架德国容克Ju—52型运输机在克里特岛上空坠落，而它的周围，伞兵正落向地面。德国入侵克里特岛充满风险，很容易失败

始撤退。在比利·格罗曼少将的指挥下，从塞莫皮莱撤退回来的澳大利亚和新西兰军队在小渔港拉菲那、波尔图拉菲及马加拉疏散。起初的撤退进展顺利，但到了25日，德国伞兵的一个小分队降落在科林斯运河的主桥后，准备渡过运河。虽然桥已被炸掉并落入运河，但主桥的防守军队人数太少，抵挡不住德国人的进攻。第二天，德国人控制了科林斯。同时，德国党卫军已调集来临时船只，并已成功渡过帕特雷的科林斯湾。在德军第5装甲师的协助下，他们向伯罗奔尼撒半岛进军。5月27日，德国军队进驻雅典，纳粹军旗飘扬在雅典卫城上空。

此时英军的处境岌岌可危，不过主力军还是能在德军切断他们的退路前撤回至伯罗奔尼撒南部。他们由英国皇家海军负责疏散，皇家海军已成功地营救了5万多英国、澳大利亚和新西兰的官兵。但在卡拉马塔，皇家海军没能成功登船，使7 000人的军队滞留在希腊海岸。虽然其中有一些人成功地冲出了德国的包围圈，或在当地人的帮助下躲过了被俘的命运，但残留部队的大部分人还是成了德军的俘虏。

↑英军在克里特的指挥官弗雷伯格将军，是一位经历过两次世界大战的老兵。他被誉为"斗士"，但也无力使该岛免遭德国的占领

对英国人来说，令人欢欣鼓舞的一件事就是希腊人的态度，而这种事情在整个战役中为数并不多。无论英军是胜是负，希腊人都非常赞赏英军所做的努力。隶属于第1装甲旅的一位炮兵上校，描述了希腊人在他们即将离去时的反应："我们也许就是他们所能见到的最后一支英国军队了。德国人很快就会到来，但人们还是自愿排在街道两旁，鼓着掌，欢呼着。他们挤在我们的战车四周，几乎挡住了我们的道路。姑娘们、男人们跳上前来，同满面尘土、疲惫不堪的炮手们亲吻、握手。他们把鲜花撒在我们的身上，喊着："回来——你们一定要再回来啊——再见——祝你们好运！"

战争双方的损失

英联邦军队在这次战争中共损失了12 000多人，其中3/4都成了德军的战俘（大部分都是在卡拉马塔被俘的）。就像在敦刻尔克发生的情况一样，他们丢弃了所有的重型装备，共计有104辆坦克、400门大炮及8 000种其他类型的战争装备。英国皇家空军有72架飞机坠毁，137架还没有起飞就不能再使用。德军另外还击沉了两艘英国皇家海军的驱逐舰、4艘运输船及21艘小型船只。

在6个月的战争中，希腊死亡和失踪人数达15 700人；虽然不久以后许多战俘就被释放，但希腊还是有218 000人成为德军战俘。而德军仅死亡1 684人，另有3 752人受伤。意大利损失较为惨重，许多人都在希腊和阿尔巴尼亚的山区中遭到了严寒和疾病的袭击，因此其总的伤亡人数达到10万多人：13 755人死亡；63 242人受伤（其中12 368人有严重的冻伤）；25 067人失踪（其中大多数人都死去了）。

英国支持希腊的战争是它的一次军事灾难，因为希特勒只付出了很小的伤亡代价就保住了其南侧翼的安全，并且给了英国一次耻辱性的打击。而对占上风的德国一方来说，希特勒也被迫将"巴巴罗萨"行动推迟了一个月。英国所获得的唯一一优势是在政治领域，德国对希腊的入侵震动了美国，美国站在英国一方支持它对希腊的援助。美国国会也通过了租借法案，美国开始向英国提供援助。

在地中海东部地区所剩下的唯一一件事就是克里特岛的未来归属问

↓德国第11空降军指挥官施图登特将军（他手拿地图跪在地上）正与其司令部成员们分析战争形势。之前几天，德国对克里特的攻势极弱

题了。希特勒已下定决心，要将克里特并入轴心国的版图内。在希腊大陆取得胜利以前，他就已经指示他的司令官们做好了攻克克里特的"水星行动"的准备。

德国统帅部仍旧对英国皇家海军在地中海东部的存在心存疑虑，于是他们决定这次进攻首先应实行空降着陆。这项计划由德军第11空降军指挥官施图登特将军负责，此人也是德国历次空降行动的先锋人物。第11空降军包括第7空降师（13 000名伞兵），并有第5和第6山地师（9 000人）的3个团作为后援。

里希特霍芬上将的第8航空队为此次进攻提供了空中援助。该飞行军团拥有轰炸机228架、俯冲式轰炸机205架、单引擎飞机119架、双引擎飞机114架，以及侦察机50架。493架容克Ju-52型运输机和72架滑翔机将承担运载第一批伞兵部队的任务，而第二批将运送山地军部队。海军力量已经集中起来，他们一方面要勇于面对英国皇家海军的存在；另一方面要在德国强大的空中掩护下，将炮兵部队和剩下的山地部队运送到克里特岛。

↓一名德国伞兵正手持MP-38/40冲锋枪向前冲锋。MP-38/40冲锋枪轻且具有高射速，被伞兵广泛使用，但它的射程不足在克里特岛遇到的开阔地形中暴露出来

虽然英国方面占据一点优势（即能够通过"紫码"破译技术窃听到德国的军事意图），但在其他方面他们明显处于劣势。克里特岛上的驻守部队包括英联邦军队约28 000人和希腊的两个力量薄弱的师，其人数约为1万人。英国主力军已撤离希腊，因此缺少强有力的武器装备（除了缺少大炮和坦克外，英军连合适的防空枪炮也严重不足）。后来的情况也证明，因为武器匮乏，英国付出了不小的代价。更为严重的是，英国皇家空军的小分队也遭到了德国空军的无情袭击，只有在5月19日被派去援助埃及的4架"飓风"式和3架"斗士"式战斗机侥幸逃脱了被彻底摧毁的命运。

弗雷伯格将军受命统帅英军驻克里特的部队。他刚从希腊回来，还没有足够的时间去熟悉新的指挥任务。弗雷伯格是一名身经百战、屡受嘉奖的第一次世界大战老兵（第一次世界大战中他赢得了维多利亚十字勋章）。他把军事力量部署在克里特北部海岸线，以防德军从海上登陆或德军来自空中的侵袭。英军不使用飞机场只是暂时性的，一是因为时间有限；二是因为英国准备在不久的将来再重新使用这些飞机场，那时的用处将会更大。

空降袭击

德军将领施图登特首选的攻击目标是英军沿克里特北部海岸建立的三个飞机场：马莱梅、雷蒂莫以及伊拉克利翁。5月20日上午，在对这些目标进行了狂轰滥炸之后，德军第一批伞兵部队着陆了，其目的是拿下机场并夺取附近港口，然后他们将等待空军及海军的进一步援助。

英军已做好了迎战德军的准备，尽管他们缺乏高射炮，但他们还是成功地歼灭了德军的伞兵主力。当遭到英军的袭击时，这些德军伞兵有的已经着陆，有的还在空中。虽然施图登特已源源不断地派后援部队去支援伞兵部队，但到第一天的战斗结束时，德军已经处在失败的边缘。他们只在西部的马莱梅取得了一些进展。第二天，施图登特决定派出其最后的伞兵后备力量。对德军来说，幸运的是，英军防守此次空中战场的新西兰指挥官那天晚上从该机场撤退了，目的是重组力量，因为他们认为马莱梅周围的德军实际上要比该地的强大得多。

21日晨，德军进行了一次空中侦察，结果认为应该支援马莱梅的德军，这样德军才能不至于被消灭。那天施图登特派出了剩下的伞兵部队，而且下午他也亲自飞到了一个山地营里。而此时，英军已被驱逐出马莱梅机场，德军完全控制了该机场。一旦德国的援军和装备供给安全到达，他们就能够巩固胜利果实，并进一步向英联邦的军队发动进攻。

英国皇家海军的撤退

在海上，皇家海军已经勇敢地迎战了德军的空中袭击，并且也努力去拦截德国的海上入侵力量。但因损伤较大，尤其是来自德国空军的袭击使损失上升，最终，皇家海军被迫于5月24日从克里特岛北部海域撤退。这样，德军就获得了进入该岛的海上通道。

5月25日，德军第5山地师成功地突破了马莱梅机场的周围地区，并且通过加拉塔斯攻入了加尼亚。加尼亚距离苏达湾这个英国主要海军基地

↑一名德国驻克里特的第7空降师的伞兵。他穿着特制的浅绿或灰色棉布的德国空军标准的降落服和裤子，戴着一顶改小了的头盔，身上佩戴着一把MP-39/40冲锋枪。宽松的降落服主要是为防止伞兵的装备工具或衣服与其降落伞缠在一起

↑德国空降兵是德军的精锐。他们在战斗中大胆无畏的表现深得希特勒欢心

很近。到现在为止，德国人已在克里特岛上部署了两万名武器装备精良且高素质的部队，并有占绝对空中优势的空军作为后备军。与此同时，每天还有源源不断的德国援军到来。面对这种情况，弗雷伯格断定，该岛就要被德国人占领了。于是，5月26日，他下令第二天开始撤退。东部驻守在伊拉克里翁的英国军队毫不费力地撤离了，但西部的主力军必须得翻过几座山才能进入南部的斯法基亚港，因此一路上不断受到德军陆上及空中的侵袭。

代价高昂的撤离

英国皇家海军为营救英军分遣队，不得不再次进入克里特周围的敌军海域内。安德鲁·坎宁安上将对他的部下解释说："我们绝不能让我们的军队成为俘虏！"当有人以危险为由提出反对意见时，他反驳道："海军需要3年就能建好一艘船，而要重建一个传统，则需要300年。"从5月28日起的4天时间里，海军部队营救了尽可能多的人，在反击德国空军的同时，挽救了许多重伤员。在营救过程中英国损失了3艘巡洋舰、6艘驱逐舰，另有13艘船遭到重创，其中"猎户"号巡洋舰严重损坏（仅遭到德军的一颗炸弹袭击，该巡洋舰上就有260人死亡，280人受伤）。

英联邦在克里特的损失总计为：死亡及失踪1 742人，2 225人受伤，11 000人被俘。英国皇家海军中有近2 000人牺牲，但他们也取得了不俗成绩：成功营救了约18 000名英联邦的士兵，并把他们运回了埃及。

德国人也损失惨重，有4 000人死亡，远远超过其在巴尔干战争中的全部伤亡人数。因此，此次损失之惨重让德国人震惊。施图登特上将写道："希特勒对整个战争的结果极为不悦。"希特勒告诉施图登特："克里特之战表明伞兵部队的辉煌日子结束了。"从那时起，德国伞兵部队再也没有参加过空中行动，其行动仅限于地面战的范围里了。

希特勒并没有把夺取克里特作为其重新控制该地区的起点。虽然夺取该地区可以保卫德属罗马尼亚油田免受英国皇家空军的攻击，但这种情况只是暂时的。两年后，美国军队的B–24"解放者"式轰炸机开始猛烈攻击希特勒的宝贵的罗马尼亚油田，直至最后将其摧毁。

↓ 在遭到德军轰炸后，盟国的运输船只起火燃烧

10

"沙漠之狐" 的胜利

英国于1940年取得巨大胜利以后，希望能够在北非再接再厉，有更大作为。然而新的一年里，它的面前却出现了一个新的对手："沙漠之狐"隆美尔。

1940年12月，希特勒开始研究应该通过什么方式去援助意大利盟友在北非的军事行动。虽然德军第10航空队的任务本来是在地中海地区为轴心国的军事行动提供支持，但在12月底，它已在西西里建立了飞机场。因为1940—1941年冬，英军在韦维尔的指挥下摧毁了意大利第10集团军，这就使德国的干预显得更有必要。1941年1月11日，希特勒发布第22号元首指令，命令向北非派遣特殊小分队。这支小分队将作为一支阻击部队，以阻止英军向的黎波里进军。德国陆军总司令部不想在利比亚采取攻势，但负责指挥该地区军队的指挥官却另有想法。

隆美尔中将于2月12日飞抵的黎波里——他在法国指挥第7装甲师时的英勇表现赢得了希特勒的赞赏，并且他拥有独立指挥德国在北非的地面部队的权力——先向意大利驻利比亚军队的新任总司令加里博尔迪上将通报了有关情况，然后就开始了前线空中侦察行动，以便亲自了解德国在北非所面临的形势。

德军与意军的联络军官赫根雷纳中尉已向隆美尔提交了一份备忘录，陈述了意大利军队的消极士气。隆美尔看到，赫根雷纳所描述的是在意军撤退或者在溃败过程中出现的一些不愉快事件：意军扔下自己的武器弹药，爬上已严重超载的运输车，发疯般地想要逃回西部。在意军驻的黎波

←←一名德军士兵使用立体双筒望远镜观察地形。北非的干旱沙漠对德军来说是一个全新的作战区域，但德军以惊人的速度适应了新的环境

里的军事圈里，军队的士气很消极。大多数意大利军官已打好行李，希望尽快回到意大利去。隆美尔认为这种描述很可能有点夸张，但至少他已了解到意军的悲观情绪和防御性的心理状态。

隆美尔坐镇指挥

驻利比亚的意大利军队由5个武器装备落后的师组成，其中"阿里塔"是机械化部队，配有60辆轻型坦克。在沙漠作战行动问题上，意大利军营中弥漫着消极的情绪，以致隆美尔难以说服加里博尔迪将军在的黎波里东面的苏尔特建立一条防线，即在英军位于阿盖拉的前线阵地的正对面建立一条防线。

尽管严格地说，隆美尔应该服从加里博尔迪和意大利最高统帅部的指挥，但隆美尔认为，如果自己担心军队在意大利的领导下不够安全的话，他有权直接向德国陆军总司令部请示。隆美尔获得了指挥意大利机械化军

↓刚到达的黎波里时，隆美尔同名义上的意大利上司——加里博尔迪一起会见意大利军官。隆美尔不失时机地宣称自己独立于意大利的指挥系统

事力量的权力，同时他也使得这种领导格局变得复杂起来。从一开始，隆美尔就我行我素，不理会他的名义上的意大利上级的指示；有时甚至连德国陆军总司令部的指挥也不服从。

　　隆美尔到达的黎波里的第二天，德军第3侦察营的装甲车就被运送到了的黎波里的码头上。这是第5轻型装备师（1941年10月改名为第21装甲师）能否顺利进军的关键一步，也是1941年2月19日正式成立的赫赫有名的非洲军团的第一次行动。

　　第5轻型装备师的余部本应于4月中旬到达，但其他德国后援部队则向隆美尔和第15装甲师坦言，他们要到5月底才能做好准备工作。不过在3月初，还是有一小批具有发动攻势能力的德国部队到达，另外拥有精良武器装备的侦察营也来了。这个侦察营所属部队是第5装甲团，该团配有105辆中型坦克和51辆轻型坦克。

　　德国空军将以空中掩护的形式给隆美尔提供直接援助，另外它还提供了20架中型轰炸机和50架俯冲式轰炸机。同时，西西里的德国第10航空队主要基地的飞机也在随时待命。在接下来的几个月里，隆美尔还能得到更多飞机的支持。因此，德军在空中力量方面要略胜英军一筹。

德军的第一步行动

　　因为掌握了指挥权，隆美尔决定先在阿盖拉周围探一探敌军的虚实。德军与英军的首次对阵发生在2月24日，在这次交锋中，英军的消极反应

↑在黎明的曙光中，澳大利亚军队开始了战斗。澳大利亚、新西兰、南非及印度的军队都对英国在北非的战斗做出了巨大的贡献

德国Ⅲ型坦克

↑图为配有50毫米口径主炮的德国Ⅲ型坦克，其射击能力更优越于轻型装备坦克，且比英军的重型坦克更为机动灵活。德国坦克部署在非洲以前，已为适应热带地区的战斗而做了特别改进

使隆美尔相信，发动全面进攻的时机已经成熟。实际上，英军在昔兰尼加的基地要比乍看起来易进攻得多。有丰富作战经验的韦维尔守军已被新的部队取代，澳大利亚第6师也已换成第9师。而且，英军第2装甲师的到来并不能弥补第7装甲师的损失，因为第2装甲师力量薄弱，且缺少沙漠作战的经验。以前的指挥官奥康纳被调至中东指挥部，而新任的英军指挥官——尼姆中将，其指挥能力比不上前任。

在意大利机械化师——"阿里塔"的援助下，德军新成立的非洲军团于3月24日发动突袭，英军仓皇后撤。隆美尔利用英军的慌乱，分三路乘胜追击，进一步扰乱敌军。为了避免被德军包围，英军迅速撤退到了加扎拉，但这并未阻止德军生擒尼姆和奥康纳。4月7日，驻扎在德尔纳附近的一个德军巡逻队拦住了载有尼姆和奥康纳的货车，结果尼姆和奥康纳（当形势恶化时，他被派来为尼姆出谋划策）被俘。奥康纳的被俘对英国来说是一个巨大损失。他本人用自嘲的口吻解释了对此事的看法："真是让人震惊，我从没料到这事会发生在自己身上。也许是我太自负了，没想到有这样的运气，因为当时我们只是在自己的阵地后几英里而已。完全是因为运气太糟糕，我们竟然把车开进了沙漠的一角，那儿是德军巡逻队的地盘，我们不幸和他们撞上了。"

4月11日，非洲军团包围了托布鲁克。隆美尔立刻命令发动全面进攻，希望能在英军有可能组织起新的防线前拿下该港口。然而，由于这次进攻失败，轴心国的军队不得不采取常规的围截战术，包围托布鲁克。

因此，德军便开始了宏伟的包围托布鲁克的工程，此项任务共持续了242天。托布鲁克的卫戍部队由英澳联军组成，由强硬的澳大利亚少将摩尔谢特指挥。卫戍部队包括澳大利亚第9步兵师和特种旅。英军方面主要由英国炮兵、防空炮队和工程兵小分队组成，还有几辆来自皇家坦克团的"玛蒂尔达"坦克也会为其提供援助。摩尔谢特严格要求其卫戍部队，他宣布："这儿不是敦刻尔克，如果我们要出去，就必须与敌人拼杀。不能投降，也不许撤退！"

托布鲁克包围战

隆美尔对德军不能迅速拿下托布鲁克甚是苦恼。但他不情愿地接受这样一个事实：德军只有通过频繁的空中和地面轰炸才能拖垮托布鲁克的守卫者。

对托布鲁克的守卫者来说，他们最害怕的就是德国轰炸机的袭击。这一时期，德国空军力量占上风，而英国皇家空军则能力有限：一方面它们要分散力量到别的战区支援战斗；另一方面因为距离问题。德军"施图卡"俯冲式轰炸机尤其让托布鲁克的英澳地面部队头疼。一个叫图特的英军炮手描述了当遭遇到俯冲式轰炸机袭击时自己的内心感受：

↓从利比亚高原俯瞰塞卢姆，可以看到横贯的黎波里和亚历山大的海边公路。像这样的地势，沙漠战争中很常见

↑一名德军士兵在
MG–34型机枪旁执
行防空任务。在作
战条件下，双方士
兵所穿的太阳上衣
很快被弃置，换以
实用的头饰

在常规行动中，最让人讨厌的就是"施图卡"不时袭击阵地。它们机翼短小，看起来很笨拙，开始俯冲时才会加速。它们就像一块巨石一样直冲下来，保持着自己的航向，直到好像就要把自己在目标上撞得粉碎时，才突然拉出机翼。你会感觉到，它们的机翼好像会被撞断一样。

当"施图卡"发动袭击时，似乎只选中一个目标。你能看到炸弹摇摇晃晃地离开架子，然后加速，直接冲向目标。我们用步枪向它们射击。我想这种方法也只能是帮助我们保持战斗的状态与信心而已。我见到过一架被博福斯式高射炮击落的"施图卡"，它的驾驶舱装备得像一辆轻型坦克，步枪子弹根本穿不透它。

尽管德国空军和陆军都已作了最大的努力，托布鲁克的守卫者并没有被击垮。轴心国军队的进攻都被击退了，守卫部队表现得十分顽强。英澳守卫部队一方面不得不忍受德军持续的地面和空中轰炸；另一方面，因炎热的夏天来临，他们也被水和食物的短缺所困扰。虽然皇家海军护送的夜间船队能为他们提供足够的武器弹药和基本的生活用品，但几乎所有的"奢侈品"都不能给到战斗部队。艰苦的条件使盟军官兵形成了一种同甘共苦的感情，这种感情使人们众志成城，从而形成了强大的防卫力量。

澳大利亚撤军

8月间，英国政府屡次接到澳大利亚政府准备从托布鲁克撤军的要求。尽管从一个被包围的城市里进行水陆两栖撤退很困难，但皇家海军还是开始了这一行动。到9月底，这一撤退任务顺利结束。沙漠里的英国指挥官紧接着面临的另一个棘手的问题就是各联邦成员国政府的态度，它们只要愿意就有权随时撤军。早在希腊和克里特的战役中，澳大利亚及新西兰人的巨大损失，就使两国政府及一些英联邦的高级指挥官对英军的指挥能力颇有微词。英国人已注意到这种不信任的情绪，因此后来当最高统帅部再部署联邦军队时，都非常谨慎。

从托布鲁克撤出的澳军由英军第70师代替，斯科比少将指挥该师，他同时也指挥着守卫部队。协助英军的还有波兰军队的一个旅和捷克军队的一个营，后来又来了两个新西兰营。增援托布鲁克的任务不仅仅是调换澳大利亚军队就能完成的，同时还需调派人马冲破德军的包围圈，以便能够按原计划与从埃及过来的英国陆军会合。

1941年春，轴心国突袭昔兰尼加取得成功，英军被赶出了利比亚。因此，英军要想解托布鲁克之围，就必须同沿利比亚和埃及边界设防的德军进行一场大决战，而这时隆美尔已得到第15装甲师以及意军的塔兰托师和布里西亚师等后备力量的增援。

隆美尔其人

隆美尔决策大胆，赢得了其他军官的尊敬，非洲军团的官兵也很佩服其领导能力。梅林津少校在北非的大多数战役中都跟随着隆美尔，非常熟悉他。梅林津对隆美尔的军事天才作了如下分析：

在我眼里，隆美尔是一位理想的沙漠战的指挥官，但他经常到前线去指挥的风格对他的全局战略不利，局部的成功或失败有时会影响部队的整体决策。另一方面，他亲赴险境——隆美尔有一种能在恰当的时间和地点出现的非凡才能——能根据新情况随时调整计划。在西部沙漠战情不稳定的形势下，这个因素是极其重要的。当制订行动计划时，他考虑得周到而又细致；当执行决策时，他果断而又大胆——在战争胜负起落变化中，他能够及时地寻找到合适的机会。我印象最深的一点是，他的勇气和随机应变的能力，以及在逆境中所表现出来的坚强意志和必胜的信心。

↓这是隆美尔在英军发动"圣战者行动"时画的一张形势图。在此次行动中英军向利比亚发动攻势

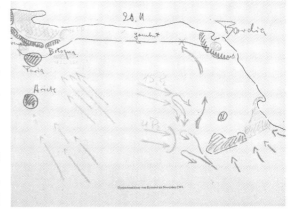

隆美尔和其部队之间的相互理解，无法用语言恰当地解释或分析清楚，这是上帝赋予他的天赋。无论隆美尔把他的非洲

军团领到哪里或让他们做任何艰苦的事，他们都会忠实地听命于他。

英军的反应

失去利比亚对英军来说是一个不受欢迎的意外。三角洲地区的所有部队都被派往埃及边境，以防德军向埃及进攻。但隆美尔认为，只有攻下托布鲁克，得到其关键的港口设施以后，他才能向东推进。在此情况下，英军就掌握了战略主动权。在伦敦，英国首相要求英国军队采取果断行动，收复失地、解救托布鲁克。到1941年5月，韦维尔已组建了第13军（由中将诺尔·贝莱福德·皮尔斯爵士指挥），其中包括有第4印度师、新建的第7装甲师及第22禁卫旅准备参加新的战斗。

韦维尔对自己的武装力量仍旧不满意，不想很快向隆美尔的非洲军团发动攻势。但丘吉尔却不赞成这样的拖延行为，他不断督促韦维尔发动攻势。5月，韦维尔最终服从了丘吉尔的命令。他组织起一支由戈特旅长领导的装甲和步兵混合部队，以保卫战略要地哈勒法亚关隘和卡普佐要塞以

↓巴尔迪亚附近的一个地下井里，英国参谋官在临时指挥部里拟定作战命令

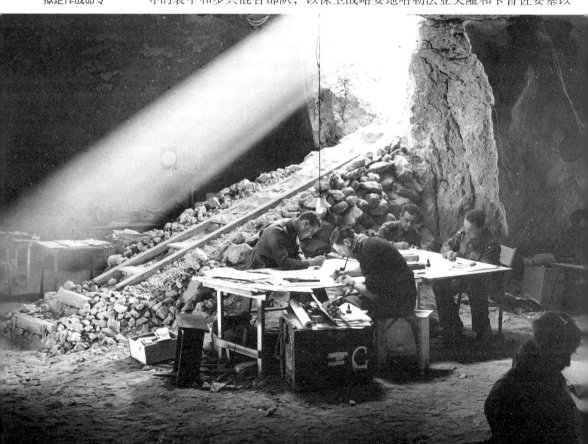

及塞卢姆附近的几个重要据点。这次行动的代号是"简洁行动",英国期望能以此次行动的胜利为跳板,进一步向利比亚发动攻势,以便解救托布鲁克。

英军取得初步胜利后,就被迫停了下来。德军随后进行的一次反击毫不留情地把英军击退了。5月27日,德国人重新夺回了哈勒法亚关隘,并且为了防止英军反击,在隆美尔的督促下,德军开始加强其防御力量。第二天,韦维尔向帝国总参谋部发电报,详细列举了目前北非的英军武器装备不足的情况:

↓意大利坦克兵在他们的M-13/40中型坦克前列队,听一位军官做指示。M-13/40装备了一个炮塔安装的47毫米炮,但在战斗中不是特别有效、不可靠,有被反坦克炮弹击中着火的可能

我们的装甲车配备不足,抵挡不了敌军战斗机的炮火,而且装甲车上没有大炮,无法与德军的8轮装甲车相抗衡。他们的装甲车配有枪炮且速度更快,这就加剧了侦察工作的难度。我们步兵坦克的速度实在太慢,难以适应沙漠作战,在敌军强大的反坦克炮的攻击下损失惨重。我们巡逻坦克的力量和速度连德国的中

↑ "玛蒂尔达"步兵坦克被撞得变了形。虽然"玛蒂尔达"行动缓慢、装备落后，但其装甲坚固，不易被当时轴心国的反坦克大炮攻破。但有一点例外，德国高速的88毫米口径的防空炮却能毫不费力地穿破其装甲。因此在"战斧行动"中，"玛蒂尔达"敌不过"88"炮

型坦克都不如，且机械故障频繁。不过，虽然有上述诸多不利情况，我们还是会像对付意大利人一样对付德国人。尽管在数量上处于劣势，但我们还是会信心百倍地迎战。另一方面，上述因素可能会影响我们的成功，这也说明我们非常有必要保持一些具有一定机动性的装甲增援部队和后备部队。

尽管韦维尔的上述抱怨是有根据的，但他并没有说清楚英军失败的主要原因，即英军采取了不正确的战术，以及战场上各独立部队没能密切配合作战。在德国人迅速适应了沙漠环境的时候，更有沙漠作战经验的英国人却行动迟缓，反应迟钝。

英军落后的装备

英军配有3.7英寸口径的高射炮——与德国的"88"型大炮相当——能够极其有效地反击装甲车辆。但与德国"88"型大炮不一样的是，在把其用作反坦克武器时，没有充分发挥其应有的作用。英国落后于德国的另

一个地方，是对坦克机械故障的维修和处理。德国人在其主力部队后面直接部署了维修队，因此能够在最短的时间内让出了故障的坦克重新派上用场。相反，英军则不慌不忙地把自己坏了的作战工具送回到后方基地修理，这样就耽误了使用它们重新作战的时间。

"战斧行动"

6月，英军又一场更大的攻势（"战斧行动"）开始了。英军计划从前线直接攻击哈勒法亚关隘，再由第7装甲师从侧翼包抄，以夺取卡普佐要塞和哈菲亚岭。英军的"虎"号护航舰队尽管遭到德军袭击，造成很大损失，但还是成功地驶入了埃及，英军因此得到了数量可观的坦克后援。但隆美尔深挖坑道，掩蔽起了88毫米口径大炮，加固了德军防线。此种大炮能够毫不费力地穿透英军重型"玛蒂尔达"坦克的装甲，而英军正是出动第4装甲旅的"玛蒂尔达"坦克去攻击这些德军工事的。第7装甲旅配有新式的"十字军战士"中型坦克（巡逻坦克Ⅵ型），但这些坦克刚刚从工厂里运出来，没有上过战场，而且坦克手对他们的新型坦克也不大熟悉。

6月15日，由第4印度师的步兵作为先遣队，英国开始对哈勒法亚发动

↓这是在北非使用的一门意大利防空炮。意大利军队研制了一些先进的大炮，但数量不足而且也缺乏充足的弹药供应

→1941年4月，隆美尔的非洲军团对利比亚的英军发动了第一次攻势，英军在托布鲁克的卫戍部队顽强抵抗。但几天后，隆美尔控制了昔兰尼加的剩余地区。6月15日，英军采取"战斧行动"进行反击，对沿哈法雅关隘和哈费德岭上德军的坚固防区发动了一次装甲袭击。在接下来的一次战斗中，德军新到的第15装甲师损失惨重。但6月17日，该师重组以后，对南面的英军进行侧翼包抄，与卡普佐要塞南面的英军交锋，并成功将其击退

"战斧行动"示意图
德军第15装甲师，北非，1941年6月

进攻，第7装甲师的两个旅同时向沙漠进军。由于对哈勒法亚关隘的进攻受挫，英军被迫撤退。隆美尔觉得，这是一个困住英军主力的好机会，但英军已及时撤退了。到6月17日，他们已撤回到原出发地点。虽然英军的伤亡并不是很惨重——约有1 000人死亡或失踪，但在此次战斗英军所使用的180辆坦克中，损失了100辆（隆美尔称德军只损失了12辆）。这次打击

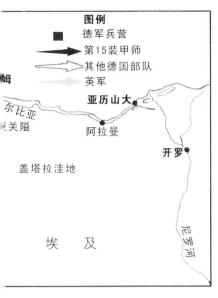

使英军丧尽脸面。

令人胆战心惊的"88"炮

在北非战场，令人畏惧的"88"反坦克炮首次使用是在对"战斧行动"的反击中。英国的装甲部队对其高速的杀伤力胆战心惊。隆美尔把英国装甲部队引诱到他的反坦克大炮射程内，并一举将其摧毁。这样，德国坦克只需对付英国装甲部队的残兵败将了。接着他们又轻而易举地击垮了疏于防备的英国步兵。这种战术德军在沙漠战中屡试不爽，英国人难以对付。

英军这次"战斧行动"失败的一个结果就是：6月21日，韦维尔中东地区总司令的职务被奥金莱克上将取代。奥金莱克来自印度军队，是一个享有很高威望的军官（是少数几个参与了挪威战争而又表现不俗的高级将领之一）。英联军组织上的新变化也反映在其他组织变动上，并不仅仅是第8集团军取代了西部沙漠军这一项。第8集团军的指挥官是阿兰·坎宁安中将，他刚刚在阿比西尼亚击败了意大利军队。丘吉尔不断向奥金莱克和坎宁安施压，要他们组织一次新的攻势。但鉴于"简洁行动"和"战斧行动"的失败，他们决定重组沙漠里的英军力量，以确保自己在数量上比德军占有优势。

德国的援军

在双方休战期间，德国人也加强并重组了自己的军事力量。第90机械化轻型装备师的到来使两个装甲师（第15和第21）力量大增。因而第90机械化轻型装备师与第15和第21装甲师就构成了非洲德军的中坚力量，包括一个摩托化禁卫步兵团、3个摩托化步兵团，其中这3个步兵团中的一支是从法国的外籍军团中调遣来的德国士兵。意大利第20和第21军和萨沃那师也前来助战，组成了一支新的力量：非洲装甲部队。这是一支包含非洲军团的集团军级编队。

当德国人蓄势待发时，英国人也在作积极的准备。英国部署了代号为"十字军"的行动计划，英军第30军（由威洛比·诺里中将指挥）将发动一场大的装甲攻势，从相反方向穿过沙漠，摧毁轴心国的装甲力量，并解救托布鲁克。英军第13军（由戈德温·奥斯汀中将指挥）主要是步兵部队，它的任务就是从侧翼包抄哈勒法亚和塞卢姆周围的轴心国防线，然后

↓澳大利亚步兵师正在攻占托布鲁克外围的前沿阵地。1941年，防守和救援托布鲁克是英军在北非取胜的关键一役

再沿海岸线向托布鲁克方向进军，最后与诺里的部队会师。

奥金莱克命令此项计划决不能泄露出去，因此德国人对英军准备采取的攻势毫无察觉。1941年11月18日，英国坦克开进沙漠。英军第30军的一位情报军官达尔描述了英国装甲部队行进过程中的壮观场面："极目远眺，我们的周围全是作战车辆，它们所到之处，便会沙尘飞扬。突然间，我对这些战争力量的敬畏之情油然而生。"

因为遭到意外袭击，德军的反应迟缓而又慌乱。一开始隆美尔认为，这次英军装甲部队的进攻只是一次侦察活动而已，因此英军的进军没有受到太大的阻碍。直到11月19日，英军第30军在比尔古比遭遇了"阿里塔师"，以及在西迪雷泽格的机场附近接近德国的防区时，英军才遇到了抵抗。第二天——此时德军已意识到了形势的严重性——德军第15和第21装甲师向英军第30军发动了一次大反击。这是一次形势异常复杂的交战，后来人称"多层次战役"。在此次战役中，双方力量变化不定，难分胜负。

↑德军步兵蹲在战壕里，等待着向托布鲁克再次发动进攻的命令

最激烈的一战发生在西迪雷泽格附近。鲍伯·赛克斯——英军"斯图亚特"轻型坦克部队的一名坦克兵，发现自己陷入了一场激烈的装甲部队的混战中，当时敌对双方正在争夺机场控制权：

  我无法描述这次坦克战役的混乱情况。我们四处分散，我驾驶了一辆又一辆坦克——短暂休息和补充以后，又立刻投入战斗。我说不准到底是谁赢了，但我们损失了许多人和装备。我们驾着轻型坦克在阵地上最拥挤的地方穿插而行，我们使用了一种战术，能击中德军坦克装甲最薄弱的尾部，然后再顺势捣毁其发动机。战场上的噪音、温度和灰尘实在让人难以忍受。

  我们的任务是协助行进在前面的第8皇家坦克团，他们在前

面驾驶着重型坦克。但德军从后面向我们攻来，我们与德军在几百码外进行激战。我们击退了德军，继续掩护第8皇家坦克团，但他们后来不幸遭遇到德军的猛攻，而我们因为缺少燃料，也不得不撤出战斗。

"十字军行动"受挫

在两天的战斗中，德军使英军第30军的前进陷于停顿，并削弱了它的攻击能力。英军剩下的唯一希望，就在于英军第30军的表现了。同时，第4印度师在塞卢姆和西迪奥玛尔间困住了轴心国的军队；新西兰师进展顺利，正在向托布鲁克进军。但即使如此，对英军来说，情况依然危急：如果德军非洲军团把它正在与英国装甲部队进行战斗的部队调头向北，那么孤立无援的新西兰军队将有全军覆灭的危险，这是十分危急的时刻。

↓在英军托布鲁克基地的工事里，一个操作"布伦"机枪的英国机枪手正瞄向德国飞机。虽然仅仅一挺"布伦"机枪很难打下一架飞机，但其持续的火力可以迷惑敌人，使其偏离目标

坎宁安的早期的乐观情绪已经完全消失了，并且他本人已被高强度的指挥任务折磨得筋疲力尽，他开始考虑完全撤军的问题了。奥金莱克从开罗飞到前线与他手下的将军们召开作战会议，他觉察到了坎宁安不能再继续担当指挥的重任，于是他开始直接坐镇指挥。尽管英国第8集团军遭到了重创，但并没到一败涂地的程度，而且奥金莱克注意到德军也损失惨重。

正当奥金莱克评估英国局势时，事态出现了新的变化。隆美尔轻率地决定，不再继续与英军第30

纠缠了，而是指挥其装甲部队直接向西推进，以切断英军的边境供应线。隆美尔的"撞线"的决策，后来证明是一个代价高昂的错误。在奥金莱克的指挥下，英军坚固的防守阻止了隆美尔的行动。由于缺少汽油和补给，德军被迫撤退，而且他们还担心英军第13军与托布鲁克的守卫部队会合。

坎宁安被撤

德军虽然还远没有被英军击败，但战争的形势已开始有利于英军一方，奥金莱克决定继续发动攻势。此时奥金莱克已对坎宁安失去信任。11月26日，奥金莱克解除了他的指挥权，任命坎宁安的副参谋长尼尔·里奇中将取代其职位。

战斗的重心重新回到了西迪雷泽格和托布鲁克之间的地区。德军的"冲向铁丝网"的行动使英国第30军能够腾出时间来重新调整自己，再次开始战斗。在12月的第一周里，德军不顾一切地想把英军从自己在托布鲁克附近的前线上击退。12月7日，隆美尔终于承认此次行动以失败而告终，决定撤军——其力量仍毫无损失——而不是冒着被击垮的危险继续作战。12月10日，英军终于解了托布鲁克之围。在12月余下的时间里，德军非常巧妙地撤出了昔兰尼加地区。英军乘胜追击，但由于天气恶劣，加上英军精疲力竭，追击德军的行动严重受阻。

↓画面的远处是在托布鲁克燃烧着的坦克，而近处是在沙漠里的一排排被缴获的车辆

↑首批"十字军"Ⅲ型坦克装备的火力强大，能够发射2.7千克重的炮弹。"十字军"Ⅲ型坦克配有悬挂装置，是英军为数不多，又能够派上用场的坦克之一。它一直服役到1942年秋由美军"谢尔曼"坦克替代为止

这次战役中，轴心国的军队和英军规模大致相当（大约都为11万人），但从伤亡情况看，战局有利于英军，因为英军此役伤亡人数只有18 000人，而轴心国军队伤亡38 000人，其中轴心国军队有许多人是在从昔兰尼加撤退途中被英军消灭的。"十字军行动"的一个重大意义就是解了托布鲁克之围。

尽管奥金莱克为自己把德军赶出昔兰尼加而沾沾自喜，但他不知英军的胜利很不彻底。德军非洲军团幸存了下来，继续战斗了一天。当1942年1月，援军一到，它就可以再次发动对英军的进攻。

在德军重新采取攻势以前，希特勒于1941年12月2日签署了第38号指令，旨在对地中海和北非的轴心国力量实行统一指挥。德国与意大利之间分歧的加剧已削弱了轴心国的作战能力，因此德国必须采取措施解决这些分歧；同时德国也希望能够将隆美尔撤下，让德国炮兵和空军前指挥官凯塞林元帅任南线总司令。

给凯塞林的指令

希特勒在指令中给凯塞林指派了三重任务："第一，夺取从意大利南部到北非之间的制空权和制海权，确保通向利比亚和昔兰尼加的交通安全，尤其是要强迫马耳他保持中立；第二，保证在北非作战的德军和盟军部队（指意军）协同作战；第三，与德国和意大利海军密切配合，切断敌人经过地中海的交通线以及英国向托布鲁克和马耳他的补给线。"

轴心国在指挥上面临的困难

希特勒的38号指令企图解决各军种内部（陆海空）协同作战的问题，并弥补德国不能与意大利有效合作所带来的损失。但是它来得太迟了。凯塞林指挥德国空军及地中海的防空部队，并且得到了从东线撤回的第2航空队（由朗泽尔上将指挥）的援助。与盟国军队的指挥官艾森豪威尔或尼米兹相比，凯塞林缺乏总览地中海军事全局的真本领。因此，他并不能解决困扰轴心国的关键问题：首先是北非的兵源和物资补给问题，而且他也控制不了常违抗上级命令的隆美尔。

但即便是存在着这些问题，从1941年到1942年的冬天，德军在地中海的力量还是比英军强大，盟国的船队也遭到了轴心国的猛烈攻击。1941年12月7日，因为有作战经验的英军和澳大利亚军被调至远东去迎战日本，削弱了英军在北非的防线。和其前任韦弗尔遇到的情况一样，奥金莱克突然发觉，当他最需要有经验的老兵时，他们却都被调遣走了，横亘在昔兰尼加的突出部分。隆美尔发现了英军的难题，于是他决定毫不迟疑地重新发动攻势，把对手打个措手不及。

↓沙漠环境增大了运输的难度。在那些软沙地带，只能使用两条腿或四条腿的运输工具。画面里，英军正使用骡子运送装备

一→英军士兵端着刺
刀，准备行动。他们
从一辆被炸毁的德军
坦克旁经过，向前
冲锋

　　此次进攻中，隆美尔有能力部署起5个轴心国的装甲或机械化师。而英军一方的情况则是：第7装甲师已撤至埃及，只剩下第1装甲师去迎战德国人，而第1装甲师毫无作战经验而且装备不足。驻扎在班加西周围的第4印度师因为距离太远，也无法为前方的英军装甲部队提供援助。德军于1月21日发动了新一轮攻势。当轴心国军队开进昔兰尼加时，英军第1装甲师被迫撤退，德军重新占领了昔兰尼加，使其对英军沿加扎拉海岸线到南部的比尔哈凯姆所布下的防线的攻击暂告一段落。1942年2月初到5月中旬，双方休战，为下一次的战斗储备力量。

　　尼尔·里奇领导的英军第8集团军分成了两个军。与上一年"十字军行动"中的情况一样，第1和第7装甲师组成第30军（由诺里中将指挥），它们的主力是坦克部队；而第13军（由戈特中将指挥）则包括了步兵主力。步兵师沿防线布防，防线由一连串的盒子式的岗亭构成，这些岗亭由铁丝网和雷区保护着，可以容纳一个旅。

　　岗亭的设置是英军为阻止坦克在开阔的沙漠地区向步兵攻击的一种手段，就像拿破仑时代的步兵都使用方阵阻止骑兵冲散队伍一样。它们大小不一，但最基本的一点就是，它们在大炮和工程兵的支援下能够容纳有3个营大的一个旅。其周围设有狭长的战壕供步兵使用，并且精心为炮兵设计了大炮眼。在战壕周围是一圈铁丝网，再外面便是地雷区。

英军战术的缺陷

这种盒式岗亭，成为第8集团军战术思维的常规元素，暴露出英国军事组织和指导思想的缺陷。和其他军队一样，英国的战术以师为基础单位。表面上看，这是一种多兵种的武装编队，每个兵种都能够在战场上独立作战，但实际上这种情况很少见。其实，英国军队是建立在以团为单位的基础之上的，战斗时是独立的团队组织起来联合行动。而盒式岗亭布防这种几乎像是部落之间的合作方式在战争中是不可取的，也没有得到恰当的注解——在战争的情况下，这样的合作通常会破裂，并成为英军作战的不利因素。

而在德军装甲师的概念里，就包含着平等的相互支援的关系，这种关系体现在坦克和摩托化步兵之间、大炮和反坦克炮之间，以及其他一些辅助机动武器之间。相反，在英军第8集团军内部，在各独立部队之间，尤其是步兵和装甲部队之间总是存在着不协调的关系。

加扎拉战役之后，第5新西兰旅的旅长基彭伯格就抱怨其部队间缺乏

↓德军一师级指挥部的成员在一辆指挥装甲车旁研究地图。德国人掌握了精湛的无线电通信技术，但在西部广阔的沙漠地区，这种通信技术却派不上用场

协同："那时，在整个第8集团军里，不仅仅是新西兰师里存在着非常紧张的互不信任的气氛，甚至他们对我们装甲部队有一种怨恨的情绪。"而且就是因为步兵不信任自己坦克的支援作战能力，盒式岗亭的作战体系才得到了英联邦部队的支持。

多布森就驻扎在命运不佳的第150旅的岗亭里，他强调指出加扎拉防线中存在一个根本弱点：

> 主要问题是各岗亭之间的距离太远，所以当敌军5月底向我们进攻时，即使邻近的岗亭之间，我们也无法协同作战。我们右边的第69旅岗亭离我们有8千米远；而在另一边比尔哈凯姆地区的"自由法国"的岗亭，也离我们有8千米。相互不能支援就意味着我们要各打各的仗，在这种情况下，若隆美尔决定集中力量对付你时，这对你就是一个大灾难——而我们的旅正面临着这种情况。

↓一名德军士兵开始艰难挖掘藏身穴。在开阔的地势里，步兵易遭大炮和坦克的攻击，因此，找到好的藏身之处非常关键

隆美尔从欧洲得到了后备援军（在班加西击败英军也得到了一些意外果实，缴获英军一批军需物资），他准备重新发动攻势。这次他不仅要夺取昔兰尼加，而且要向开罗进军，亚历山大和苏伊士运河也在其计划之内。隆美尔的计划听起来简单直接，但要依靠速度和强劲的攻势才能成功。克鲁威尔集团军是由德军支持的意大利步兵部队，将向英国步兵前线进行正面攻击，以牵制英国防卫部队。而隆美尔将率领轴心国的装甲师发动全面进攻，直指比尔哈凯姆的南部。轴心国的坦克部队将从侧翼攻击英军防线，摧毁英国装甲后备力量，并切断第8集团军的东部补给线。

隆美尔发动攻势

5月26日下午，克鲁韦尔集团军开始发动正面攻击。在夜幕的掩护下，德意装甲部队开

始从侧翼包抄英军。轴心国的这支部队力量十分强大，包括有第15和第21
装甲师、第90轻型装备师及"阿里塔师"。

哈克特少校（后因在阿纳姆取得胜利而声名大振）是第8皇家爱尔兰
轻骑兵所属的"斯图亚特"轻型坦克装甲连的指挥官。5月27日，他奉命
到比尔哈凯姆岗亭南部的前线调查敌情，他后来报告说：

> 我带领C装甲连迅速出发——前进非常顺利。这是一个典
> 型的沙漠起伏的国家，我们沿一个斜坡向上行进。当我到达坡
> 顶时，上级指挥官用无线电对我说："你一看到敌军就向我报
> 告。"我越过了坡顶。在我的面前，我看到的全是德军，他们正
> 朝我这个方向前进。我向上校报告："我发现了他们。出击！"
> 由于那时的无线电不可靠，我举起了一面黑色旗子，喊道："进
> 攻开始！"然后我就像一个傻瓜一样，忘记把旗子再放下来。战
> 斗中，任何竖着旗子的坦克当然会把敌人的注意力吸引过来。我
> 想那天我的坦克应该是第8集团军中第一个被击毁的。在举起旗
> 子3分钟以后，我的坦克就被击毁了。

↓德国空军人员在一架"梅塞施密特"Bf-110型战斗机的引擎下休息，等待着下一次作战任务。在加扎拉战役中，德国人能够借助于强大的空军支援。尤其是在攻击敌军要塞，如托布鲁克的行动中，德国空军都给予了很大的支持

英军大乱

哈克特虽然受了伤，但他经过治疗很快就
又回到了部队。相比之下其他人就没他这么幸运
了，许多英军部队都在德军第一阶段的猛攻下遭
到重创。从南诺茨轻骑兵的一位军官哈罗德·哈
珀的叙述里，我们能够看出英军对装甲战斗的困
惑与恐惧的心理。尽管叫轻骑兵，但实际上南诺
茨轻骑兵部队是一支炮兵部队，任务是协助英军
第22装甲旅作战。当德军坦克出没在比尔哈凯姆
附近时，该部队的两部装甲车因执行侦察任务也
正在向前开进。第一辆装甲车上坐着加里·伯
金少校，他是哈珀所在的炮兵连的指挥官。加
里·伯金的兄弟伊沃尔·伯金上尉与哈珀坐在第
2辆装甲车上。哈珀后来回忆道：

→1942年5月26日，隆美尔的部队沿海路从侧翼向英军的加扎拉防线发动进攻。晚上9点钟，两个装甲师和第90轻装师的大部抵达英军左翼，并继续向英军防线北面前进。经过3个星期的激战，德意非洲军团将英军向东推回到阿拉曼

我们刚刚行进了五六百米远，突然从前面指挥官的无线电中听到了一个含糊的声音，我们立刻就知道一定是出了什么事。伯金上尉从车里跳了出去，冲向另一部装甲车，我也紧随其后。在我的生命中还从没见过这样的场面：伯金少校平躺在地上，显然他已经死了。我到后面打开了装甲车的车门，很显然，当这位炮兵连指挥官站在炮塔里时，一枚穿甲弹穿透了装甲车的外壳，正中其身体中部，并且接着击中了两位无线电接线员的头部。

你所能看到的就是这样两个小伙子：他们的手中还握着微型话筒——虽然头已滚到了地上。第3个接线员，他向我们发出信息后，已跳出了装甲车，侥幸逃脱了。

这样的不幸遭遇还在继续。加里·伯金还没有从第一辆装甲车的悲惨境况里回过神来，他被其兄弟的死吓蒙了。哈尔波收拾了一下那辆装甲

车，搬走了伯金少校的尸体，并向所在队伍报告了有关情况：

　　我把手放在司机的肩上，那时他已拉下坦克的所有遮板，在看不到路的情况下，摸索着前进。我们已练习过几周，当出现这种情况时知道应该如何应付，即我在他的左肩或右肩上用手施加一定的压力，他根据我所施加的压力的轻重来辨别方向。但这次因为慌乱，我在他的肩上过于用力，以致他来了一个急转弯。在一阵烟雾之后，一辆坦克驶了过来。我们撞上了它，并被撞到了四五米之外。

　　接下来我们的发动机着了火，我们不得不跳出来。同时我们还意外地撞到了一个小伙子，就是伯金少校车组的那位第三个无线电接线员。他的腿不幸地被我们撞断了，因此我们得拉着他和我们一起走。我们四个人，加上这位接线员，一起向伯金上尉走去。我们困在了那里。

　　后来我们偷偷爬上了伦敦义勇队（CLY）的一辆路过的坦克背上。坦克指挥官不知道我们躲在那儿，他们继续向敌人开火。

↓ 1942年在德军进攻英军期间，一个德军前方侦察哨正密切注意着盟国军队的行动

当塔楼和大炮不停地晃动时，我们便不得不左躲右闪。其中一个同伴摔了下去。当时我们都认为他一定会摔死，后来我们发现他侥幸地活了下来。因德军炮弹的袭击，我们大多数都受了不同程度的伤。当我们与一辆"格兰特"型坦克相撞时，我的肋骨被挤伤，左膝也受了点伤。当时我并没有意识到自己受了伤，因为那时发生了太多的事情。

↓这种口径88毫米的德国高射炮很著名，它在加扎拉战斗中能直接击中对方的地面目标。当英军还在严格区别高射炮和其他形式的大炮的用途时，德军已将他们成功地结合起来了

通过捶打塔楼的舱门，哈珀和他的同伴们终于引起了坦克指挥员的注意。于是，指挥员便把他们送到了自己的团队去接受治疗。几个小时后，当哈珀正在一个野战医疗点包扎伤口时，此医疗点遭到了德军装甲队的进攻。德军允许医疗人员继续他们的工作。照顾伤员和垂死的人。后来，突然有轻型飞机在医疗点着陆了，机上走下来一位德国高级军官，哈珀立刻认出是隆美尔。哈珀后来回忆起当时的情景："虽然战斗正在进行，他还抽出时间来关照，要采取一切可能措施保证英军战俘的日子能够过得舒服一些。他还说，他很抱歉不能提供足够的食物，但他们会尽力而为。我不能失败，但他给我留下了深刻的印象。"

↑ 1942年2月的利比亚东北部海港城市德尔纳。在这场战胜了英军的战役中，隆美尔精力充沛地指示着远处的目标

英军的弱点

隆美尔的领导作风令人精神振奋，与英军军营里死气沉沉的气氛形成鲜明对比。当德国装甲部队进攻时，英国第8集团军反应迟钝，而且也不能协同作战。里奇与他的两个军指挥官的关系有点紧张，在关于英军如何反击德军的问题上，他们之间存在分歧。而从军和师的角度来说，各编队之间很少能够互相有效地协同作战。因此，英军分散的反击行动都被德军一一击败。

战斗的第一天，英军遭挫，但这并不意味着就必然会失败。隆美尔已命令其装甲部队深入到第8集团军的防线后面。英军尽管组织不力，仍顽强抵抗，其英勇的士气逐渐削弱了德国装甲部队的攻势。在经过几天不分胜负的激战后，隆美尔的处境开始恶化：德军最初的猛攻摧毁不了英军的装甲部队，而此时，德军的武器弹药和汽油的补给——补给一直不足——已到了消耗殆尽的边缘。

↑奥金莱克将军在前线视察时与印度士兵交谈。在加扎拉失陷后，奥金莱克接管了英军第8集团军的直接指挥权，最终扭转乾坤

英军第150旅被歼

　　隆美尔本来希望能突破英军防线的中部，以便为德军建立一条补给线，但他低估了英军地雷区的破坏作用，也没有察觉到英军第150旅正埋伏在他计划中的补给线上。若要建立补给线，德军就必须以最快的速度消灭掉英军第150旅。于是隆美尔下令其部队在英军雷区附近采取守势，伺机袭击第150旅。

　　非洲军团的主力军都被派去对付英军的第150旅。该旅的组成情况是3个步兵营和1个装甲连，其中步兵营配有火炮和工程人员。在历经72小时的激战之后，英军抵挡住了德军的袭击。然而，数量上的绝对劣势，以及缺少弹药补给，使英军守卫者处于不利的位置。结果6月1日，德军还是占领了英军的阵地。但英军的顽强抵抗，给隆美尔留下了很深的印象，后来他写道："我的军队遇到了难以想象的最英勇顽强的抵抗。防区部署得力，像往常一样，英军坚持到了最后。"

德军摧毁了英军第150旅的阵地，便获得了一条自由通道，为德军提供了补给线。这样德军就能够再次向英军进攻。然而，隆美尔并没有立刻采取攻势，他正等着英军坦克自投罗网，仿佛英军也乐意这样做。

里奇有充分的时间去制订和执行一个全面的反击计划，但他什么也没做。在英国第8集团军的决策过程中，出现了一种很奇怪的现象，那就是犹豫不决和骄傲自满同时并存。的确，当里奇听说德军已撤至英军防线外围时，他认为自己实际上已赢得了这场战斗。本来英军只需稍做调整，立刻采取联合行动便可以击败德军，但这种情形终究没有发生。

6月初，当隆美尔正在英军防线外围地区积蓄力量时，英国第8集团军也在不紧不慢地准备着它的反击战。6月5日，英军发起了"阿伯丁行动"，却彻底失败了。这不仅仅是因为隆美尔已为迎战英军作了充分的准备，也因为英军这次反击组织不力，步兵和装甲部队没能协同作战所致。英军"阿伯丁行动"的失败，对隆美尔来说，是他要冲破英军防线，向

↓德军"88"型炮手正在不安地等待着英军的反攻，准备开火

英军发动进攻的一个信号。6月5日下午，德军第21装甲师的坦克向英军进攻，准备夺取英军在骑士桥的阵地。而第15装甲师则绕过了比尔哈马特向南进军。英军现在只有孤注一掷，拼命抵挡住德军的进攻，以防敌军占领整个加扎拉地区。

比尔哈凯姆

隆美尔几乎全歼英军装甲力量之后，挥师南下准备摧毁比尔哈凯姆阵地上的英军。守卫比尔哈凯姆阵地的是"自由法国"的一个旅。面对德军装甲部队的咄咄攻势，比尔哈凯姆的形势岌岌可危。法军旅不断遭到德军从陆上和空中的狂轰滥炸，他们拼命抵抗，但苦于弹药不足，已防不胜防。6月10日，法军旅奉命突围。在第30军残余力量的支援下，法军旅突围成功。原来守卫比尔哈凯姆防区的法军旅有3 600人，有2 700人冲破敌军重围，到达安全地带。

英军在加扎拉地区最初防线上的残余守军现在又面临围攻，因为隆美尔已经看到了托布鲁克的巨大战略价值，开始重组部队朝这里进攻。在海岸线的北方较远处，南非第1师在6月13日夜间，成功地冲出包围圈。但对于第50师的其他两个旅来说，情形就更加困难了。第69旅成功地逃脱，直接沿海岸线的通道撤到了东部。然而第151旅却想出了一个新奇的解决方案：向西部撤退，朝轴心国的方位前进，再转向南挥师到达比尔哈凯姆地区，然后东转掉头向埃及前进。显然，向西前进是一条错误的路线。所幸的是，尽管第151旅损失了大部分的车辆和重型武器，但90%的人员最终还是设法逃到了英国防线上。这是沙漠战中的一个小小的创举，但悲剧接踵而来，托布鲁克失陷了。

托布鲁克再次被围

英国第8集团军在3周的激战中，已经疲惫不堪。6月16日，英军开始退到埃及边界。英军的撤退，使托布鲁克这个仍有35 000人和大量装备的基地再次处于被围攻的境地。尽管英军在托布鲁克人数上相对较多，一支南非联军加上印度军和英国军都由少将克雷佩直接领导，但此时的情形已远远不同于上一年了，那时英军坚持了8个月，最终突破重围，而此时，反坦克防线事实上已经形同虚设（反坦克炮尤其缺乏）。整个指挥结构由于在加扎拉的溃败而陷入一片混乱。

↑ 图中是德国非洲军团第15装甲师的一位中尉。他穿着热带军装，蹬着高筒系带的军靴。他胸前的军功章中一枚是二等功的铁制十字架，一枚是银制的坦克兵的勋章。虽然图中他的身上仅有一个水壶，但在沙漠里，军队里每人配两个水壶是很常见的隆美尔不费吹灰之力又一次占领了托布鲁克。6月20日，在轰炸机的掩护下，一支德国装甲部队准备进攻，插入到防线的东南角。德军的梅林津少校目睹德军的进攻时写道：

　　凌晨5时，我和隆美尔站在阿德姆东北部的悬崖上，战时总部就设在那儿。天亮了，我能清楚地观察到托布鲁克周围地区，大约5时20分，"施图卡"俯冲式轰炸机迅速飞过。正如凯塞林元帅所说的那样，在激烈的战斗中，德军发射了几百颗炮弹。这是我见过的最壮观的一次袭击。

　　一阵浓烟从进攻的地方飘过来，此时我们的炮弹炸开了英军防线。德军和意军炮火联合起来进攻，火力异常凶猛。我们知道这对那个地段的曼哈特营的士气是个巨大的打击。"施图卡"轰炸机一整天都在战斗，一直飞到加扎拉和阿德姆机场，补充炸弹，然后重回战场。

↓在盟军的进攻下，德军的一个88毫米口径高射炮组的全体成员正四散奔跑寻求掩护

↑1942年夏季，英军开始接受从美国运来的大量战备物资。这使战争很快倒向英军一方。照片中美国制造的"格兰特"式坦克正在运抵第8集团军前线的路上

轰击持续了数小时，英军的防线出现了一个缺口，轴心国200多辆坦克从各个方向向托布鲁克港口进攻。虽然英军很勇敢，但彼此孤立无援，防线差不多在顷刻间就被突破。6月21日晚上，英军所有的抵抗都结束了。托布鲁克的陷落不仅给隆美尔提供了近33 000人的俘虏和大量的补给，而且因这一巨大胜利，希特勒把隆美尔提升为陆军元帅。

托布鲁克的失陷对英军是个灾难，丘吉尔称之为耻辱，他对这一失败一直耿耿于怀，直到战后。

第8集团军压力重重

然而，第8集团军的压力更大。在前几周里，它已经丧失了5万名士兵，虽然逃到了埃及前线，但又被德军穷追不舍。隆美尔已经尝到了胜利的滋味，所以他要坚持不懈地进攻："再努力一下。"他这样督促士兵们，"尼罗河三角洲就将是我们的了。"到6月23日，遭阻击的第8集团军只得在玛莎玛特鲁附近另建一条新的防线。

奥金莱克接任指挥

奥金莱克决定亲自接管第8集团军的指挥权，6月25日，里奇卸职。认识到玛莎玛特鲁附近英军所面临的巨大危险，奥金莱克命令部队撤到阿拉曼地区较好的位置。然而，隆美尔却抢先发动了进攻：大量的英国军队

被困在玛莎玛特鲁要塞附近，而那些侥幸突围的士兵们又遭到非洲军团的围攻。

尽管第8集团军遭到严重挫折，但在退往阿拉曼的沿途中，士兵纪律严明，士气高昂。尽管此时许多士兵心存疑惑：已经被德军紧紧追赶，为什么还要继续保持严整的军纪？即使这样，士兵们战斗的意志一点也没有消沉。一名评论员称第8集团军处于"勇敢但困惑"的状态之中，西奥多·斯蒂芬尼德斯，一名随军医生，这样记述了当时的情况：

> 令我震惊的是，这里严明的纪律和绝对执行命令的程度胜过其他任何地方，简直难以相信这是一次匆忙而结果无法预料的撤退。尽管人数少，速度快，但战士们都士气高昂，我看不到一点冲撞与狼狈的情形。宪兵在各个位置上指挥着行进队伍，一切进行得非常顺利，大家就好像离开赛马会一样井然有序。

在阿拉曼，奥金莱克决定站稳脚跟，他的兵源差不多已枯竭了，而隆美尔也缺少供应。德军补给线在部队后方绵延几千里，隆美尔的士兵已经筋疲力尽了。这两支疲惫之师都在摩拳擦掌，以待最后一搏。轴心国于7月2日首先向阿拉曼地区开火，隆美尔试图越过英军阵地，正如他在加扎拉和玛莎玛特鲁的进攻一样，但是他的进攻在鲁维沙特山脊地带受阻。为了从外侧包抄英军，隆美尔的轴心国部队进一步向南进攻撒哈拉。

艾斯亚峰奇袭战

与此同时，第8集团军得到了来自尼罗河三角洲地区的第9澳大利亚步兵师的支援，实力得到了加强。很快，英澳联军就在阿拉曼海岸边建立了阵地。7月10日，在英军坦克的帮助下，澳大利亚师又发起了一次进攻，令人惊奇地朝艾斯亚峰进攻，这一地区后来因这次小小的进攻而闻名。

澳大利亚军队的进攻速度之快令轴心国大为诧异。意大利的萨布拉塔师遭到重创，隆美尔被迫转移武装部队。他原来准备绕到英军南部前线的外侧，现在转而支援沿海岸线的部队。澳大利亚军队在艾斯亚峰深挖战壕，充分准备，等待德军的反攻。第26旅的旅长，也是7月10日进攻的主要策划者查理斯·芬莱目击了德军的反应和盟军的对策：

在7月12日，第一阶段，德军就把整个第90轻装师全部投入进攻中。英国皇家炮兵的指挥官拉姆齐命令他的两组炮兵到南部去进攻德军，是他们真正打垮了德军。我想那天下午，德军至少损失了22辆坦克。德军以前是惯于进攻的，然而今非昔比，在沙漠战中已很难见到他们了。德军的坦克一直前进，以避免遭到炮火的袭击，但是坦克上的步兵们很快就从坦克上被击落下来，当他们接近目标时，已经得不到步兵支持了。这使得德军进攻失去了强有力的步兵支援。

德军胜利的顶峰

德军未能将英国第8集团军驱逐出去，标志着轴心国的进攻高潮已经过去。战争的主动权落到了奥金莱克手中，他指挥军队相当讲究技巧，可尽管如此，要想把轴心国立即赶出阿拉曼，也不是件容易的事，这在德军以后的几次出色的进攻中得到证明。7月22日，战斗断断续续地进行着，最后停了下来。因为双方都开始深挖战壕，建立防线。双方的战线从阿拉曼北部一直延伸到南部的盖塔拉洼地。

德军未能突破英军的阿拉曼防线，这让隆美尔非常沮丧。他的自信

↓ "自由法国"外籍军团的士兵们正投入比尔哈凯姆的反攻中。"自由法国"外籍军团从正南部侧翼协助英军第8集团军进攻

心受到很大的打击，尤其是为了夺取尼罗河三角洲和苏伊士运河，在一切努力遭到失败后，他尤为伤心。要知道，他为此努力了一年半时间。7月17日，他写信给妻子时情绪很悲观，"此刻，对我来说，事情发展得太糟糕了，任何时候都处在战争紧张状态下。敌人正在运用他们的优势疯狂进攻，尤其是步兵，一个接一个地击败我们的部队。德国部队非常虚弱，已到了孤立无援的境地"。

隆美尔最后一搏

尽管很忧虑烦恼，但隆美尔知道他必须最后一搏打败英军。在盟军的补给还没有到来对付德军之前，他得

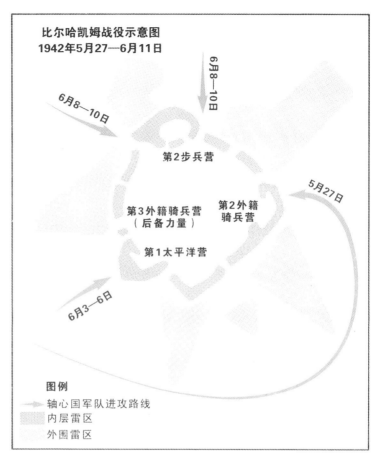

比尔哈凯姆战役示意图
1942年5月27—6月11日

6月8—10日

6月8—10日

5月27日

第2步兵营

第3外籍骑兵营
（后备力量）

第2外籍
骑兵营

第1太平洋营

6月3—6日

图例
→ 轴心国军队进攻路线
内层雷区
外围雷区

先下手。此时大量的物资装备已经到达英军和联邦军队，而且每天都在增加。训练精良且勇敢善战的德国军队和他们的先进装备很快就会面临强大的敌人，尤其是自1941年12月美国参战以来更是如此。

对于英军来说，他们知道只有坚持抵抗德军的顽强进攻，直到盟军的增援人员到战斗前线，才可以展开一次新的进攻把德军赶出北非。

11

北非战局的扭转

阿拉曼战役标志着隆美尔在北非军事胜利的最高峰已经结束。随着美国的参战，盟国军队的力量已占绝对优势，它完全有能力将全部德军推回到突尼斯。

轴心国在第一次阿拉曼战役失败后，由于双方都在准备下一次新战役而带来了一小段暂时的休战时间。1942年8月3日，丘吉尔抵达埃及参加开罗会议，他亲自到沙漠中视察了英军第8集团军的进展情况。丘吉尔对北非战事并不满意。由于1942年夏天战争的失利，加上丘吉尔认为奥金莱克将军将继续顽固不化，所以英军高层职位的变动已在所难免。

8月6日，陆军上将哈罗德·亚历山大爵士接替奥金莱克，成为中东地区的盟军总司令，同时陆军中将威廉姆·亨利·戈特被任命为指挥第8集团军的司令。然而不幸的是，戈特还未来得及上任，就因乘坐的运输机被德军战斗机击中而坠机身亡。另一名陆军中将蒙哥马利代替戈特走马上任。从英国调来的蒙哥马利是一位非常粗暴的将军，他几乎没有时间等待这些沙漠将领们改掉他所认为的"糟糕的老习惯"，这些人要么按照他的思维方式行动，要么被免职。

蒙哥马利还未能将其在第8集团军中大刀阔斧的改革进行到底，就接到了保卫阿拉曼军事基地、应对轴心国孤注一掷进攻的新任务。在众所周知的阿拉姆海法战役中，隆美尔沿袭屡试不爽的作战方案，命令其装甲部队对英军南翼发起了全面进攻。面对德军的进攻行动，英军根据奥金莱克

←皇家军舰"威严"号甲板上的"野猫"战斗机和"海上荧光"战斗机正在准备起飞，去支援"火炬计划"。盟军于1942年11月在北非登陆

和副总参谋长多曼·史密斯少将提出的防御计划，早已作了预先准备。同时，英军情报部门的杰出工作也帮了大忙，他们向英军提供了有关隆美尔进攻计划的机密。

阿拉姆海法战役

8月30日夜间，轴心国部队在没有干扰的情况下，开始按计划对英军侧翼发起了进攻，但很快他们就像被装进漏斗一样进入了阿拉姆海法山岭处。驻守阿拉姆海法的英军有着防御严密的阵地，因此当轴心国部队前行时，他们遭到了英国皇家空军轰炸机的连续袭击；同时又由于坦克燃料日益短缺，因此他们不得不放慢前进速度。预先布置好的英军沿阿拉姆海法山脊的抵抗迫使轴心国的进攻行动陷入停滞，这样一来隆美尔的部队就完全暴露在英军眼前。为了谨慎起见，隆美尔下令全线撤退。到9月6日，轴心国部队回到了他们出发前的位置。

阿拉姆海法战役证明，蒙哥马利是一位机敏的战术家。他没有被所谓的"隆美尔神话"吓倒，他始终相信，胜利就在不远的将来。英国皇家空军在这场战役中的密切合作，也是一个显示胜利前景的吉兆。随着沙漠空军力量和能力的不断增长和提高，轴心国部队的前景越来越黯淡。

像往常一样，丘吉尔再次敦促英军抓紧时间开始新的进攻行动，但蒙哥马利拒绝这样操之过急地发动进攻。蒙哥马利是一个做事有条不紊的人，他首先下力气增强军队的士气，训练军队，以便为下一次他认为是北

↓英国空军地勤部队正在为英国皇家空军"飓风"战斗机前往西部沙漠巡逻做准备。到1942年9月，空军力量的天平已明显偏向了盟军一边

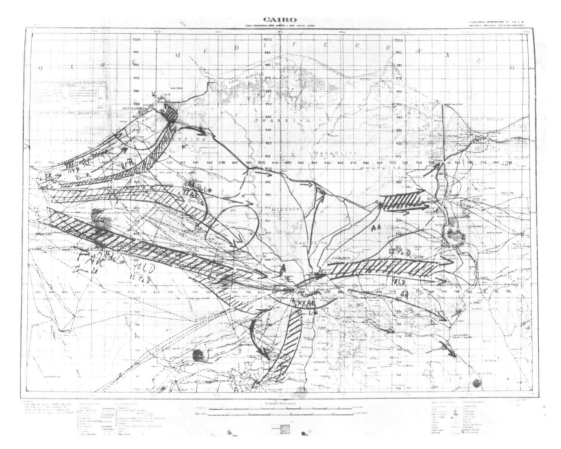

↑这是一张隆美尔标记过的地图，图上的标记表明他想要越过英军在阿拉曼的防御工事进攻亚历山大和开罗

非战役中具有决定性意义的大战做准备。

在蒙哥马利接管第8集团军之前，他曾对第8集团军松弛的军纪嘲讽过很多次，他也对奥金莱克指挥期间的一些问题表示蔑视，甚至常常做出不大准确的评论，这对他本人产生了严重的影响。尽管如此，第8集团军确实需要摆脱倦怠情绪，重新振作起来，而蒙哥马利无疑是最胜任这一工作的人。虽然蒙哥马利有明显的党派偏见，但他有自己的观点（取自他对1942年8月12日至1942年10月23日的第8集团军状况的回顾）："总体上的管理不善、错误指挥和糟糕的参谋工作是整个战役失败的原因。但最终原因还在于奥金莱克将军，他竟然让一个像里奇这样没有作战经验的军官去把一支好端端的作战部队给带坏了，他竟允许把军队的指挥权分散化。"

除了有些夸张和完全否定奥金莱克的成绩（因为奥金莱克毕竟带领第8集团军在"十字军行动"和第一次阿拉曼战役中取得过胜利）之外，蒙

哥马利对奥金莱克的谴责还是有可取之处的。对于第8集团军的其他一些方面，蒙哥马利也作了同样严厉但非常有说服力的评述：

　　我非常认真地观看他们（第8集团军）训练。非常明显，这支部队完全是一支没有受过正规训练的队伍。从来没有人强调过军事训练的必要性，因此没有人真正接受过正规训练。大多数军官都是通过在战争中耍小花招而上来的，他们都没有接受过专门训练，而且也缺乏作战经验，只是因为找不到更好的人选所以才挑了他们。

　　中东的英军高级军官很少有真正一流的指挥官，很多一级任务都是由二级甚至是三级军官去完成的。在这里奥金莱克应再一次受到批评，因为他一直拒绝吸纳从英国培训出来的一级军官，而只要那些他所熟悉的二级军官。

蒙哥马利的个人魅力

蒙哥马利自我公开的工作方式在部队中很快就产生了影响。他不断地去视察受他指挥的部队，并把创立一种新的第8集团军精神当作任务的一部分。他的这一做法在将士中间引起了多种反响，但总的说来，他们还是对此持赞成和欢迎态度的。抛开别的不说，至少前线的士兵知道谁是他们的总指挥，知道这位总指挥决心要夺取战争的胜利。更让士兵们感到鼓舞的是，蒙哥马利还特别强调他将竭尽全力把伤亡人数降到最低限度。一位在此期间数次见到过蒙哥马利的英国军官这样评论他的上司："在战争中，我们还是第一次遇到自己的指挥官告诉我们每一个人发生了什么，这是让人感到非常鼓舞的。他讲话平易近人，对士兵一视同仁。我对他充满了敬意。"

蒙哥马利决定在10月23日夜间开始他的庞大进攻计划。在发动进攻之前的7个星期（从挫败隆美尔在阿拉姆海法的进攻起，到10月23日止）的准备时间里，蒙哥马利先是把增援部队合并到第8集团军中，然后举行了全军军事演习。在这段时间有一个显著的特点，就是巡逻活动和小规模侦察活动比较频繁。这些活动的目的是扰乱敌人军心、增加作战技巧和获取敌军军事部署情报。

举个例子来说，在澳大利亚军中，这些巡逻活动很快就发展成为一种常规性的活动，甚至成为一种生活方式。英军的奥茨这样描述道：

> 这些夜间侵袭大多是在非军事区内进行的，但很多时候甚至是到了德军占领的领土之内。这种侵袭活动常常让我们收获很大，我们不仅偷袭了敌军，造成敌军人员伤亡，获取了情报，而且很多时候还能获取敌军的武器装备。根据巡逻兵收集到的情报，工兵部队可以画出插入敌军防线的地图、敌军地雷贮存的地图以及把这些地雷撒在敌军占领地的图示。

盟军的袭击

第8集团军除了负责巡逻任务以外，还进行了不少局部进攻，目的是要试探一下轴心国的决心，以及为下一步主战寻找到更好的突破点。在北部地区，澳大利亚师的袭击（"布林巴行动"）取得了部分成功，但由第44步兵师的一个旅发动的一次较大规模的袭击（"布拉甘萨行动"）却遭到了惨败，人员伤亡惨重且一无所获。通过这些袭击不难看出，轴心国的军力远未被击垮，英军仍然面临严重危险。

再往南就是"秘密部队"，这是一些在盟军主力部队两侧参加军事行动的特殊部队。一位帮助组建这些部队的英国军官把非洲大沙漠称为"袭击小分队的乐园"，因为在北非，在韦维尔和奥金莱克的倡导下，建立了很多这样的部队。建立这些部队的基本理论就是围绕着这样一个观点：受过良好训练、机动灵活的军队可以完成艰巨而又危险的任务。秘密部队的建立反映了英军对Boy's Own（可称之为"男孩自己的事"）战争学派（该学派认为由一名坚定的军官带领他的忠诚下属不顾危险英勇作战，就会战胜极有优势的敌人，取得胜利）情有独钟。

看到胜利曙光的第一支恐怕也是最有效率的一支特殊部队就是沙漠远征军。最早构思建立这支部队的是曾在战前全面勘探过西部沙漠的英国军官巴格诺尔德少校，他认为建立沙漠远征军的目的是，要在远离敌军防线

↓沙漠远程巡逻兵们站在一辆特别为沙漠环境下作战而改装的卡车边上。沙漠远程巡逻兵是西部沙漠广阔空间中的航行大师，他们在窃取德军和意军的军事情报中起了重要作用

的后方完成艰巨的侦察任务。韦维尔批
准巴格诺尔德可以按照他自己的意志行
事，巴格诺尔德征募了一支由新西兰人
组成的志愿军，当时，这些新西兰人由
于在海难中丧失了武器和装备而无事可
做。此后，又有罗得西亚人加入这支队
伍中来，再后来还有警卫部队和义勇骑
兵团加入进来。

　　沙漠远征军的士兵们驾驶着改装
后的雪佛兰和福特卡车，从沙漠深处的
一带绿洲出发，在整个利比亚一直向西
到达突尼斯边界的广大地区组建了巡逻
队。有时候，要完成一项特殊任务可能
需要数个月的时间，这就要求执行任务
的士兵不仅要学会沙漠生存的技巧（如
通过看太阳测定自己所在的位置），而
且还必须在这样严酷的环境下学会随机
应变，保持高度警惕。在这种情况下，

↑戴维·斯特林，特
种空军部队（SAS）
的创立者，他是北非
特种部队中最有活力
的领导人之一

个人自律代替了常规纪律，每个士兵都应具备照顾好自己的能力。

　　与其他秘密部队相比，沙漠远征军的专业素质使其具有明显的优势，
因为前者主要是由一些激进的业余人员组织和领导的。在中东的突袭总队
由8～11个突击分队组成，该部队根据它们的指挥官罗伯特·莱科克上校
的名字命名为"莱军"。"莱军"经历过各种考验，但它们的主要任务是
沿北非海岸发动水陆两栖突袭，进攻敌军的军事装置。突击队通过相对谨
慎的冒险活动取得了一些胜利，他们把所需资源与特殊任务紧密地结合在
了一起。但对于规模庞大且无固定结果的袭击活动，突击队的行动不仅基
本上没有成功过，而且很多时候还造成了灾难性的后果。例如，1941年11
月空袭部队对隆美尔总司令部的进攻就是这样的一次行动。此次空袭行动
的领导者、陆军中校杰弗里·凯斯本人在突袭中遇难，他的很多士兵纷纷
被俘获。错误的情报和过于乐观的计划从一开始就注定了这次行动必将以
失败告终。

　　刚从上述空袭行动失败的伤痛中恢复过来，一位年轻军官戴维·斯

特林就提出一项计划：让空袭部队的伞兵降落到敌军防线的后部，发动小规模突袭进攻。在里奇和奥金莱克将军的支持下，斯特林获准实施他的计划。在1941年年中的时候，斯特林开始从"莱军"的剩余部队中招募志愿者。斯特林和他的65名士兵给他们的小分队起了一个名字，叫"特种空军旅"。他们起这个名字的目的是欺骗德军情报部门，让它们误以为英军在中东刚刚组建了一个新的空军旅。

"特种空军旅"承担的第一次任务就是在1941年11月6日利用伞兵部队进攻轴心国的两个机场，但由于大风吹散了参加行动的伞兵，整项任务也就彻底失败了。这次行动使"特种空军旅"丧失了70%的兵力。此后，沙漠远征军把此次行动的生还者收归到了自己的队伍中来。斯特林也看中了沙漠远征军的效能，于是很快放弃了利用伞兵部队完成突袭任务的想法，转而支持由沙漠远征军领导的全副武装的吉普车作为配备的陆上作战行动。

由于特种空军部队进攻敌军飞机场的方式独具特色，因此有些突袭行动偶尔也会取得成功。例如，在一次特种空军部队副总指挥带领的空袭行动中，他们总共摧毁了40架意军飞机。此后，斯特林获准扩大他的部队。

↓蒙哥马利亲自监督为阿拉曼战役做准备的英军运输车队。领头的是一辆运送M4谢尔曼坦克的运输车，这是当时对盟军来说最有效的坦克之一

这支部队吸引了很多志愿者，包括像法国伞兵部队、希腊神圣骑兵部队、特种快艇部队和特种侦讯部队（由德国内部反对纳粹主义的人组成）等。

沙漠巡逻队

普拉德尔上尉是一名特种空军部队的军医，他从一些常规的任务中发现了发生在特种部队成员身上的一个有趣变化。他写道：

> 虽然在这支队伍中士兵们生活得自由自在，但日常训练和实际作战中还是要有纪律的。在我参加的一次军事行动中，我们的巡逻队从战线的南部向北对飞机场及其他打击目标形成环形包围。要完成这一任务，就必须做好伪装掩护工作，这样即使是藏在离敌军很近的地方，他们也难以发现我们，但是有时候低缓飞行的敌机还是能够根据脚印找到我们的藏身之处，总之，我们的处境还是相当危险的。这是一场肇事后即逃跑的、捉迷藏式的战斗。

↓德国非洲军团的老兵们正在前去占领阿拉曼防线的路上，他们的脸上带着明显的倦容。德军很快就将转向战争防御，他们即将见识到更为强大的盟国军队

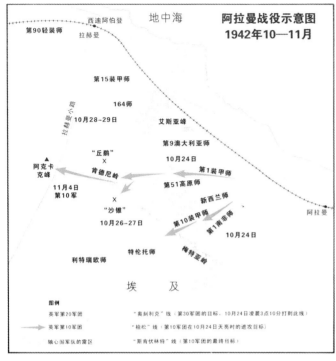

阿拉曼战役示意图
1942年10—11月

地中海

第90轻装师
西迪阿伯登
拉赫曼

第15装甲师
164师
拉赫曼小路
10月28—29日
艾斯亚峰
第9澳大利亚师
10月24日
"丘鹧" X
肯德尼岭
第1装甲师
阿克卡克峰
第51高原师
11月4日
第10军 X
新西兰师
"沙锥"
10月26—27日
第10装甲师
第1南非师
10月24日
特伦托师
蒙特亚峰
利特瑞欧师

埃 及

图例
英军第20军团
英军第10军团
轴心国军队的雷区

"奥制利克"线（第30军团的目标，10月24日凌晨3点10分打到此线）
"柏松"线（第10军在10月24日天亮时的进攻目标）
"斯肯伏林特"线（第10军团的最终目标）

↑1942年10月23日晚9点半，伴随着盟军隆隆炮轰，阿拉曼战役拉开了序幕。30分钟后，英军第30军团开始出动，抢在第10军前面抵达"奥克利克"目标线。10月26日夜，第7摩托旅的一支先遣部队向肯德尼岭南面的"沙锥"据点进发，开始了一场英勇的反击战

与有组织的秘密部队一起行动的是在利比亚从事秘密工作的军人。佩尼亚科夫是这些人中比较有名的一个。作为俄罗斯人和比利时人的后代，第一次世界大战时期他曾在法国军队中服过役，后来又在埃及做过工程师。第二次世界大战刚一爆发，佩尼亚科夫就在英国军队中谋得职位，参加了在敌军后方进行的特别军事行动。一开始，佩尼亚科夫（英国人亲昵地称他为波普斯基）与利比亚反对轴心国军队的阿拉伯人并肩作战。在沙漠远征军的帮助下，他扩充了自己的部队（后来这支部队成为佩尼亚科夫秘密部队），并精心策划了对轴心国军事基地的袭击。在他策划的一次最为成功的袭击中，他们摧毁了德国坦克部队急需的10万加仑汽油。

蒙哥马利瞧不起特种部队

蒙哥马利与他的前任不同，他并不是非常看重沙漠中的特种部队，他也不想让特种空军部队把他最好的士兵和军官挖走。约翰·哈克特在加扎拉受伤以后被任命为最高指挥总部与特种部队之间的联络官，他发现他所面对的领导都是一些非常傲慢而且性情多变的人。"我的工作就是尽我所能整理一些特殊材料，一些能让这些高级军官们看懂，而又很愿意看的材料。这可不是一件轻松的工作，因为他们可不是那么容易打发的。"

阿拉曼战役之前，为了共同的目标——招募志愿者，哈克特和戴维·斯特林见到了蒙哥马利。斯特林的诚恳要求并未打动蒙哥马利，据哈克特回忆："当时蒙哥马利的回答是：'斯特林，你心里在想，这些人在你的手底下战斗力会比在我的手底下强。但是，不管怎样，对这次战争（即阿拉曼战役），他们都是欠准备的。'我忍不住接上说：'是的，他

们也许没有充分的时间训练去参加这次战斗，但是他们经过训练将会去参加下一次以及再往后一些的战斗。'"这些话显然让蒙哥马利受不了了。他敲打着地图上的阿拉曼，愤怒地说："在非洲将不会再有另外一次战争了！这将是最后一次！我的命令是打垮隆美尔，我决定打垮他！"他边说边敲着地图，"就是这儿！"这时，从不会卑躬奉迎的戴维开口说："是的，将军。但是上一位将军是这么说的，再上一位将军也是这么说的。"

事后，斯特林没有招到他想要的军队，这也就没什么可奇怪的了。这段轶事典型地表现了特种部队的自由士兵与正规部队的将军之间的巨大差别。尽管特种部队确实在侧翼包围敌军方面立了大功，但蒙哥马利认为，只有在一场大规模战役中打败轴心国军队才算是真正赢得了这场沙漠战争。当这一边蒙哥马利向哈克特和斯特林解释他的观点时，另一边阿拉曼战役正在激烈地进行着。

继续备战

9月和10月，在英军继续为发动进攻做准备的同时，轴心国军队也加强了防御，德国援助意大利的军队也到了前线与他们自己的步兵部队并肩作战。长期在沙漠中作战已使隆美尔身心疲惫，重病缠身，所以不得不暂时离开非洲回到德国休养。隆美尔走后，非洲德军的指挥权就全部落在了格奥尔格·施托姆这个经历过巴尔干战争和东线战争的沙场老将身上。

↓轴心国的俘虏们聚集在一辆新西兰部队的装甲车边。在阿拉曼战役中，英军和英联邦国家军队俘获的战俘大多是意大利士兵，因为他们通常缺乏迅速撤离战场的机械化手段

轴心国的军事部署

轴心国的装甲部队撤退后充任机动后备军，前沿防线只剩下包括新到非洲的德国第164师和5个步兵师固守阵地。后来瑞迈格旅又来支援前线防御部队，该旅是由承担地面战斗任务的德国伞兵部队组成的。

在隆美尔的工程兵参谋长海克尔上校的直接指挥下，轴心国军队建起了一道坚固的防线。该防线上有一连串相互联结的坚固的军事阵地，防线周围埋了近50万颗地雷，其中14 000颗是专门为对付敌军的除雷坦克而布下的具有很大杀伤力的地雷。由于军队在地中海与盖塔拉凹地之间的阿拉曼战场以内活动范围较小，地雷对防御者来说就格外必要。轴心国的指挥官们希望在他们的援兵到来之前，能用这些地雷阻止盟军的所有进攻。

轴心国的6个师作为机动后备部队被阻拦在了后面，其中南方有第21坦克师和"阿里塔装甲师"，北方有第15装甲师和"利托里奥装甲师"，第90轻装师和"的里雅斯特"师作为陆军后备部队部署在离海岸公路更远的地方。

比较以往的沙漠战争，英军在此次部署中首次从数量和装备上超过了轴心国军队。二者对比如下：人数——195 000人对104 000人（其中德军5万人）；坦克数——1 029辆对489辆（其中德军211辆）；各种型号的炮

↓英国第8集团军的一枚11千克重的榴弹打通了一条通向敌军阵地的通道。虽然盟军占据了空中优势，但作为一项预防措施，枪炮的部署位置应与掩护系统相配合

数——2 311门对1 219门（其中德军644门）；作战飞机数——530架对350架（其中德军150架）。

蒙哥马利的部署使英军的资源得到了最大限度的使用。过去的英军沙漠指挥官都试图公开向南包抄敌军，但阿拉曼的位置决定了这样的策略是行不通的，因此蒙哥马利决定在北方采取正面攻击的战术。在此之前，英军发出假信息，说他们在南部有一支大规模的装甲部队，轴心国情报部门对此信以为真；而实际上大量的英军主攻部队却部署在了北方。他们采取了极为严密的掩护措施，以躲避敌军对该地区部队的注意力。蒙哥马利决心在阿拉曼打一场消耗战，这符合英军的军事实力，却降低了坦克部队的机动性优势。

由于增援部队的到来，蒙哥马利可以把第8集团军分成3个而不是常规的两个军；第30军（由奥列弗·利斯中将指挥）仍然是主力部队；第9澳大利亚师、第51苏格兰师、第2新西兰师和第1南非师担负杀进敌军前线的任务；而第4印度师则仍然驻守鲁瓦伊萨特山区。

盟军计划

盟军将要在轴心国的雷区开出两条通道，第1和第10装甲师组成的第

↓ 英国军队在仔细探寻地雷。战争中，作战双方都广泛采用地雷作为地区封锁武器，以把战斗引到前沿狭窄地带，避免对方军队包围防御线

10装甲军（由赫伯特·拉姆斯登指挥）将穿越通道，在第30步兵军的旁边担负起防卫责任，静候德军装甲师的猛烈进攻并将其拖垮。

南线部署的是布莱恩·霍罗克斯中将率领的第13军，它包括第7装甲师、第44步兵师和第50步兵师以及"自由法国"步兵旅。由于主战场在北面，所以第13军的职责就是在南部发动两场辅助性进攻，以牵制住敌军尤其是第21装甲师的后备军力。

10月23日，英军第8集团军悄悄地进入阵地。为了保护步兵先遣部队，蒙哥马利决定发动一场夜间突袭。第51苏格兰师的指挥官道格拉斯·温伯利少将回忆起一些进攻前的情况：

> 当我们前进的时候，周围静得可怕，没有一点枪炮声打破这种沉寂。事实上，回忆起1914—1918年的战争来，我觉得当时也是安静得让人难以置信。就在战争风暴到来前的沉寂中，我站在铁丝网的一段缺口处，借着月光看着我家乡的士兵。他们一排一排站着，背着沉重的镐锄、铲锹、沙袋和手榴弹。军官在前头，在他旁边的是哨兵。

当地时间晚9时40分，第8集团军的将士们一起鸣枪开火，对敌军发起了进攻。这次炮火的弹幕是沙漠战争中最大的一次，让每一个经历过它的人都终生难忘。这次进攻不仅成功地摧毁了轴心国的大部分前沿军事基地，而且鼓舞了整支军队的士气。鲍勃·萨克斯是一名老坦克兵，他清楚地记得当时弥漫天空的弹幕：

> 我们坐着聊天一直到天黑，到处都有枪炮响，但响过一阵之后又陷入了死一般的沉寂。突然，从北方亮起了一盏探照灯，它的灯光径直指向前方，接着又有一盏亮了起来。然后，整个夜空都被巨大的炮火烟幕照亮了。这是我有生以来见过的最大的弹幕。呼啸声震耳欲聋，一切都好像在旋转、旋转……

接着，工兵部队进入非军事区，他们利用新到的地雷探测器从轴心国的布雷区中开出了一条通道。在工兵部队旁边的是一队"蝎"式坦克，它们经过改装后，利用连在坦克前部卷轴上的旋转连枷来引爆地雷。尽管英

军技工师们竭尽全力，但进展依然缓慢，仍有很多地雷还在原地，没有被探测到，这势必会给双方的部队和坦克都造成伤亡和损失。

阿拉曼战役的第一阶段

步兵部队跟在工兵部队的后面，他们身上配备着锋利的刺刀。第51苏格兰师的士兵们前进时还吹着风笛。在北面的战场上，利斯率领的第30军的任务是沿着布雷区中已开出的两条通道向前挺进，其中第9澳大利亚师和第51苏格兰师沿右边的通道前进，第2新西兰师沿左边的通道前进。一开始，第30军的进展还相当顺利，但越往前走，受到德、意守军的抵抗也就越厉害。这样，在第一天晚上英军并没能实现其原定目标。虽然德、意守军的防御使英军的计划暂时搁浅，但蒙哥马利得知他的军队已给敌军步兵部队造成了重大伤亡后，对结果仍表示满意。在第一晚的战斗中，意军的特伦托师遭到重创，德军第164步兵师的两个营也被摧垮。

由于英军步兵部队没有打开穿越敌军布雷区的通道，因此拉姆斯登指挥的第10军的装甲部队就被阻塞在了轴心国前方防线以内，也就是堵在了非军事区的后面。蒙哥马利命令拉姆斯登重拳出兵，突出重围，但拉姆斯登的尝试却以大量的人员伤亡和军械损失而宣告失败。10月25日，蒙哥马利下令第30军和第10军把全部精力投入到对敌军的进攻之中，但此时轴心国的兵力已从第一次突袭中恢复了过来，他们强有力的反击使英军的进攻陷入停滞。

在南面战场上，英军第13军按原计划发动了牵制性进攻，由于第7装甲师被阻挡住了，因此进攻的重任全部落在了第44步兵师和第50步兵师身上。意军面对第13军的进攻镇定自若，坚决回击，英军损失惨重，而且没有丝毫进展。在南线，由"自由法国"旅发起的对沙漠制高点卡雷特·希梅达的进攻也是无果而终。虽然上述进攻行动都失败了，但霍罗克斯的第13军成功地完成了他们的主要任务，即延缓了第21装甲师和"阿里塔"装甲师的先头部队从南方阵地发起的协助行动以支持在北方地区的轴心国部队。

在布雷区的另一侧，由于英军的进攻，很多轴心国军队的指挥官已被撤除了警备，有些将领干脆已经逃跑。轴心国非洲集团军代总指挥施托姆将军在袭击当晚的战场上由于心脏病发作坠车身亡。他的死对轴心国来说，无疑是一大损失。由于没有总指挥，军队乱作一团，时间就这样一分一秒地过去了，直到非洲军团指挥官里特·冯·托马中将接替了施托姆的位置，军队才又恢复了秩序。隆美尔在听到英军进攻的消息后，迅速返回前线，直到10月26日，他一直忙于指挥北方战场上的反击行动。

轴心国反击行动的日益猛烈迫使蒙哥马利决定从第13军中抽调兵力增强北方战场上的军队实力。虽然并未实现真正的突围，但蒙哥马利坚持认为，只要他的军队咬咬牙坚持下来，这种消耗战最终一定会发展成为对英军有利的战争。因为英方在人数上占绝对优势，蒙哥马利派出第7摩托化旅，在澳大利亚师和苏格兰师之间吸引德军进攻的注意力。第7摩托化旅的第2营和步枪旅在一次小规模的"狙击岭"的防卫战行动中，以下是时任第1装甲师指挥官（后来指挥第7摩托化旅）的雷蒙德·布雷格斯上校对这次战斗的回忆：

　　第一次反击是在27日凌晨3点钟开始的，从那时到黄昏，轴心国部队至少发动了8次针对我军的主要进攻。虽然我们的士兵很不幸，但他们绝没有悲观气馁。他们一直保留着12枚2.7千克重的反坦克炮弹没有用，直到敌军坦克逼近到137米以内的时候他们才开始开火，因为这样才会给敌军造成巨大的损失。

　　与此同时，我通过耳机听到了战斗的进展情况以及需要坦克援助的请示，我下令开出坦克去帮助他们。但是坦克每一次通过山谷都遇到了密集的反坦克炮的射击，致使我派出的那些坦克全部都损失掉了。

这里还有一件事只有我一个人知道，本来我是不想透露的。当时我刚刚得到消息说德军第21装甲师正从南面向这边移动，它要联合第15装甲师对我们发起进攻。我知道，很可能几小时后会突然需要由坦克部队组成两个师来参加战斗，因此，必须在确保步枪旅不被打垮的情况下尽可能保留更多的坦克以应对不测事件。

交战伊始，指挥官维克·特纳上校头部就受了伤，但他英勇不屈，以超人的勇气几乎坚持到战斗结束。他被授予维多利亚十字勋章，亚历山大陆军元帅曾评价他为"战争中最优秀的战士之一"。这场战斗结束后，有人曾对现场残留的坦克和枪炮做了一个简单调查，结果发现在几小时的激战中，共有35辆坦克被击毁，另外还有20辆完全报废。

蒙哥马利下令暂停进攻

与步兵旅发动的进攻行动相比，英军此次进攻的人员伤亡较少。虽然第8集团军扼制住了德军的反击，但英军还是难以在战场上取得进展。蒙哥马利下令暂停进攻，这样可以有时间重新整编组织涣散的英军部队。丘吉尔得知蒙哥马利的决定后，非常气愤和不耐烦，他觉得蒙哥马利是在打"三心二意的战争"。但事实上，这位第8集团军总指挥正在整编他的军队以准备代号为"超级先锋行动"的最后一战。

由于英军的进攻，轴心国的军营中弥漫着一片消沉沮丧的气氛。如果丘吉尔当时就知道了这些，他的火气可能还会大一些。隆美尔在10月29日给他妻子的信中充满了忧郁和消沉：

形势仍然非常严峻，当你收到这封信时，我们能否抵抗下去就会见分晓了。我对坚持抵抗不抱太大希望。晚上我躺在床上睁着眼睛，久久难以入睡，因为我肩上的担子太重了。如果这里抵抗不住了，将会发生什么？这是一个白天黑夜无时无刻不在困扰我的问题，如果真的发生了不幸，我真不知道该怎么办！

↑"小"辛普森中尉，是沙漠远征军的成员之一，他身着厚厚的"突击队"编织毛衣，在战争期间很多英国特种部队成员都穿这种毛衣。他的帽子和皇家坦克兵团士兵的一样。为沙漠远征军成员提供服装是英国和英联邦国家的一项共同任务，后来美国又加入进来，使沙漠远征军的服装来源渠道更加多样化了

　　隆美尔，这个曾经最乐观的指挥官，现在已被英军的进攻所击垮，他已深信他的部队将会被第8集团军打败。隆美尔对胜利——不仅是在非洲的胜利，而且是整个战争的胜利——所报的一切希望都开始化为泡影。对他来说，德军已经战败了。

"超级先锋行动"

　　11月2日，整编后的英军发动了又一次进攻。在这次进攻中，英军遭遇了极为凶猛的抵抗。意大利反坦克炮在18米的范围内不停地对英军坦克予以沉重打击，使其损失惨重。率先发动进攻的第9装甲旅被严重击伤，94辆坦克中的70辆被击伤。然而，第1装甲师能够给敌人造成重大伤亡。在空中，英军的沙漠空军部队在阿拉曼上空占据优势，它敢在白天采取冒险行动。虽然11月2日夜间轴心国保住了防线，但在隆美尔看来，德军已必败无疑，因为他只有35辆坦克还可以继续战斗，而且这些坦克也都面临着燃料急缺的问题。于是隆美尔准备下令全军总撤退。

　　11月3日一整天，希特勒下令要求轴心国部队无论如何都得坚持住，并继续对敌人进行打击。但很快英军第51师和第4印度师就发动进攻突破了轴心国的防线。11月4日，隆美尔开始向的黎波里撤退。蒙哥马利亲自督战，并派遣新西兰师和第1、第7、第10装甲师追击敌军。由于英军追击部队过分谨慎小心，加之天气极为恶劣，隆美尔率领其部队才得以侥幸逃脱。但由于缺乏摩托化运输部队和燃料，轴心国军队（主要是意军）在几天之后还是被俘虏了。

"火炬行动"

　　"超级先锋行动"让蒙哥马利几乎大获全胜。在这场战斗中，轴心国军队约有两万人伤亡，另有3万人被俘，而盟军第8集团军的伤亡人数仅为13500人。英军在阿拉曼取得胜利后，接着就传来了消息：盟军将在摩洛哥和阿尔及利亚发动"火炬行动"。这样一来，在北非的轴心国部队就面临着两线作战的

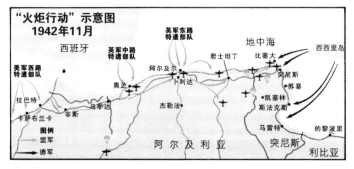

"火炬行动"示意图
1942年11月

危险了。隆美尔还没来得及对第8集团军发起新一轮进攻，就已经别无选择，只好撤退到突尼斯等待希特勒派出的救援部队了。

　　当德军和意军通过利比亚撤退的时候，他们确信英军一定不会轻而易举地打过来，因为英军要想进攻，必须克服轴心国军队后部的严密防御，此外还有雷区和陷阱做拦路虎。11月23日到12月13日，德军在阿盖拉站稳了脚跟，但被迫撤退到的黎波里塔尼亚地区。在德军撤退的过程中，由于供给充足，因此他们反抗得比较顽强。英军决定发动进攻以把德军从瓦迪泽姆和霍姆斯多山地带的军事基地中清除出去。对德军来说，由于秩序井然的英国军队过于强大，德军只能采取拖延战术。

　　1943年1月23日，英军胜利攻进的黎波里，这是英军第8集团军为之奋斗多年的目标。与此同时，隆美尔则率领其军队继续向西撤退，并于2月4日越过边境进入突尼斯。在那里，他在刚刚修建的马雷斯防线背后重新集结军队，以期与英军背水一战。至此，英德两方的沙漠战争暂告一段落，

↑被任命为北非盟军最高司令的德怀特·戴维·艾森豪威尔正在视察英国军队。美军开始在战争中发挥越来越重要的作用

但双方在突尼斯山区的战斗仍在继续。

如果说阿拉曼战役扭转了西部沙漠战争的战局的话，那么11月8日盟军的"火炬行动"则改变了北非的战局，由英美联合远征军发动的"火炬行动"主要有三次对摩洛哥和阿尔及利亚海岸的水陆进攻。在该行动中，美军提供了大部分兵力，而英军的贡献则在于除了提供特种部队以外，还提供了大量的海军和空军支援。由于1940年英国皇家海军曾对法国的米歇斯克比尔进行过轰炸，致使法军内部普遍对英军存有敌意，因此盟军指挥官们考虑再三，最后决定暂不让英军参加第一波进攻。

↓北非的英联邦国家军队正在参加"屋檐作战行动"。他们装备的SMLE步枪曾在第一次世界大战中使用，但仍然是一种优秀的武器类型

直接从美国本土航行而来的西部特遣部队（由乔治·巴顿少将率领）登陆摩洛哥，该军团的主要任务是要夺取卡萨布兰卡。中部特遣部队（由劳埃德·弗雷登德尔少将率领）和东部特遣部队（由查尔斯·莱德少将率领）从英国经直布罗陀海峡直指阿尔及利亚。其中弗雷登德尔部队的目标是占领奥兰，而莱德则担负着最困难的任务，即首先夺取法国维希政府对阿尔及利亚的统治权，然后再继续进军突尼斯。

作为德国表面上的盟友，法国维希政府能够在法国沦陷后仍然维持它对摩洛哥、阿尔及利亚和突尼斯等北非殖民地的统治。但是在这些殖民政权内部已有公开的反德情绪，这一点恰好为盟军所利用，因此对盟军的登陆，维希法军只组织了有限的抵抗，到最后也就成了无效反抗。盟军登陆后，迅速镇压了维希剩余法军的反抗。11月10日双方达成了停战协议。

此后，与在北非西部的其他盟军并肩作战的东部特遣队，被合并到第1集团军中。第1集团军在伞兵部队协助下，进军突尼斯。他们的任务是占领突尼斯，然后南进拦截通过利比亚撤退的非洲军团。

尽管"火炬行动"让德军震惊不已，但他们还是很快反应过来，并予以反击。以前希特勒和陆军总司令部都认为西部沙漠的战斗不过是场杂耍，但在"火炬行动"之后，他们的态度完全改变了。希特勒决定不惜一切代价保住北非。作为第5装甲集团军先锋的德国增援部队被调往突尼斯，由冯·阿尼姆将军指挥。这样一来，盟军向突尼斯市推进的行动就被到达突尼斯的德国军队阻拦住了。盟军机动部队的军事行动于11月底宣告

↓一架被击落的德国容克Ju-52型运输机坠落在英军的运输车旁。德国人使用大量的这种运输机为他们在突尼斯的部队提供补给，其中许多被盟军战斗机击落

↑一群印度军队的士
兵正驾驶着布恩运输
车穿过北非的一个
城镇

结束，结束的原因一方面是由于遇上了阿特拉斯山脉冬天的恶劣天气；另一方面是盟军要为来年春天的大规模全面反击做准备。

对盟军来说，险峻的地形和恶劣的严冬都使其处境非常困难，但他们还遇到了更让人头痛的问题，就是要建立一个新的极其复杂的指挥体系。这次盟军作战是英国军队和美国军队联合作战的第一次尝试，因此在两国的指挥官之间有很多存在分歧的热点问题。这些问题反映了两国不同的战略重点和各自的军事传统。但是，总的来说，与关系糟糕的意、德两国军队比起来，这两支部队还是能够协调一致、密切合作的。

法军在北非战场中的立场让人感到迷惑不解：他们只在盟军登陆之初做了一些抵抗，当看到德军开始败退后，他们便很快向英美联军投降了。尽管有些法国指挥官因为要在英军控制下行动而感到不快，但法国部队还是慢慢地融合到了盟军指挥体系中。德怀特·戴维·艾森豪威尔将军被任命为盟军最高指挥官，而地面军事行动的策略问题则由英军指挥官来负责：亚历山大将军从开罗前来指挥新组建的第18集团军，而陆军中将肯尼思·安德森爵士则领导由英、美、法三国军队组成的第1集团军，从南方推进的是蒙哥马利率领的第8集团军，迫使隆美尔部队通过利比亚进入突尼斯，从那里沿马雷斯防线占领了新的阵地。

非洲军失败

盟国军队还未来得及发动进攻，德军竟然率先出手了。1943年2月14

日，隆美尔率领着德军装甲部队艰难前行。他们越过高山，绕过了部署在凯塞林隘口前战斗经验不足的美军第2军。另外，德军中的冯·阿尼姆所部也成功地把在北方基地的盟军部队甩在了后面。隆美尔希望前行深入到盟军防线以内以赢得战斗胜利，但他的想法遭到了上级的否决。几天之内，盟军一直坚固地防守着他们的防线，德军的进攻遭到了挫折。

现在的隆美尔已不能再像他在沙漠中时那样行动自如了。他直言不讳地说德军应完全撤离非洲，这使得他与希特勒发生了直接冲突。隆美尔对北非的战争形势已经感到绝望，他在1943年初的日记中对当时轴心国军队面临的问题作了一个很好的总结：

↓在沙漠中，淡水供给一直是个主要问题。图中是从亚历山大海岸运来的一桶桶淡水，它们被滚到岸上，供应给等候在那里的英国皇家海军部队的士兵

我们没有接到德军最高统帅部和意大利军方发来的任何对非洲战场未来形势的战略决策。他们没有现实地看待目前的问题，事实上，他们拒绝这样做。真正让我震惊的是看到大量物资竟然突然间就运到了突尼斯，这些物资的数量远远超过了我们在过去任何时候收到的数量。但与此同时，英美联军还将其供给船次增加了数倍，他们正在稳步加强对海、空的战略控制，我们的运输船一艘接一艘地沉在了地中海的海底。我们越来越清楚地看到，即使是尽最大努力，也不能指望供给局势会发生什么重大转变了。我们深陷泥潭之中，已没有力气挣扎出去了。

轴心国军队管理上的严重失误、不同兵种之间的偏见，以及对过失责任的相互推诿，在这一时期都发展到了最高峰，而要为这一切付出代价的则是普通的德国士兵和意大利士兵。

隆美尔离开非洲

  轴心国军队不顾隆美尔的预言，继续向英美盟军发起进攻。3月6日，他们向第8集团军马雷斯防线的对面发动了第二次有限进攻，但这是一次愚蠢的行动，因为配备有反坦克大炮的英军沙漠老兵不仅击退了轴心国的进攻，还摧毁了很多行进中的德军坦克。带着疲惫不堪而又无比受挫的心情，隆美尔于3月9日永远地离开了非洲，他把德军指挥权交给了冯·阿尼姆。同时，乔瓦尼·梅塞将军接管了轴心国在北非的全部军队，尽管他的行动自由取决于德国的同意。

  3月20日，蒙哥马利开始准备突袭马雷斯防线。英军计划在该防线的中右侧发动一次主要进攻，同时在防线左侧由新西兰军（在原来第2师的基础上由附加部队扩充而成）实施大范围的侧翼包围战术，以便从主要战斗中牵制住敌军后备力量。但是德军第15装甲师一次时机恰当的进攻阻挡住了英军主要部队的进攻，因此蒙哥马利转变了进攻重点，他决定派遣第1装甲师从左侧协助新西兰部队战斗。在沙漠空军的猛烈袭击下，轴心国部队溃不成军，时刻面临着被包抄的危险。尽管如此，他们还是巧妙地从

马雷斯防线撤退到在瓦迪阿卡里特的新阵地，虽然在撤退过程中德军装甲部队损失了很多装甲装备。

轴心国继续撤退

4月6日夜间，蒙哥马利对瓦迪阿卡里特守军的前线发动了进攻，并在轴心国防线上打开了一个缺口。现在梅塞将军的右翼部队也面临着活力充沛的美军第2军（现在在巴顿将军的率领之下）进攻，因此他决定不再继续战斗，而是向通往恩菲达维尔的北方撤退。轴心国军队正在被赶到比塞大和突尼斯港口的边缘地带。

当第8集团军向北挺进的时候，盟军第1集团军从西部开始了进攻。4月22日，英军开始向德军防线的中央发起进攻，而美军则沿着海岸向前推进。轴心国军队誓死不肯让出他们的高山防御区，尤其是朗斯特山的山区地带——在那里英军第78师为从德军防御者手中夺取该地区而苦战了4天。随着第8集团军对恩菲达维尔进攻的停止，蒙哥马利派出部队协助第1集团军进攻，以期早日结束山地作战，进逼突尼斯市。

↓在阿尔及利亚美国军队涉水抵达奥兰。"火炬行动"改变了北非的战争局面，它迫使轴心国的部队撤退到突尼斯防线外围

5月的第一周盟国军队开始向海岸平原上推进：5月5日，英军第1步兵师占领了布奥克兹山区；次日，第4印度师（该师自战争开始以来就一直坚持作战）把轴心国部队从迈杰兹巴卜的主要阵地上赶了出去。

攻占突尼斯

坦克部队为盟军大部队进军打开了通道。5月7日，第7装甲师（原来的"沙漠之鼠"）胜利攻进了突尼斯。北面，美国军队占领了比塞大，轴心国只在邦角半岛上拥有最后一块立足之地。但盟军突围击溃了轴心国的指挥系统，使其不能再组织起有效反击了。5月12日，冯·阿尼姆被俘房；一天之后，梅塞正式交出了轴心国剩余部队。

希特勒过度增援突尼斯桥头堡的鲁莽政策使他自食其果，他一共损失了125 000名德国士兵和115 000名意大利士兵。对英军来说，一举擒获这么多轴心国战俘实在是一件特别的奖赏，他们在沙漠和高山上奋战了近3年的时间，终于迎来了这一时刻。在长达7个月的突尼斯战争中，盟军有4万多人伤亡，其中大多数是英国士兵。

1943年5月13日，亚历山大将军向在伦敦的丘吉尔发出了简短而又著名的电报："首相先生，我有责任向您汇报，突尼斯战役结束了，我们已经平息了所有敌军的反抗。现在我们已成了北非海岸的真正主人。"

↓一支美国步兵部队正在向前行进，他们的星条旗在迎风飘扬。英美战争机器的联合力量远远超过了轴心国军队的兵力

第二次世界大战中的
德国秘密武器

ISBN 978-7-5426-7139-4

9 787542 671394 >

定价：88.00 元

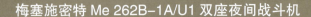

梅塞施密特 Me 262B–1A/U1 双座夜间战斗机

长度：11.53 米
翼展：12.48 米
最大起飞重量：6 585 千克
最大速度：6 000 米高空 813 千米 / 小时
航程：1 050 千米
武器：4 门 30 毫米 MK 108 航炮

梅塞施密特 Me 262 A2A/U1 单座轰炸机

长度：10.61 米
翼展：12.5 米
最大起飞重量：6 775 千克
最大速度：7 000 米高空 870 千米 / 小时
航程：845 千米
武器：2 门 30 毫米 MK 108 航炮，
　　　1 000 千克炸弹装载量

2

阿拉道 Ar 234B-2 单座轻型战略轰炸机

长度: 12.64 米
翼展: 14.44 米
最大起飞重量: 9 800 千克
最大速度: 6 000 米高空 742 千米/小时
航程: 1 630 千米
武器: 两挺 20 毫米机枪 (某些飞机配备), 2 000 千克炸弹装载量

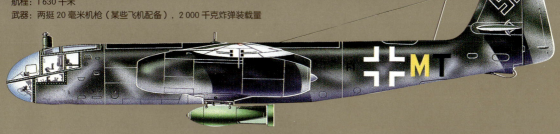

亨克尔 He 177 A-5 六座重型轰炸机

发动机: 两台 2 179 千瓦戴姆勒－奔驰 DB 610 (一对 DB 605) 24 缸液冷式内联发动机
速度: 6 098 米高空 488 千米/小时; 升限: 9 390 米; 作战半径: 1540 千米
重量: 16 800 千克 (空), 31 000 千克 (最大起飞重量)
长度: 22 米; 高度: 6.7 米
武器: 2 门 20 毫米 MG 151 航炮, 3 架 13 毫米 MG 131 机枪, 3
  架 7.92 毫米 MG 81 机枪, 以及多达 7 200 千克的炸弹

容克斯 Ju-EF 132

长度: 30.8 米
最大飞行速度: 930 千米/小时
升限: 14 000 米
航程: 9 800 千米

容克斯 Ju 287V1

长度: 18.3 米
翼展: 20.11 米
最大飞行速度: 559 千米/小时

3

亨克尔 He 162A-2 单座喷气战斗机

发动机：1 台 800 千克推力宝马 003A-1 涡轮喷气发动机

速度：6 000 米高空 840 千米 / 小时；升限：12 040 米

航程：660 千米

重量：2 050 千克（空），2 695 千克（最大起飞重量）

长度：9.05 米；高度：2.55 米；翼展：7.2 米

武器：2 门 20 毫米 MG151/20 航炮；未完成：116 架（包括原型机）

亨克尔 He 162D 单座喷气战斗机

梅塞施密特 Me 163B-1 单座拦截战斗机

长度：5.69 米

翼展：9.33 米

最大起飞重量：4 110 千克

最大速度：3 000 米高空 960 千米 / 小时

航程：80 千米

武器：2 门 20 毫米 口径 MK 108 航炮

亨克尔 He 178 单座试验机

长度: 7.51 米
翼面积: 7.9 平方米
最大载重: 1 990 千克
最大速度: 估测海平面 580 千米 / 小时
航程: 未知
武器: 无

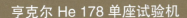

亨克尔 He 280 单座原型截击机

长度: 10.4 米
翼展: 12.2 米
最大起飞重量: 4 310 千克
最大速度: 6 000 米高空 900 千米 / 小时
航程: 650 千米
武器: 3 门 20 毫米口径 MG 151 航炮

霍尔滕 Ho IX（哥达 Go 229）

长度: 7.47 米
升限: 16 002 米
最大飞行速度: 1 000 千米 / 小时
航程: 1 094 千米

Ta 183

长度：9.2 米
航程：627.6 千米
最大飞行速度：955 千米 / 小时

梅塞施密特 Me 323E-2

长度：28.5 米
航程：1 300 千米
最大飞行速度：240 千米 / 小时

道尼尔 Do 335A-1

长度：13.85 米
最大起飞重量：9 600 千克
最大飞行速度：760 千米 / 小时

福克·沃尔夫 Ta 152H-1

长度：10.8 米
最大起飞重量：4 750 千克
最大飞行速度：770 千米 / 小时

DFS 230 B-1 运输机

长度：11.24 米；翼展：21.98
净重：860 千克
最大起飞重量：2 100 千克
最大运载速度：209 千米 / 小时
武器：一挺手动瞄准的 7.92 毫米 MG 15 机枪安装在机尾，两挺固
     定于机身前端的 7.92 毫米 MG 34 机枪

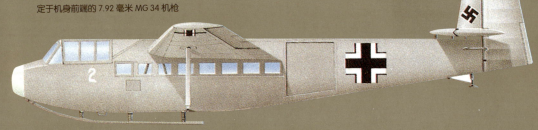

哥达 Go 244B 运输机

长度：15.8 米
翼展：24.5 米
最大起飞重量：7 800 千克
最大速度：3 000 米高空 290 千米 / 小时
航程：740 千米
武器：4 挺 7.92 毫米 MG 34 机枪

弗莱特纳 FL 282 V21 单座开放式驾驶舱直升机

长度：6.56 米
最大起飞重量：1 000 千克
最大速度：在海平面上 150 千米 / 小时
航程：170 千米；飞行高度：3290 米
武器：无

巴赫姆 Ba 349 单座自杀式截击机

长度：6.1 米
翼展：3.6 米
发射重量：2 200 千克
最大速度：海平面 800 千米 / 小时
作战半径：40 千米
武器：24 枚 7.3 厘米口径的"山风"火箭

菲泽勒 FI 103R 利贝雷茨 IV 单座飞弹

长度：8 米
翼展：5.715 米
发射重量：2 180 千克
最大速度：海平面 650 千米 / 小时
续航时间：20 分钟
有效载荷：850 千克弹头

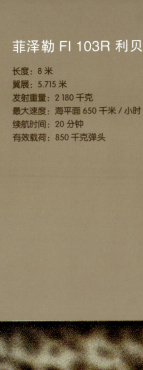

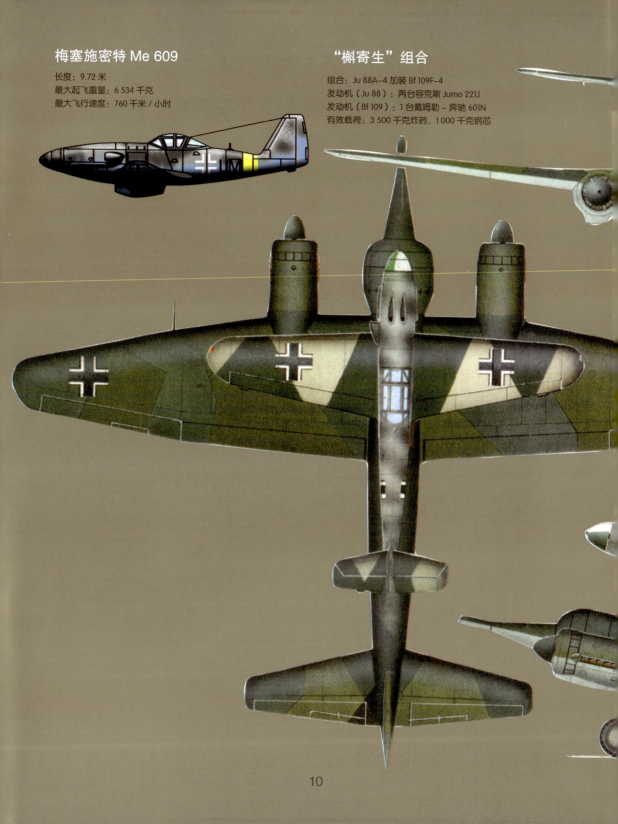

梅塞施密特 Me 609

长度：9.72 米
最大起飞重量：6 534 千克
最大飞行速度：760 千米 / 小时

"槲寄生"组合

组合：Ju 88A-4 加装 Bf 109F-4
发动机（Ju 88）：两台容克斯 Jumo 221J
发动机（Bf 109）：1 台戴姆勒－奔驰 601N
有效载荷：3 500 千克炸药，1 000 千克钢芯

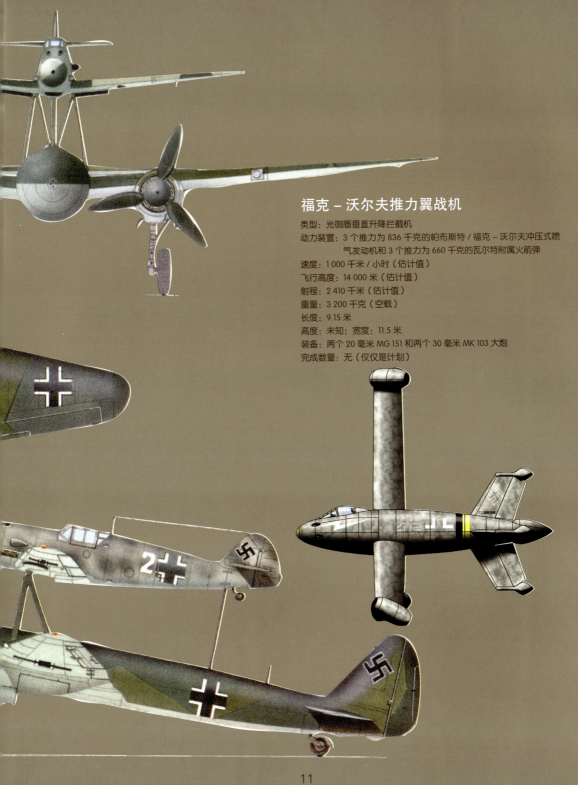

福克－沃尔夫推力翼战机

类型：光御盾垂直升降拦截机

动力装置：3 个推力为 836 千克的帕布斯特／福克－沃尔夫冲压式喷
气发动机和 3 个推力为 660 千克的瓦尔特附属火前弹

速度：1 000 千米／小时（估计值）

飞行高度：14 000 米（估计值）

射程：2 410 千米（估计值）

重量：3 200 千克（空载）

长度：9.15 米

高度：末知；宽度：11.5 米

装备：两个 20 毫米 MG 151 和两个 30 毫米 MK 103 大炮

完成数量：无（仅仅是计划）

菲泽勒 Fi 103（V1）火箭

长度：8.32 米
翼展：5.30 米
发射重量：2 180 千克；最大速度：800 千米 / 小时
航程：240 千米
弹头：830 千克阿马托炸药

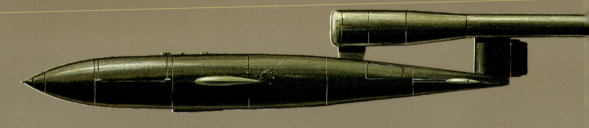

菲泽勒 Fi 103R 火箭

长度：8 米
翼展：5.76 米
最大速度：650 千米 / 小时

V-2 火箭

长度：14 米；最大直径：1.68 米；翼展：3.5 米；
发射重量：12 870 千克；弹头：975 千克；航程：330 千米

A-4b 火箭

长度：14 米；最大直径：1.68 米
翼展：3.99 米
发射重量：13 000 千克
弹头：975 千克；航程：600 千米

A-10 火箭

长度：25.8 米
最大直径：4.3 米
翼展：9 米
起飞重量：101 000 千克
弹头：1 000 千克
最大航程：5 000 千米

佩内明德 A4（V2）火箭

长度：14.05 米
最大直径：1.68 米
起飞重量：12 870 千克；速度：5 580 千米 / 小时
最大航程：330 千米；弹头：975 千克阿马托混合炸药

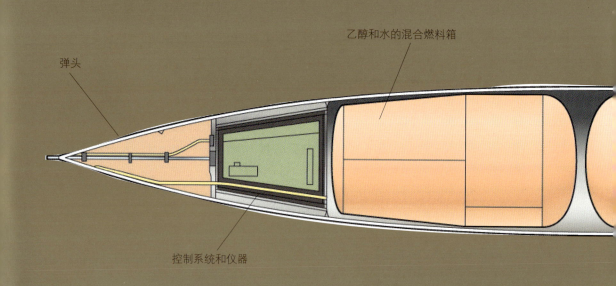

乙醇和水的混合燃料箱

弹头

控制系统和仪器

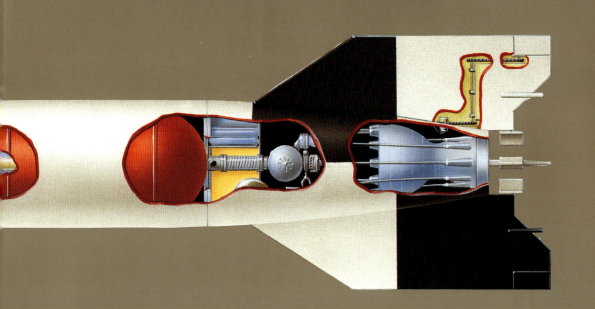

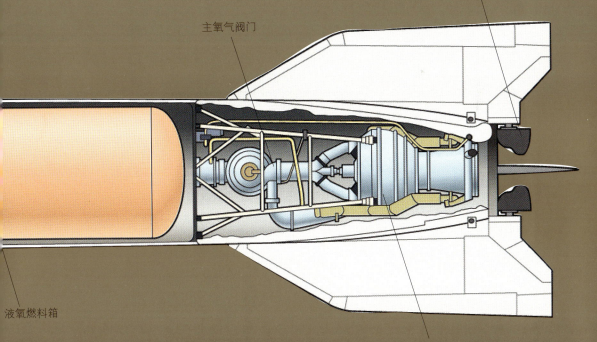

气流方向舵

主氧气阀门

液氧燃料箱

燃烧室

梅塞施密特"龙胆草"火箭动力地 – 空导弹

长度：2.4 米；直径：0.88 米；发射重量：1800 千克
最大射程：24.5 千米；弹头：300 千克炸药

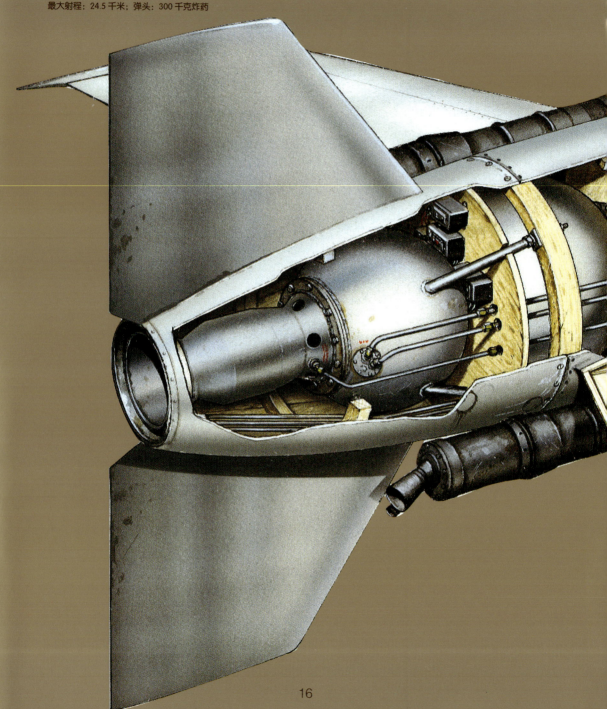

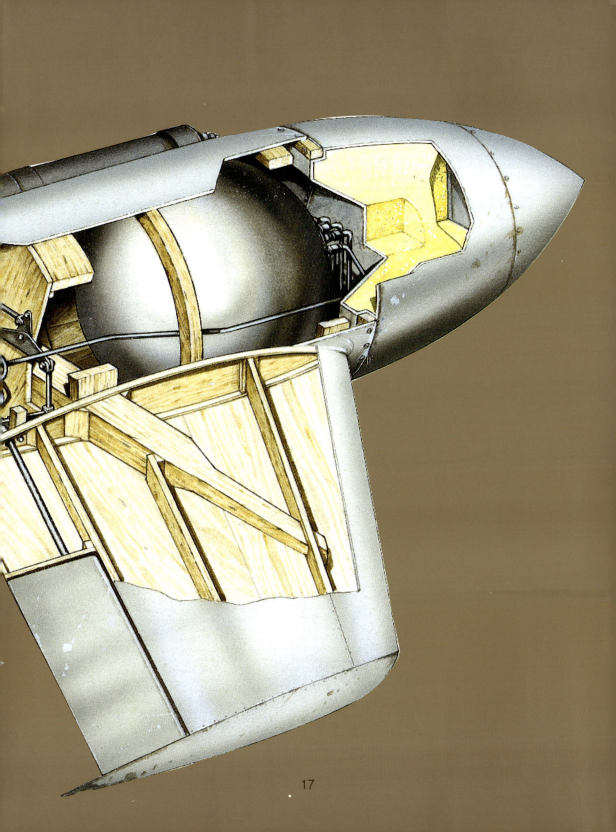

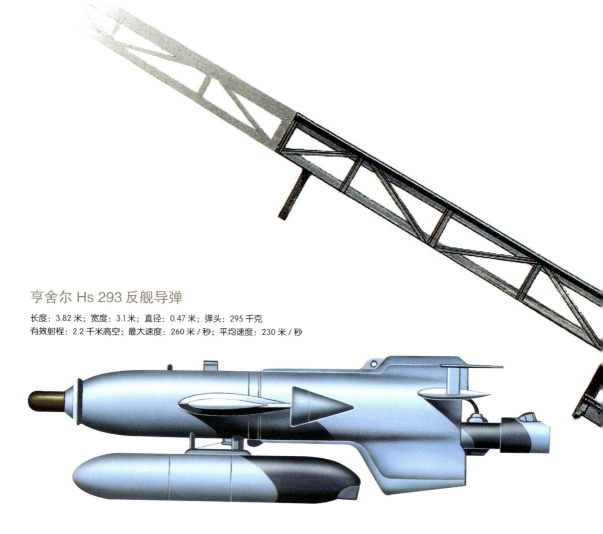

亨舍尔 Hs 293 反舰导弹

长度：3.82 米；宽度：3.1 米；直径：0.47 米；弹头：295 千克
有效射程：2.2 千米高空；最大速度：260 米／秒；平均速度：230 米／秒

亨舍尔 Hs 294 火箭动力反舰导弹

长度：6.12 米；翼展：4.025 米；总量：2 170 千克
最大速度：860 千米／小时；航程：4 ～ 14 千米
有效载荷：656 千克炸药

亨舍尔 Hs 117 火箭动力地 – 空导弹

长度：4.29 米；直径：350 毫米
发射重量：445 千克；最大射程：32 千米
弹头：25 千克高爆炸药

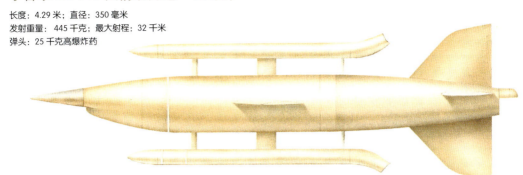

"龙胆草"地 – 空导弹最终版本

长度：4 米；最大直径：0.88 米
翼展：4 米；发射重量：1800 千克
弹头：500 千克炸药；最大射程：25.7 千米

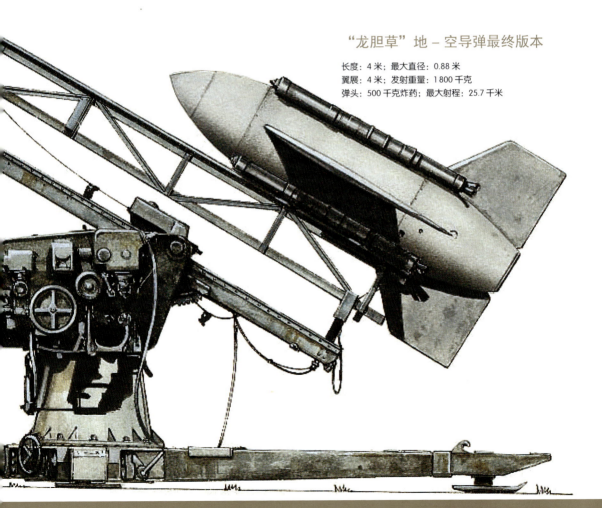

带有辐射性或化学的有效载荷的 V-2 火箭

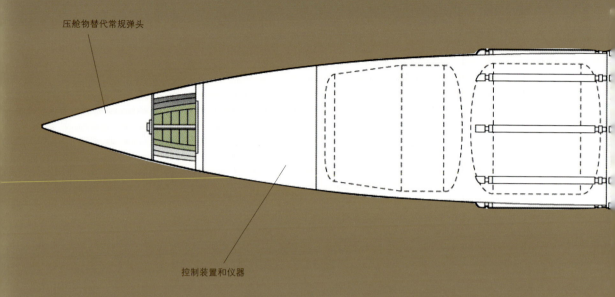

压舱物替代常规弹头

控制装置和仪器

带有原子或化学弹头的 V-1 火箭

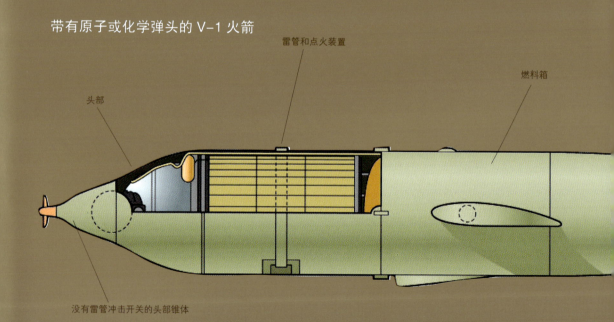

雷管和点火装置

燃料箱

头部

没有雷管冲击开关的头部锥体

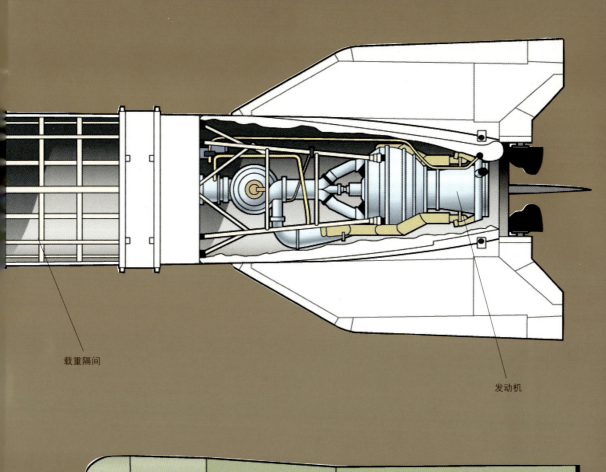

载重隔间

发动机

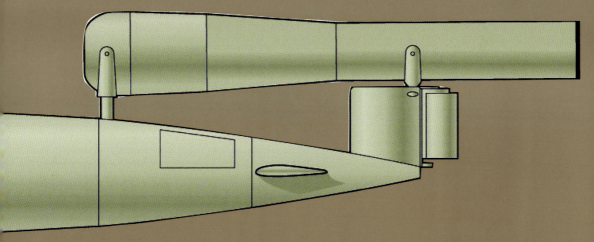

德国核装置

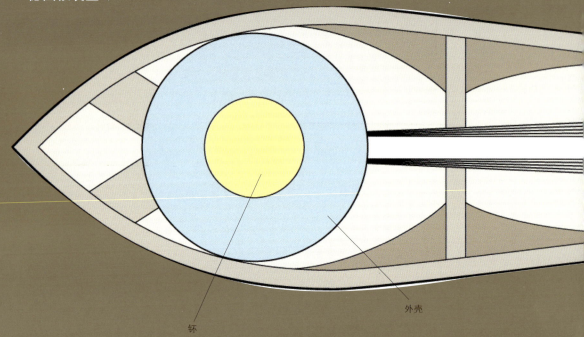

钚

外壳

弗里茨 –X
长度：3.32 米
发射重量：1362 千克
射程：5 千米

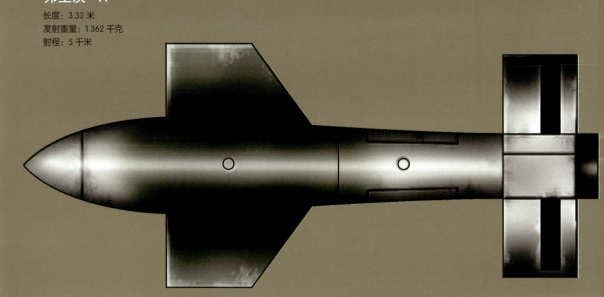

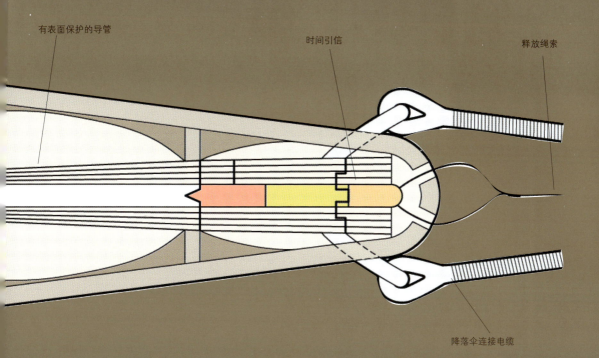

有表面保护的导管

时间引信

释放绳索

降落伞连接电缆

铁拳 30

炮弹口径：150 毫米
总重：5.22 千克
射程：30 米
破甲厚度：200 毫米

RPZB 43 "坦克杀手"

口径：88 毫米
长度：1.638 米
总重：13.12 千克
射程：150 米

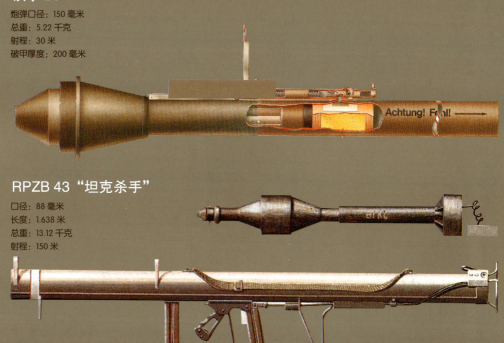

Achtung! Fehl!

K5 列车炮

重量：218 吨
长度：32 米；炮管长度：21.54 米（倍径：76.1）
口径：283 毫米；仰角：50°
方向角：360°（安装好的情况下）
炮弹重量：255 千克（高爆炸药）
射程：62.2 千米

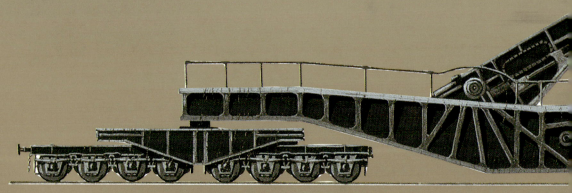

K12 列车炮

口径：21.1 厘米
炮管长度：33.34 米
重量（总重）：309 000 千克
炮弹重量：107.5 千克
射程：115 千米

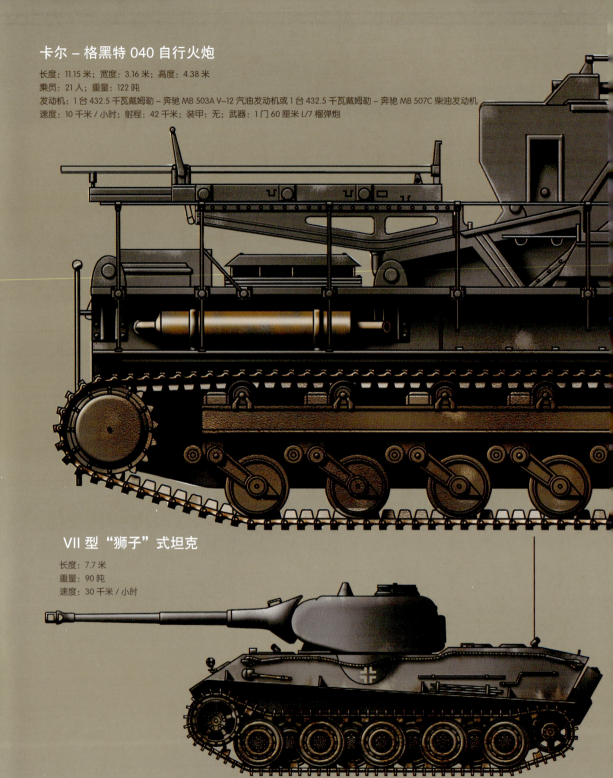

卡尔 – 格黑特 040 自行火炮

长度：11.15 米；宽度：3.16 米；高度：4.38 米
乘员：21 人；重量：122 吨
发动机：1 台 432.5 千瓦戴姆勒 – 奔驰 MB 503A V–12 汽油发动机或 1 台 432.5 千瓦戴姆勒 – 奔驰 MB 507C 柴油发动机
速度：10 千米 / 小时；射程：42 千米；装甲：无；武器：1 门 60 厘米 L/7 榴弹炮

VII 型 "狮子" 式坦克

长度：7.7 米
重量：90 吨
速度：30 千米 / 小时

Adam

VIII 型 "鼠" 式坦克

长度：10.1 米
重量：185 吨
速度：20 千米／小时

104

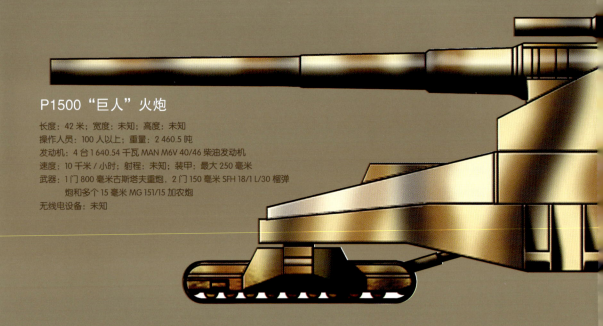

P1500 "巨人" 火炮

长度: 42 米; 宽度: 未知; 高度: 未知
操作人员: 100 人以上; 重量: 2 460.5 吨
发动机: 4 台 1 640.54 千瓦 MAN M6V 40/46 柴油发动机
速度: 10 千米 / 小时; 射程: 未知; 装甲: 最大 250 毫米
武器: 1 门 800 毫米古斯塔夫重炮, 2 门 150 毫米 SFH 18/1 L/30 榴弹
      炮和多个 15 毫米 MG 151/15 加农炮
无线电设备: 未知

P1000 "巨鼠" 自行火炮

乘员: 未知
重量: 1 771.6 吨
长度: 35 米; 宽度: 14 米; 高度: 11 米
发动机: 8 台 1 491.4 千瓦戴姆勒 – 奔驰 MB501 柴油发动机
速度: 40 千米 / 小时
射程: 未知
装甲: 150 ~ 360 毫米
武器: 2 门 280 毫米口径 SK C/34 L/54.4 火炮, 1 门 128 毫米口径 KwK 44 L/55 火炮, 8 门
      20 毫米 Flak 38 高射炮以及 2 门 15 毫米毛瑟 MG 151/15 加农炮
无线电设备: 未知

IX 型坦克

斐迪南 /"象"式坦克歼击车

长度: 8.13 米; 宽度: 3.38 米; 高度: 2.99 米
乘员: 6 人; 重量: 64 吨
发动机: 2 台 224 千瓦迈巴赫 V-12 HL120TRM 汽油发动机
速度: 30 千米 / 小时; 行程: 150 千米; 装甲: 25 ~ 200 毫米
武器: 88 毫米 71 倍径 Pak 43/2 火炮; 两挺 7.92 毫米 MG 34 机枪
无线电设备: FuG5 和 FuG2

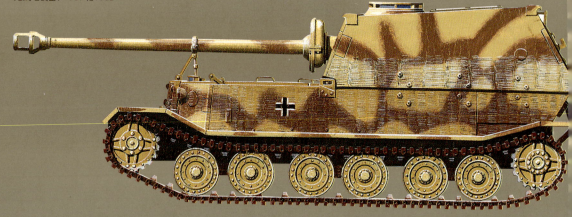

"鼠"式坦克

总长度: 10.08 米; 宽度: 3.67 米
重量: 193 000 千克
最大行驶速度: 20 千米 / 小时
最大行程: 190 千米; 乘员: 6 人
武器: 15 厘米口径 KwK 44 火炮;
　　　7.5 厘米口径 KwK 44 火炮;
　　　两挺 7.92 毫米口径 MG 34 机枪

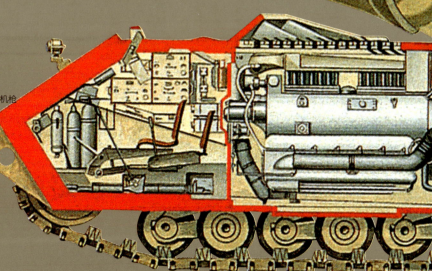

"猎虎"式坦克歼击车

长度: 10.65 米; 宽度: 3.63 米; 高度: 2.95 米
乘员: 6 人; 重量: 69.5 吨
发动机: 1 台 522 千瓦迈巴赫 12 缸 HL 230 P 30 汽油发动机; 速度: 34.6 千米 / 小时; 行程: 170 千米
装甲: 40 ~ 250 毫米; 武器: 128 毫米 55 倍径 Pak 44 火炮, 两挺 7.92 毫米 MG 34 机枪
无线电设备: FuG5 和 FuG2

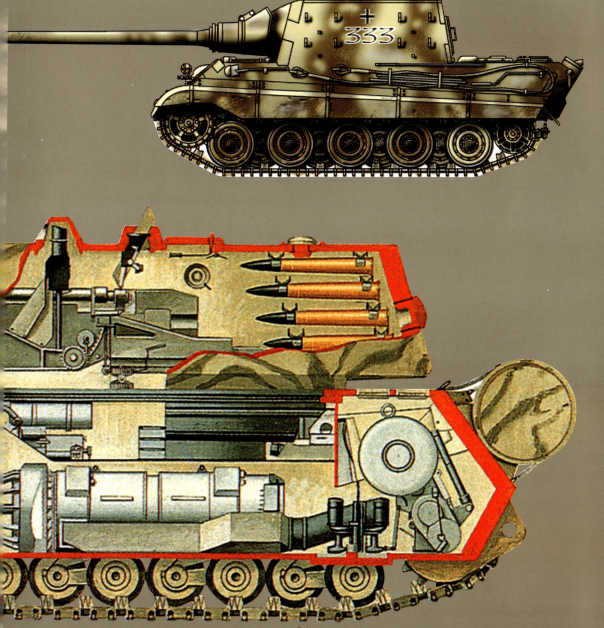